全国高等院校通识教育**融媒体**创新教材

大学生▶安全教育读本

DAXUESHENG
ANQUAN JIAOYU DUBEN

吴小平　朱利莎　程　婷 ◎ 主　编
周晓波　谭祥国 ◎ 副主编

双色版

中国海洋大学出版社
·青岛·

图书在版编目(CIP)数据

大学生安全教育读本/ 吴小平,朱利莎,程婷主编. —青岛：中国海洋大学出版社,2019.9
ISBN 978-7-5670-2419-9

Ⅰ.①大… Ⅱ.①吴… ②朱… ③程… Ⅲ.①大学生—安全教育—高等学校—教材 Ⅳ.①G645.5

中国版本图书馆 CIP 数据核字(2019)第 212365 号

出版发行	中国海洋大学出版社		
社　　址	青岛市香港东路23号	邮政编码	266071
网　　址	http://pub.ouc.edu.cn		
出 版 人	杨立敏		
责任编辑	邹伟真	电　　话	0532-85901984
印　　制	北京荣玉印刷有限公司		
版　　次	2019年9月第1版		
印　　次	2019年9月第1次印刷		
成品尺寸	185 mm×260 mm		
印　　张	12.5		
字　　数	312千		
印　　数	1～3000		
定　　价	32.00元		
订购电话	0532-82032573(传真)		

发现印制质量问题,由印刷厂负责调换,电话:010-60703171

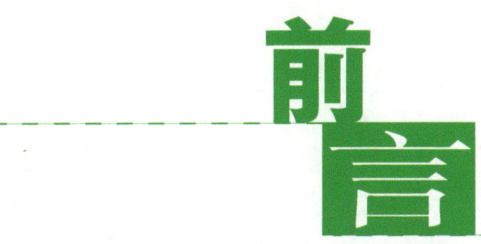

  大学生安全无小事，平安值千金。安全是一个古老而又年轻的词汇，是一个只有起点没有终点的永恒话题，它是大学生完成学业的基本保证，也是每一位大学生身心健康成长的基本条件。抓好大学生安全教育工作，对于加强高等院校的日常管理，维护学校的正常教学、科研和生活秩序，保障学生安全，具有十分重要的现实意义和战略意义。

  近年来，随着大学校园对外开放程度的提高及后勤服务工作的社会化和多元化，大学环境呈现出越来越多元的社会化特征。现在的大学生缺乏社交经验，安全防范意识差，法制观念淡薄，面对新形势下的安全隐患缺乏自我保护能力和自我防范能力，容易给违法犯罪分子提供可乘之机。因此，大学生在校期间不仅需要学习科学文化知识，还需要加强自身安全教育，树立安全意识，掌握自救自护知识，勇敢机智地处理各种潜在危险。

  安全意识的树立、自我保护能力的提高是大学生综合素质的重要体现，为了培养全面发展的社会主义事业建设者和接班人，编者根据国务院关于对安全工作的要求及教育部相关领导在全国学校安全工作会议上的讲话精神，并针对大学生安全教育存在的诸多问题和潜在的安全隐患，组织编写了本书。

  本书结合当代大学生的特点和具体状况，系统地介绍了大学生安全教育的方方面面，书中主要内容包括消防安全、财产安全、人身安全、食品安全、交通安全、公共安全、网络安全、心理安全、国家安全、就业安全及预防大学生违法犯罪等知识，从多个角度详细系统地介绍了大学生安全教育的内容。同时，本书在具体内容中还以"案例回放""安全提示""知识延伸""安全演练"等形式，启发大学生主动学习安全知识，增强了学习的趣味性和可读性。从实用性上看，本书在教给大学生安全知识的同时，还让他们习得安全技能，教会他们安全防范能力与应变能力、自我保护能力及抵御违法犯罪等能力。

  在本书的编写过程中，编者参考了国内外的一些文献资料，在此表示由衷的感谢。

  由于编者能力有限，本书在理论深度、特色研究等方面还存在可以进一步提升之处，望广大读者批评、指正。

编 者

2019 年 6 月

第一章　居安必思危——大学生安全概述　　1

第一节　大学生常见的安全问题/1
第二节　开展大学生安全教育的必要性/6
第三节　实施大学生安全教育的对策/9

安全演练/13

第二章　防火于未"燃"——消防安全　　14

第一节　消防安全常识/14
第二节　高校消防安全/19
第三节　火灾扑救与逃生/25

安全演练/31

第三章　空城之计切莫玩——财产安全　　32

第一节　防盗窃/32
第二节　防抢劫/38
第三节　防诈骗/41
第四节　防勒索/47

安全演练/49

第四章　筑起生命的长城——人身安全　　50

第一节　防范性骚扰和性侵害/50
第二节　防范滋扰和打架斗殴/55
第三节　重视校外租房安全/62
第四节　拒绝黄赌毒/64

安全演练/67

第五章　卫生规范，从我做起——食品安全　　68

第一节　食品安全概述/68

第二节　食物不良反应的处理/71

第三节　科学饮食习惯的培养/78

安全演练/84

第六章　步步小心，平安是金——交通安全　　85

第一节　交通安全概述/85

第二节　大学生交通安全防范/88

第三节　大学生交通安全常识及处理措施/93

安全演练/98

第七章　未雨而绸缪——公共安全　　99

第一节　公共安全概况/99

第二节　自然灾害的预防和应对/101

第三节　大学生群体性突发事件/110

第四节　高校突发公共卫生事件/114

安全演练/117

第八章　修网德，善网行——网络安全　　118

第一节　网络安全教育概述/118

第二节　谨防大学生网络道德失范/124

第三节　提高警惕，远离"校园贷"/128

安全演练/131

第九章 给"心"装上防范门——心理安全　　133

第一节　心理健康概述/133

第二节　大学生常见的心理问题及调适方法/138

第三节　影响大学生心理健康的因素/143

第四节　大学生如何保持健康的心态/147

第五节　大学生心理危机行为干预/151

安全演练/156

第十章 守住爱国的底线——国家安全　　157

第一节　国家安全教育概述/157

第二节　树立国家安全意识/159

第三节　严守国家秘密/161

安全演练/165

第十一章 天下没有免费的午餐——就业安全　　166

第一节　大学生就业安全概述/166

第二节　大学生实习与兼职打工期间的安全/168

第三节　大学生就业陷阱防范/171

安全演练/178

第十二章 法网恢恢，疏而不漏——预防大学生违法犯罪　　179

第一节　大学生违法犯罪概述/179

第二节　增强大学生安全法律意识/185

安全演练/189

参考文献　　190

第一章
居安必思危
——大学生安全概述

安全是人类生存、生活和发展最根本的基础,也是社会存在和发展的前提和条件。当前经济与社会高速发展,离不开安全和谐的社会环境。高校作为社会的有机构成部分,肩负着教育和培养国家人才的重大职责,需要为广大师生提供一个安全的学习、科研环境。当前,我国处于社会发展的转型时期,各类矛盾凸显,大学生安全在一定程度上受到了挑战。加之近年来全国高校纷纷探索开展开放式办学模式,高校不再是一个封闭的地方,校外的其他人员都可以自由进出校园,这就为违法犯罪分子提供了可乘之机。另外,招生规模的扩大,师生人数的急剧增长也为高校安全增加了管理难度。大学校园的不安全因素严重干扰和破坏了校园的正常教学、科研秩序,威胁着师生的人身安全和财产安全。

第一节 大学生常见的安全问题

安全是生命之源、幸福之本。安全通常是指个体不受威胁、不存在危险、不遭受危害和损失的一种状态。《现代汉语词典》中对"安全"的解释是:"没有危险;平安。"学术界对安全有不同的理解,有人认为安全是指人在生活和社会生产中不受、没有或免除损伤及威胁的情况，也有人认为安全是指事物的危险程度能为人接受的一种状态，还有一种观点认为安全是人的活动过程及结果均没有发生人身伤害、物质损失的情况。结合安全的定义，我们认为大学生安全是指大学生个体人身不受伤害、财产不受损失、精神不受威胁的客观状态，它包括人身安全、财产安全、心理安全等多项内容。因此，大学生安全问题不再仅仅局限于传统的生产过程中的伤害，更包含大学生在日常生活、学习或生产过程中的方方面面。

一、大学生安全问题的特点

1. 客观存在性

人在自然界会遇到各种不同的隐患，这些隐患是客观存在的。在大学生所处的环境中自然也不例外。认识大学生安全隐患的客观存在，是正视大学生安全问题，消除大学生安全隐患的前提之一。

2. 突发危害性

近年来，大学生安全突发性事故时有发生，由于大学生群体的特殊性，大学生安全突发性事故对学校及社会的稳定造成一定的伤害，应对大学生安全突发性事件已成为当前大学生安全教育研究的重点之一。

3. 可控可防性

虽然大学生安全问题普遍存在，但是通过加强大学生安全教育，采取一定的管理措施，大部分大学生安全事故是可以避免的。只要发挥主观能动性，大学生安全问题便能够得到有效预防。

【知识延伸】

大学生安全文化

英国健康安全委员会对安全文化有这样的定义：一个单位的安全文化史是个人和集体的价值观、态度、能力和行为方式的综合产物。可见，所谓的安全文化即将安全的一切观念、思想、看法、情感、心理、行为等进行综合而内化于心并外化于客观世界的一种精神体系。大学生安全文化是一种无形的资产和精神财富，它集中反映了高校师生员工的精神状态。大学生安全文化是高校实现可持续发展的内在推动力，是开展大学生安全教育的根基。理想的大学生安全文化应该是从被动服从的"要我安全"文化向自我管理的"我要安全"文化转变。作为近年来出现的一个崭新理念，大学生安全文化与高校师生的安全素质教育有着密切的关系。大学生安全人文环境对所有在校学生的学习成长和个性、性格的形成和发展有着直接或间接的影响。加强大学生安全文化建设对改善当前大学生安全环境具有重要意义。

二、当前大学生面临的安全问题

随着社会的发展、人类的进步，人们对安全问题的认识也在不断提高。今天，人们面对的安全问题已不仅仅是个人人身安全问题，还涉及生活环境安全、社会财产安全等方方面面。对人类安全的影响除了自然因素以外，还有人为因素、社会因素等，这些均会给人类的安全带来威胁。

1. 消防安全问题

俗话说,水火无情,火灾无疑是大学生安全隐患的重要因素之一。消防安全要做到警钟长鸣,要认识到任何消防事故都是大事故。学生宿舍区是消防安全的重点关注区。学生宿舍人员密集,部分学生违规乱搭网线,违规使用大功率电器,不正确地使用电器设备,这些都给大学生安全埋下了隐患。据调查,有49.17%的学生在宿舍使用过大功率电器,有48.63%的学生都不习惯将电器插头从插座上拔下来。

2. 财产安全问题

(1)盗窃案件。食堂、教室是盗窃案件的多发地,其盗窃案件几乎占盗窃案件总数的50%以上。针对学生宿舍实施的盗窃行为的主要作案手段是溜门盗窃,即多半利用寝室无人、大门未锁或者学生对私人财产疏于保管的机会而实施盗窃。在图书馆、教室、操场等公共活动场所发生的盗窃案件以"顺手牵羊"为主要作案手段。在食堂发生的盗窃案件以扒窃居多,实施扒窃行为的以混入校园的外来人员为主,他们利用师生在食堂就餐时警惕性不高、人员拥挤的机会,实施盗窃违法犯罪活动。

> **案例引导**
>
> **防人之心不可无**
>
> 周末中午,大学生郭子建的校外朋友老李趁郭子建寝室无人时,找来锁匠撬开了郭子建的衣柜,并拿走其放在衣柜中的招商银行卡。通过此卡,老李取走了卡内存款3100元。
>
> 由此可见,防人之心不可无,大学生们要提高自身警惕意识。

(2)诈骗案件。诈骗案件多发生在开学初及大一新生报到期间。开学时,人员流动频繁,校外推销人员借此时机混入学生寝室实施各种推销活动,导致学生受骗。特别是大一新生初入校园,对学校安全状况不太了解,盲目轻信他人,受骗事件时有发生。有的学生以高价购得低劣的电脑、日用品等商品;有的学生一心想勤工俭学,却被以缴纳所谓的会费形式骗去生活费……针对校园学生实施的诈骗手段越来越多,并出现了以学生为依托,借以诈骗学生家长的诈骗新趋势。诈骗案件已经成为校园安全隐患中不可忽视的一类案件。加强在校大学生防骗教育是当前急需解决的问题。

3. 人身安全问题

大学生人身安全是指大学生在高校实施的教育教学活动或者学校组织的校外活动中(校园学习),以及在学校负有管理责任的校舍、场地、其他教育教学设施、生活设施内(校园生活),所受到的生命权、健康权和行动自由权方面的威胁和风险。大学生校园生活中的人身安全包括学习中的安全和生活中的安全。大学生的人身安全经常遭受非法分子的侵害或意外伤害。由于社会环境及个人本身思想感情的影响,个别大学生还会出现自残甚至轻生的现象。生命只有一次,在大自然面前,人身安全还会遭受自然灾害的侵害。

4. 食品安全问题

随着社会的发展，大学生就餐选择更加多样化。他们除了在校园食堂餐厅就餐外，还有外卖、烧烤等更多选择，食用不健康食物的概率大大增加。例如用含有三聚氰胺奶粉生产的雪糕、双汇瘦肉精、地沟油、染色馒头、毒豆芽、毒生姜、南亭北亭等黑作坊、大排档等引起食物中毒的重大食品安全事件，严重损害了人们的健康。大学生如果不注意饮食卫生，很可能感染细菌，诱发各种疾病，对身体健康造成不同程度的伤害。因此，大学生的食品安全问题应当引起重视。

5. 交通安全问题

数据显示，除了一些疾病之外，车祸已经成为人类的另一大杀手。随着社会经济的发展，交通工具大量增加。大学生因车祸等交通事故死亡人数占非正常死亡的人数的比例非常大。大学生的交通安全意识薄弱，在校园内外发生的交通事故呈增长趋势。特别是随着高校扩招，与基层、社区的联系日益密切，学生出行频繁，增加了交通安全隐患。随着学校的小轿车越来越多，加之校园道路建设和管理滞后于高校的发展，交通设施不齐备，特别是上下课的人流高峰时期，极易发生交通事故。

案例引导

血淋淋的教训

张拉是大一的学生，她因为家里有事提前回家了，而她的四位室友们约好了假期一起去雪乡。放假后，她的室友们便包车前往雪乡游玩，不料在途中发生惨烈车祸，导致室友四人死亡。后来，张拉了解到这起事故的原因竟是"两车涉嫌追逐竞驶"，搭载室友的车辆还是非营运车辆，也就是黑车，而曾经的欢乐宿舍大家庭现在只剩下张拉一个人。

6. 公共安全问题

公共安全大多具有危机因素，或者说具有向危机事件转化的倾向，因此，在一定意义上讲，公共安全事件可称为公共危机事件。在高校中，公共安全问题常常表现为大型群体活动、校园疾病、自然灾害等引发的事故。

7. 网络安全问题

网络已经成为大学生日常生活中不可缺少的重要平台，为大学生获取知识和各种信息提供便利。然而

网络是把"双刃剑",大学生网络行为安全面临很多问题,如网络成瘾、网络病毒非法入侵、传播不良信息、侵犯他人权利等。

8. 心理安全问题

长期的应试教育环境中,各高校采取竞争机制,对大学生的思维方式和思想观念产生了巨大影响,很多大学生感到有心理压力,具体表现为各种心理上的不适,如强迫、抑郁、恐惧、冷漠、消沉、孤独、暴躁等,情绪色彩非常强烈,若不及时加以疏导,极有可能导致各种问题的产生。

9. 国家安全问题

和平与发展依然是时代主题,国际形势发展的基本态势保持总体稳定,但不确定、不稳定、不安全等因素有所增加。

随着高校改革开放的深入,境外人员来高校参观访问、做讲座、讲学、留学等情况日益增多,高校的国家安全工作面临诸多新问题。如果我国高校大学生没有强烈的保密意识和爱国意识,很有可能被不法分子利用。

10. 就业安全问题

在校大学生经常会利用课余时间参加兼职,毕业大学生也会找工作,而这期间,一些不法分子会利用这些大学生找兼职、找工作的机会,收取不同数额的抵押金,或要求学生将身份证、学生证作为抵押物,或克扣、少付酬金,更有学生因此陷入传销组织,所以就业安全问题应该引起大学生的重视。

案例引导

轻信中介遭损失

黄茜是大二的一名女生,周二下午下课后,她登录某"助学中心"网站想找一份兼职。该网站称只要是大学生,注册缴纳100元报名费后,便可为其长期提供中介服务。黄茜认为钱数不多便轻信了,通过转账方式汇去20元建档费和100元报名费。第二天,她再登录"助学中心"查询结果时,该网站却怎么也打不开了。黄茜这才知道自己被骗了。

11. 违法犯罪问题

根据公安机关提供的资料,当代大学生犯罪主要涉及三大类型:一类是财产型犯罪,如盗窃、诈骗、抢劫等;一类是暴力型犯罪,如故意杀人、故意伤害、性犯罪等;一类是高科技、智能型犯罪,如侵犯知识产权罪等。大学生被视为"天之骄子",如果他们触犯法律身陷囹圄,不仅断送了自己的美好前程,也使父母师长蒙羞,还给社会造成了重大损失。每个大学生的犯罪案件都是个人、家庭、学校、社会等多方面综合作用的产物。因此,预防和减少大学生犯罪,需要社会各界的广泛关注和共同努力。

【知识延伸】

大学生犯罪率呈上升趋势

据中国犯罪学研究会会长、北京大学法学教授康树华所做的一项调查显示：1965年青少年犯罪在整个社会刑事案件中约占13%，其中大学生犯罪占1%；近几年，青少年犯罪占到了社会刑事案件的70%~80%，其中大学生占比约为17%。值得注意的是，大学生犯罪中，仅盗窃案就大概占70%。

第二节 开展大学生安全教育的必要性

大学生安全教育是指大学管理者和教育者以党和国家的法律、方针、政策为依据，以全面提高大学生综合素质为目标，以安全责任、安全意识和安全知识为主要教育内容，通过入学教育、课程教育和日常教育等多种途径向在校大学生普及安全意识和安全常识，使其全面系统地掌握安全知识，提高自我保护能力和安全防范能力。

随着高校改革的开放深入，大学生的生活空间大大扩展，交流领域也不断拓宽。在校期间，他们除了进行正常的学习、生活外，还需要走出学校参加各种社会实践活动。在这种情况下，如果缺乏必要的社会生活知识，尤其是安全知识，势必会导致各种安全问题。因此，开展大学生安全教育，增强大学生安全意识和自我防范能力，已迫在眉睫、刻不容缓。

一、开展大学生安全教育是维护国家安全和利益的需要

首先，从国家面临的安全环境来看，当前我国面临的环境复杂多变，安全形势不容乐观，主要表现为境外敌对势力和间谍情报机构为达到分化、西化中国的目的一方面，利用各种渠道，以公开或秘密的方式，传播西方的政治和经济模式、价值观念及腐朽的生活方式，培养和平演变的"内应力量"；另一方面，采取金钱收买、物质利诱、色情勾引、出国担保等手段，或打着学术交流、参观访问、洽谈业务等幌子，刺探、套取、收买我国国家和单位机密。

其次，大学生对国家安全存在着种种模糊的认识。一是大学生对国家安全还停留在军事、战争、国防、领土、情报、间谍这样一些传统的、局部的认识上。当前，国家安全既包括国土安全、主权安全、政治安全、经济安全、国防安全、国民安全等传统内容，也包括文化安全、科技安全、金融安全、信息安全等方面的新内容。因此，全方位理解国家安全有助于端正大学生的思想认识，增强国家安全意识。二是讲国家安全，大学生会自然联想到美国的中央情报局、联邦调查局及国家安全机关、军队、警察身上，这种把国家安全等同于情报间谍活动的片面认识，使大学生不能自觉地把维护国家安全与自身的责任联系起来，或多或少地、有意无意地认为"国家安全与己无关"。三是随着我国经济发展、社会稳

定、人民安居乐业,国际地位与日俱增,和平环境使大学生地对国内外敌对势力的破坏活动放松了警惕,淡化了安全意识,认为"对外开放无密可保""和平期间无间谍"等。由于思想麻痹,造成国家的一些机密被泄露,更有甚者,个别人经不起金钱、美色等诱惑,不惜丧失国格人格,出卖情报,给国家安全和利益造成重大损失,教训极为惨痛深刻!

总之,我国面临着复杂严峻的安全形势,而大学生的国家安全意识又相对薄弱,这就迫切需要对大学生进行安全教育,培养国家安全知识,树立新的国家安全观,大学生安全教育既是必要的,也是紧迫的。

二、开展大学生安全教育是高校治安形势的需要

随着改革开放的深入,高校由过去的封闭型办学变为开放型办学,由一般教学、科研机构,变为教学、科研、生产、商贸等多元化的社会机构。当前高校管理方式社会化,办学形式多样化,学生结构复杂化,校园与社会相互交叉、相互渗透,校园治安形势日趋复杂严峻。其主要表现为以下几点。

1. 校园环境日趋社会化、复杂化

随着高等教育事业的发展和改革开放的深入,高校由原来单一的教学封闭型转变为全方位、多功能、开放型的"小社会",校园内不仅有教学区、生活区,有的还混杂家属区、居民区;不仅有教学、科研设施,还有工厂、公司、超市、书店、银行、邮局、医院、宾馆、浴室、饮食店、影剧院等生活服务设施和机构。一所高校就像一个小县城。这种复杂的格局,客观上也给高校的安全造成诸多不利因素。社会上的一些不法之徒,时常窜入高校进行盗窃、抢劫、诈骗、行凶等流氓犯罪活动,有的甚至危害师生的人身安全,直接影响学校的安全稳定。

2. 大量的外来人员涌入校园,给学校的治安管理带来了巨大的冲击

随着高校后勤社会化的形成,大量的外来人员来校务工、经商。据调查,高校外来人员引发的案件占高校刑事、治安案件的40%以上。有的外来务工人员在工余时间东逛西遛,惹是生非,寻衅滋事;有的以打工做掩护,盗窃学校公私财物;也有的聚众赌博、打架斗殴,严重扰乱了校园治安秩序。

3. 校区多而分散,交通安全存在较大的隐患

高校合并办学,打破了学校独门独院办学格局。由于校区分散,相邻校区间的人流、车流、物流互动,有的院(系)学生每天从甲校区到乙校区上课或去图书馆学习,校区之间人员流动性增大,如果稍有疏忽,就容易发生交通事故。

4. 校园周边治安环境日趋复杂

当前高校周边治安形势仍然严峻,引发校园及周边地区治安问题的消极因素仍然大量存在,侵害学校师生人身及财产安全的治安、刑事案件时有发生。据有关统计数据表明,高校校园内发生的刑事、治安案件或安全问题,大多数与学生有关。这些事件的发生,不仅会给学生本身及家庭造成伤害,而且也会直接影响到学校正常的教学、生活秩序,严重的将危及整个社会的稳定。因此,在社会治安形势严峻、高校周边治安环境复杂、校园治安形势不容乐观的情

况下,加强大学生安全教育,提高他们的安全防范能力,可以有效减少和避免发生在大学生中的各种安全问题,从而起到维护高校安全和稳定的积极作用。

三、开展大学生安全教育是提高学生自我防范、自我保护能力的需要

近年来,校园内外发生了许多大学生意外伤害事故,其原因虽然各不相同,但有一个共同点,就是大多数当事学生对事故的发生没有任何心理准备和自我保护意识,面对伤害不知所措。在当前大学生自我防范意识和自我保护能力方面,主要存在以下几个问题。

1. 缺乏社会经验

当代大学生由于从小都是在父母和老师的呵护下长大,没有经受什么挫折,思想比较单纯,对社会上的不良风气和一些坏人坏事缺乏理性的认识。由于缺乏社会经验,自我防范能力就相对比较弱,如缺乏保管自己的贵重物品、现金的经验,易于发生财物被盗;缺乏人际交往经验,容易上当受骗。也有一些学生在受到不法侵害时,不知道如何保护自己,轻而易举地被一些不法之徒欺骗或威逼利诱。近年来发生的多起女大学生被拐卖、凌辱、残害的案件,就是这方面的活生生的例子。

2. 缺乏安全防范意识

一些大学生安全防范意识淡薄,对可能发生的各种安全问题,缺乏重视和警惕,留下了种种影响安全的隐患。如人离不锁门、贵重物品不加妥善保管、随意丢放,导致钱物失窃;有的学生违反宿舍安全管理规定,在宿舍内乱接乱拉电线、使用违章电器、吸烟乱扔烟头等,造成各种安全事故。

3. 缺乏对社会消极因素的抵御能力

目前,我国正处在一个前所未有的改革开放时期,乘虚而入的西方资产阶级腐朽思想和没落的生活方式,以及"一切向钱看"的极端个人主义、利己主义、享乐主义,对那些涉世不深、阅历不广、缺乏社会经验、良莠不分的青年大学生来说具有极大的诱惑力。有的大学生经不起这种诱惑,接受了这些腐朽观念,如有些大学生受拜金主义、享乐主义、极端个人主义思想

 **安全提示**

牢记安全歌

平安教育进校园,时时刻刻不忘记,注意安全是重点。
食品卫生要宣传,摊点小吃不卫生,食物中毒要防范。
交通出行是关键,无证超载太危险,安全意识记心间。
消防知识记心田,注意防范慎用火,校园绝不可吸烟。
出门别忘关电源,用电切记要安全,漏电失火寻救援。
寝室安全须防范,外出谨记门窗严,认真检查百不厌。
安全两字挂嘴边,和谐社会齐构建,平安校园来相伴。

的影响,经受不住来自社会上金钱和好逸恶劳、贪图享乐的诱惑,从贪小便宜、小偷小摸发展到大肆行窃,最终害人害己、危害社会,堕落成为社会的罪人;有些大学生在西方"性解放"及淫秽书刊、录像的影响下,奉行"青春不美,死了后悔"的人生哲学,在这种腐朽思想的支配下,很快成为淫乱思想的俘虏。针对上述大学生安全意识和防范能力方面存在的问题和不足,加强大学生安全教育,使广大学生提高警惕,掌握必要的安全知识,可以起到预防犯罪,减少案发数量的作用。

四、开展大学生安全教育是提高大学生综合素质的需要

我国大学生安全教育经过漫长的历史发展,已逐步由低级走向高级,由不成熟走向成熟,今天,大学生安全教育已经进入课堂。随着我国改革开放步伐加快,社会经济文化快速向前,教育事业迅猛发展,大学生就业难的问题逐渐显现,人才市场竞争激烈,用人单位对综合素质高的人才青睐有加,而良好的安全意识和一定的安全知识正是体现大学生综合素质的重要指标。从实践来看,全国高校已普遍将安全教育列为学生入学教育的重要组成部分,有关的教育手册和其他资料日益丰富,大大方便了大学生的学习和借鉴,大学生的法律意识和安全防范意识将普遍得到提高。

第三节　实施大学生安全教育的对策

大学生安全教育工作并非一朝一夕就能完成,大学生在接受安全知识教育的过程中,应不断完善自己的安全知识,使自己拥有较高的安全文化素养。只有这样,才能使自己真正处于安全中。实施大学生安全教育可以从以下几大方面着手。

一、高校要加强安全教育管理

要使大学生安全教育取得好的效果,就必须对大学生安全教育的现状进行教学改革。从安全教育存在的问题入手,采取有效的管理措施提高大学生安全教育的质量,从根本上消除安全隐患。加强大学生安全教育的管理主要可以从以下方面入手。

1. 建立稳定统一的安全教育机构,制定完善的教学大纲和教学计划

造成高校大学生安全教育现状的原因是多方面的,其中高校安全教育机构设置不统一是主要因素之一。安全教育机构的设立应该有校级主管领导、辅导员、学校保卫处人员、学校医院医护人员、学校心理健康教育人员等部门的人员参与,否则安全教育机构的设立是不完善的,安全教育的内容就不全面,安全教育的效果就会受到影响。另外,应该有明确的安全教育教学大纲和教学计划。只有大纲和教学计划明确了,安全教育才能有方向,才能有章可循,才能按照大纲和教学计划的要求开展安全教育,才能保证安全教育的系统性和连续性,保证安全教育顺利和全面开展。

2. 大学生安全教育和安全管理工作,应两手抓,两手都要硬

任何一个安全事故的发生,主要有两个方面的原因:一是安全管理工作不到位,安全设施存在隐患;二是大学生自身在安全意识、自救能力、安全防范技能、安全知识等方面欠缺,再加上其他方面的一些不可预测的因素,从而导致安全事故的发生。要防止安全事故的发生,就应

该从这两个方面入手。加强大学生的安全教育,一方面,使大学生掌握安全知识,了解安全法规、提高安全意识、掌握安全防范的技能和能力;另一方面,高校要大力加强安全管理工作,落实领导负责制,签订安全防范责任状,完善安全设施,定期检查、及时消除安全隐患,定期召开学习安全会议,使广大师生注意安全教育问题,尽量把安全事故消灭在萌芽状态。只有高校的安全工作做好了这两个方面,才能最大限度地减少安全事故的发生,保障高校的安全和稳定。

3. 加强师资队伍建设,利用先进的教学手段和方法,提高安全教育效果

影响大学生安全教育质量的因素有两方面:教师教学水平高低和教学手段是否先进。教师的教育教学水平直接影响到安全教育的效果,甚至决定安全教育的质量。一方面,大力加强师资队伍建设,提升教师队伍的素质和能力,增加安全教育的资金,提高安全教育队伍的待遇,保证安全教育教师与其他教师享有同等待遇,为他们解除后顾之忧,使他们能够安心从教,乐于从教,从而达到提高安全教育的效果;另一方面,加大资金投入,更新教学设施,使用先进的教学手段,是提高安全教育质量的硬件保障;另外,安全教育应该不断探索现代化的教学手段,使用高效、便捷的教学方法,如建立大学生安全教育网络平台,建立安全教育网站传播安全教育知识、宣传国家的安全教育法律法规,通过网络教育大学生提高安全意识和防范安全事故。

4. 不断完善、充实大学生安全教育的内容

社会不断发展,科学技术日新月异,大学生学习、生活和成长的环境越来越复杂,带给大学生的各种不安全、不稳定的因素增多。像网络安全、传销、文化安全等就是近几年来大学生面对的新的不安全因素。面对新的环境、新的不安全因素、新的情况,大学生有时会不知所措。高校就应该加强对这些新因素的研究,提前预防,给大学生传授如何应对这些新问题的知识、措施、能力和技能,使大学生学会处理这些新问题,免遭这些新问题、新因素的侵害。

安全提示

大学生必须参加的安全培训

大学生参加安全培训可以提高大学生应对事故的能力,确保在面对事故时可以灵活应对,采取措施保护自己和他人,尽量减少损失。大学生必须要参加的安全培训有以下几个方面:
(1)消防演练;
(2)防震逃生演习;
(3)防空演练;
(4)急救知识的培训;
(5)野外生存技巧的培训;
(6)心理健康知识的培训;
(7)求职安全培训。

安全教育是高校教育教学的一个重要组成部分,安全意识、安全素质也是大学生本身必须具备的一项重要素质。高校重视安全教育,防范安全事故的发生,是创建稳定、和谐校园的必要手段,同时也是为大学生的成才、成长提供一种安全、稳定的环境。

二、大学生应提升自身安全素养

(一)培养安全意识

1. 自下而上地设定大学生安全意识培养目标

在设定大学生安全意识培养目标时,可根据大学生安全意识生成机理,自下而上地从大

学生安全意识的具体表现形式到抽象意识形式来确定不同层面的培养目标和方向。

(1) 引导大学生规范实施安全行为。大学生安全行为是意识作用于客观世界的直接表现,规范大学生的安全行为是避免校园安全事故的重要条件。大学生的安全行为体现在大学生对安全行为的认识,哪些行为是安全的、哪些行为可以规避风险、遇到紧急事件时可以采取哪些自救行为、哪些行为违反学校的制度。因此,正确引导和规范大学生的安全行为是首要目标,不仅让本身就具备较强安全意识的学生强化实施安全行为,也可让安全意识相对较弱的大学生在遇到突发事件时知道安全自救的措施和途径,这一层面目标的教育直接涵盖所有大学生。

(2) 指导大学生树立正确的人生观、价值观。大学生在采取任何安全行为前存在动机,抓住学生这种动机就能从本质上驱动大学生的安全行为,这一动机就是大学生的人生观、世界观和价值观。在新时期教育发展背景下,大学生的思想可能会不端正,成为国家、社会或学校的隐患。而正确的大学生安全意识需要得到其正确的思想意识形态的大力支持,只有大学生明确了自身的发展目标,树立正确的、积极的人生观、世界观和价值观,才有利于安全行为的良好发展。

(3) 深化大学生的安全意识。大学生安全意识的深化是高校安全教育的最高层次的目标。安全意识需要不断地接受信息反馈、相关安全经验的类比和强化,才能够沉淀在人的大脑中。因此,这一目标的实现是关键,也是最终目标。只有不断地强化大学生的安全意识,才可能使得这种意识形态成为一种习惯,进而指导学生的安全行为方式。

2. 自上而下地制定培养方法和措施

安全意识的培养措施关键是从意识强化入手,按照研究的安全意识生成机理的转化过程,需要自上而下地制定宏观到微观的培养方法和措施。同时,由于大学生安全意识强弱程度、知识背景、人生观和价值观的差异,安全意识的培养方式也有所不同。因此,要从时间、内容、强弱程度方面制定科学的、系统的和规范的培养措施,根据不同层面的目标对大学生的安全意识进行强化、规范。

(1) 灌输法。在人的大脑中所形成的观念和意识,支配着人的行为,即习惯性行为。但是,每个人形成一种意识,需要经过一定的时间。而要改变人们身上的不良习惯,必须首先转变人们思想上的不良观念和意识。我们要通过对安全法规的领会掌握,文件指导精神的学习贯彻,规章制度的明确落实,以及各级管理人员坚持对"安全第一"思想的年年讲、月月讲、日日讲、会会讲、事事讲,将"安全第一"的思想灌输给大学生。

(2) 个性法。对大学生进行个性、情操的陶冶,培养健康向上的情绪。在对大学生进行专业教授的同时,注意启发大学生学习唯物辩证法的兴趣,培养学习知识和掌握技能的自觉性,提高分析和处理问题的能力。有重点地培养学生参与安全管理,带动周边人员的积极主动性。

(3) 文化法。创建校园安全文化是强化管理,练好内功的重要手段。这种在文化传统、安全制度、安全文化作用下形成的安全态度、安全价值观、安全行为准则,构成了安全文化的主要内容。

【知识延伸】

大学生应树立的安全意识

1. 遵纪守法和文明修身的意识

大学生要树立安全意识、安全观念,首先要加强自身修养、提高法律意识,要学法、懂法、用法,以法来保障自己的合法权益;其次是强化文明修身的意识,提高自己的道德素质,避免因自身素质问题陷入冲突,使自身受到威胁。

2. 对安全形势认知的意识

安全隐患早知道就是要对社会安全形势有一个全面的认知。虽然当前社会安全形势基本稳定,校园安全状况要好于社会整体水平,但随着经济发展和社会的不断转型,大学生所处的安全环境也在发生变化,面临的安全形势应引起重视,大学生自身更应对安全形势有正确的认知。

3. 面对突发事件应变的意识

不安全事故的发生有些是没有预兆的,这就要求大学生要有面对突发事件快速应变的意识。这方面意识的培养有利于大学生在面对突发事件时能够在最短的时间内作出判断,第一时间采取措施帮助自己和别人脱离危险。

4. 维护国家安全的意识

每一个公民都有维护国家安全的责任和义务,作为国家未来建设者和可靠接班人的大学生更应有这种意识。要保持高度警惕,严格保守国家机密,不向任何人透露任何有关国家安全的信息。

(二)掌握安全知识

大学生作为一个特殊的社会群体,其生理和心理还不够成熟。一方面,高校必须加强安全知识普及的力度,帮助他们树立正确的安全观;另一方面,大学生自身也应该主动掌握以下几个方面的安全知识。

(1)国家安全和校园稳定知识包括保持政治敏锐性、提高警惕性,维护国家安全,保守国家机密,防破坏、渗透,遵守法律法规等方面的具体知识。

(2)日常生活安全知识主要包括防触电、防煤气中毒、防火、饮食安全等知识。

(3)活动安全知识主要包括运动环境和器械的安全,体育课的安全,游泳、滑冰等活动与人流拥挤的公共场所安全等知识。

(4)自然灾害中的自我保护知识包括面临水灾火灾、暴风雨、雷电袭击、地震等自然灾害时,能够正确应对的知识。

(5)社会治安知识主要包括防盗窃、防抢劫、防伤害、警惕传销骗局、治安防范等知识。

(6)意外事故处理知识主要包括安全应急知识,了解各类急救电话等。

学生要通过不同形式将各种安全知识牢牢记在心中,只有学生懂得了安全,才会事事安全、人人安全。

(三)提高防范能力

在平时的生活学习中,每一位大学生都应该培养自己的安全防范能力,掌握涉及社会安全、自身安全等方面的知识和技能,在灾害事故发生时,能够采取正确的行为保护自己,采取有效措施减少灾害造成的损失。大学生应具备的安全防范能力主要有以下几点。

(1)要具备对不明信息、诱骗、陷阱的识别能力。随着信息技术的快速更迭,不明信息、诱骗、网络陷阱日益增多,大学生是接触网络信息最密集的一个群体,所以也是这方面的主要受害群体。大学生必须具备对不明信息、诱骗、陷阱的识别能力,一方面,要防止网络、通信诈骗陷阱;另一方面,也要保持高度警惕,防止国外敌对势力对我国政治稳定的破坏和对国家机密的窃取。

(2)要具备对坏人的防范能力。随着时代的发展,害人伎俩越来越高明、越来越智能化,而生存在象牙塔内的大学生却缺乏对社会复杂性的认知。如果每一个大学生具备对坏人的识别能力,在学习、生活和社会实践中就能够未雨绸缪,就会避免很多不必要的损失。

(3)要具备临危不乱、积极应变的能力。几乎每一个大学生在成长过程中都可能遇到危险,这就要求大学生在平时熟悉各类紧急情况的处理步骤和注意事项,能够临危不乱、利用身边的有利条件和积极因素将所掌握的知识运用好、发挥好,最大限度地减少损失和伤害。

> **案例引导**
>
> **"示弱"的力量**
>
> 大学生张威在假期游玩时,突然遭受坏人的绑架,面对突如其来的侵害,张威并未做出激烈的反抗刺激绑匪,而是按照绑匪要求将其家长手机号告诉绑匪,还谎称自己家里是打工的,没有什么钱,请求绑匪手下留情。这些"示弱"的表现保护了张威,他没有受到绑匪的伤害。后来张威又趁绑匪喝醉时,巧妙地逃脱,最终化险为夷。

(4)要具备抗挫折和进行自我调节的能力。目前,大学生心理问题日益增多,大学生自杀人数有所上升,其中,自杀原因前三位分别是生理疾病、情感问题、学习压力,面对这种情况,除了学校要采取措施引导大学生外,还需要大学生自身具备较强的心理承受能力,能够在遇到挫折时,积极进行调节,用最好的状态走好人生之路。

【安全演练】

1.实施大学生安全教育有哪些必要性?

2.和你周围的同学谈谈自己对安全问题的重视程度,并说一说你最近遇到的一些关于安全的问题。

3.你要如何提高自己的安全文化素养?

4.假如你的朋友因为一件小事与别人发生争执,而对方称要报复他,他正处于危险中,你会怎么做?

第二章
防火于未"燃"
——消防安全

水火无情,火灾威胁了我们的安全。"隐患险于明火,防范胜于救灾,责任重于泰山",了解、学习和掌握防火知识,协助学校做好防火工作,减少和杜绝火灾的发生,保障广大师生生命、财产安全,是每位大学生义不容辞的责任。

第一节 消防安全常识

"消防"一词最初来源于日本语,在江户时代开始出现,该词最早见于亨保九年(清雍正二年,1724年),武州新仓郡的《王人帐前书》中,有"发生火灾时,村中的'消防'就赶到"的记载。到明治初期(清同治十二年,1873年),"消防"一词开始普及。但"消防"的根在中国。"消防"一词不仅字形与汉字完全相同,字义也无差别。"消防"一词,英文翻译为 fire control、fire flighting、fire protecting,还有"灭火"和"防火"的双重含义,针对的都是火灾这个人类的公敌。

一、火灾及其危害

火灾是指火源失去控制、蔓延发展而给人民生命财产造成损失的一种灾害性燃烧现象。在各种灾害中,火灾是威胁公众安全和社会发展的主要灾害之一。人类能够对火进行利用与控制,是文明进步的一个重要标志。所以说,人类使用火的历史与同火灾做斗争的历史是相伴相生的,人们在用火的同时,不断总结火灾发生的规律,尽可能地减少火灾及其对人类造成的危害。

随着社会的发展,社会财富日益增多,加上各种新设备、新材料、新工艺的大量开发和应用,用火、用电、用气范围日益扩大,潜在的引起火灾的因素也越来越多。火灾已成为各种灾害中发生较频繁且毁灭性较大的灾害之一。火灾能烧掉人类经过辛勤劳动创造出的物质财富,使工厂、仓库、城镇、乡村和大量的生产、生活资料化为灰烬,在一定程度上影响着社会经济的发展和人们的正常生活。火灾还可以污染大气,破坏生态环境。火灾夺去许多人的生命和健康,造成难以消除的身心痛苦。据火灾损失统计,美国约7年翻倍,日本约16年翻倍,中国约12年翻倍。全世界每天发生火灾1万多起,造成数百人死亡。近年来,我国每年发生火灾约4万起,死亡2000多人,受伤3000~4000人,每年火灾造成的直接财产损失达10多亿元,造成几十人,甚至几百人死亡的特大恶性火灾时有发生,给国家和人民群众的生命财产造成了巨大的损失。

【知识延伸】

烟雾引起窒息是火灾致伤、致死的主要原因

火灾烟雾中有大量的一氧化碳和其他有害气体,吸入以后容易造成窒息。烟的蔓延速度超过火的5倍。烟气的流动方向就是火势蔓延的途径,温度极高的浓烟,在两分钟内就可形成烈火,而且对相距很远的人也能构成威胁。此外,由于烟的出现,严重地阻碍了人的视线,使能见度下降。一般情况下,只要人的视野降至3m以内,想逃离火场就不大可能了。火灾中浓烟危害很大,被浓烟熏呛致死的人数是烧死的4~5倍,浓烟致人死亡的主要原因是一氧化碳中毒。在含有一氧化碳浓度达1.3%的空气中,人吸入两三口烟气就会失去知觉,呼吸1~3分钟就会导致死亡。而在常用的建筑木材燃烧时所产生的烟气中,一氧化碳的含量高达2.5%。此外,火灾中的烟气里还含有大量的二氧化碳。在通常情况下,二氧化碳在空气中的体积约占0.06%,当达到2%时,人就会感到呼吸困难;达到6%时,人就会窒息死亡。另外,还有一些物资,如聚氯乙烯材料和尼龙、羊毛、丝绸等纤维类物品,燃烧时能产生剧毒气体,对人体的威害更大。

二、火灾的类型与等级

(一)火灾的类型

根据可燃物的类型和燃烧特性,火灾可分为A、B、C、D、E、F六类。

1. A类火灾

A类火灾指固体物质火灾。这种物质通常具有有机物质性质,一般在燃烧时能产生灼热的余烬,如木材、煤、棉、毛、麻、纸张等引起的火灾。

2. B 类火灾

B 类火灾指液体或可熔化的固体物质火灾,如煤油、汽油、柴油、原油、甲醇、乙醇、沥青、石蜡等引起的火灾。

3. C 类火灾

C 类火灾指气体火灾,如煤气、天然气、甲烷、乙烷、丙烷、氢气等引起的火灾。

4. D 类火灾

D 类火灾指金属火灾,如钾、钠、镁、铝镁合金等引起的火灾。

5. E 类火灾

E 类火灾指带电火灾,如物体带电燃烧的火灾。

6. F 类火灾

F 类火灾指烹饪器具内的烹饪物火灾,如动植物油脂引起的火灾。

(二)火灾的等级

火灾等级标准分为特别重大火灾、重大火灾、较大火灾和一般火灾四个等级。

1. 特别重大火灾

特别重大火灾指造成 30 人以上死亡,或者 100 人以上重伤,或者 1 亿元以上直接财产损失的火灾。

2. 重大火灾

重大火灾指造成 10 人以上 30 人以下死亡,或者 50 人以上 100 人以下重伤,或者 5000 万元以上 1 亿元以下直接财产损失的火灾。

3. 较大火灾

较大火灾指造成 3 人以上 10 人以下死亡,或者 10 人以上 50 人以下重伤,或者 1000 万元以上 5000 万元以下直接财产损失的火灾。

4. 一般火灾

一般火灾指造成 3 人以下死亡,或者 10 人以下重伤,或者 1000 万元以下直接财产损失的火灾。

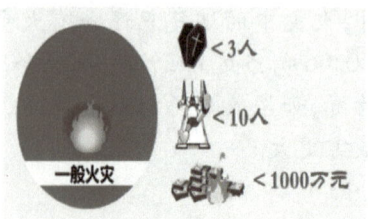

三、火灾的发展规律

一提起火灾,多数人脑中出现的影像可能是熊熊大火和滚滚浓烟。其实,事实并非如此,火灾是从小到大发展的。根据可燃物性质及可燃物的多少等,火灾的发展可能非常缓慢,也可能瞬间增大。掌握了火灾发展的规律性可以帮助你在火灾的不同发展阶段做出正确的应对决策。火灾发展阶段大致可分为五个阶段。

1. 引燃阶段

引燃阶段是火灾的初期阶段。刚起火时的火灾范围较小,可燃物刚达到燃烧的临界温度,不会产生高热辐射及高强度的气体对流,烟气不大,燃烧所产生的有害气体尚未蔓延扩散,是最佳灭火和逃生阶段。

2. 火灾增长阶段

如果火灾没有得到及时控制,可燃物会继续燃烧,这个阶段为火灾增长阶段。这时火灾持续燃烧速度加快,温度升高,而且不断生成大的热烟气。在此阶段,应立即采取一定防护措施,马上逃生。

3. 轰燃和充分燃烧阶段

轰燃阶段是火灾由初期的增长阶段向充分发展阶段转变的过渡阶段,它的持续时间一般较短。当室内的温度达到600℃以上时,室内绝大多数可燃物均卷入燃烧,便可发生这种强烈燃烧现象。一旦着火房间发生轰燃,火灾即进入充分燃烧阶段。此阶段为最危险阶段,对扑救人员和被困人员的生命安全威胁最大。

4. 衰退阶段

随着可燃物质燃烧、分解,其数量不断减少,火灾将呈下降趋势。此时,气体对流逐渐减弱。此阶段要特别注意"死灰复燃"。

5. 熄灭阶段

当可燃物质全部燃尽后,火便自然熄灭,火场温度随之逐渐下降。

四、消防器材的使用

消防器材是指用于灭火、防火及火灾事故的器材。在各公共场所、住宅都是有消防器材的。每个人都要非常了解消防器材的重要性,它的存在关乎着我们的生命安全。

(一)常用的消防器材

常用的消防器材一般包括消火栓、灭火器、沙箱、消防铲、消防斧、消防钩、应急灯、疏散标志等。

(1)防火报警设备,用于监测火灾。

(2)应急照明灯和疏散指示标志,用于引导人们疏散。

(3)疏散通道和安全出口,用于紧急疏散。

(4)防火门,用来阻止火势蔓延。

(5)消火栓,用来扑救火灾。

(6)灭火器,用来扑救初期火灾。

(二)消防器材的使用方法

1. 消火栓

消火栓是扑灭火灾时的常用灭火设施,它由开启阀门和出水口组成,并配有水带和水枪,使用时先将水带打开、打直,接口一边接出水口,另外一边接水枪,如果水带太短,可多连接一盘。

2. 灭火器

灭火器的种类很多,按其移动方式可分为手提式和推车式;按驱动灭火剂的动力来源可分为储气瓶式、储压式、化学反应式;按所充装的灭火剂则又可分为泡沫、干粉、卤代烷、二氧化碳、酸碱、清水等类。

(1)泡沫灭火器。泡沫灭火器可适用于扑救一般 B 类火灾,如油制品、油脂等引起的火灾,也可适用于 A 类火灾,但不能扑救 B 类火灾中的水溶性可燃、易燃液体引起的火灾,如醇、酯、醚、酮等物质引起的火灾,也不能扑救带电设备及 C 类和 D 类火灾。在使用泡沫灭火器时,我们要知道怎么把灭火器取出来,取的时候要右手压把,左手托底部,慢慢地取下,然后右手提提手快速地到达火灾现场,在使用过程中要防止筒内的两种物质发生混合,然后在离着火点 5 米的地方把灭火器放下,向着火点喷射,待喷灭后把灭火器放在地上,需要注意的是喷嘴要朝下。

(2)酸碱灭火器。酸碱灭火器可适用于扑救 A 类物质燃烧的初起火灾,如木、织物、纸张等燃烧引起的火灾。它不能用于扑救 B 类物质燃烧的火灾,也不能用于扑救 C 类可燃性气体或 D 类轻金属火灾,同时也不能用于带电物体火灾的扑救。使用酸碱灭火器时,应手提筒体上部提环,迅速奔到着火地点,决不能将灭火器扛在背上,也不能过分倾斜,以防两种药液混合而提前喷射。在距离燃烧物 6 米左右,即可将灭火器颠倒过来,并摇晃几次,使两种药液加快混合,然后一只手握住提环,另一只手抓住筒体下的底圈将喷出的射流对准燃烧最猛烈处喷射,同时随着喷射距离的缩减,使用人应向燃烧处推近。

(3)二氧化碳灭火器。二氧化碳灭火器可适用于扑救易燃液体及气体的初起火灾,也可扑救带电设备的火灾,常应用于实验室、计算机房、变配电所,以及对精密电子仪器、贵重设备或物品维护要求较高的场所。在使用二氧化碳灭火器时,应将喇叭筒向上扳大约 80 度,以打开灭火器灭火,同时应注意不能直接用手接触金属管或喇叭筒,避免冻伤自己,使用后应及时离开,防止出现缺氧窒息。

安全提示

可以临时灭火的工具

火不大或者不是油料一类的可燃物着火时,可以使用衣物、扫帚、树枝等物品进行扑灭。

对于离地不高的火,可以使用沙土掩埋的办法灭火。紧急情况下,可以把可乐或者雪碧一类的饮料剧烈摇晃后对火源进行喷射。

(4)干粉灭火器。碳酸氢钠干粉灭火器适用于易燃、可燃液体、气体及带电设备的初起火灾;磷酸铵盐干粉灭火器除可用于上述几类火灾外,还可扑救固体类物质的初起火灾。但干粉灭火器不能扑救金属燃烧火灾。使用干粉灭火器时,可以采用手提或肩扛的方式拿灭火器,拔下灭火器上的保险销,将灭火器的喷射管对准火源(在室外使用时应在顺风的上风方向),然后压下开启把手,即可打开灭火器灭火。

第二节　高校消防安全

一、高校常见的火灾类型

1. 生活火灾

生活用火一般是指人们的炊事用火、取暖用火、照明用火、点蚊香、吸烟、燃放烟花爆竹等,由生活用火造成的火灾称为生活火灾。随着社会的全面进步发展,炊事、取暖用火的能源选择日益广泛,有燃气、燃煤、燃油、烧柴、用电等多种形式。

2. 电器火灾

电器火灾是指人们违章用电或使用电器设备不慎而引发的火灾。目前大学生拥有大量的电器设备,大到电视机、电脑、录音机,小到台灯、充电器、电吹风,还有违规购置的电热毯、热得快等电热器具。

> **案例引导**
>
> **电热毯引发火灾**
>
> 张梅梅特别怕冷,每晚睡觉都会使用电热毯取暖。周六这天,她在起床前又打开了电热毯开关,但是起床后却没有关闭电热毯的电源。随后,由于电热毯开关接触不良导致床铺失火,结果烧毁了整个宿舍。
>
> 因此,大学生在宿舍要安全用电,遵守宿舍的规章制度。

3. 自然现象火灾

自然现象火灾不常见,这类火灾基本有两种:一种是雷电,一种是物质的自燃。雷电是常见的自然现象,它是大气层运动产生高压静电再行放电,放电电压有时达到几万伏,释放的能量巨大。当作用于地球表面时,具有相当大的破坏性。它产生的电弧可为引起火灾的直接火源,摧毁建筑物或窜入其他设备可引起多种形式的火灾。预防雷电火灾就必须合理安装避雷设施。自燃是物质自行燃烧的现象,如黄磷、锌粉、铝粉等燃点低的一类物质在自然环境下就可燃烧;钾、钠等碱金属遇水即剧烈燃烧;不干的柴草、煤泥、沾油的化纤、棉纱等大量堆积,经生物作用或氧化作用积聚大量热量,使物质达到燃点而自行燃烧发生火灾。对于自燃物品一定要以科学的方法加强日常管理。

4. 人为纵火

人为纵火一般指带有报复、破坏或毁灭证据、逃避罪责目的人为火灾,它有较大的危害性。这类纵火行为是国家严厉打击的行为。

二、高校火灾的原因

（一）学生缺乏消防安全意识与知识

一些学生认为火灾离自己很远，可能不会发生在自己身边，心存侥幸，当学校进行消防安全知识教育和培训时，认为多此一举、没有必要；看到一些火灾案例和图片时，只是觉得很惨，却没有从思想深处引起重视，因而在日常行为中麻痹大意。有的认为只要学习好了就行，其他的可以无所顾忌；还有的认为消防工作是领导和学校有关部门的事情，与自己关系不大。正是这些消极怠慢的思想，在不知不觉中，增加了火灾发生的概率，带来了严重的隐患。

大学生基本消防知识的缺乏表现在两个方面：一是不了解电学知识。许多大学生对基本的电学知识不了解，往往由于无知而造成火灾，诸如用铜丝代替保险丝、照明灯距离蚊帐太近、充电器长时间充电等都会埋下安全隐患。二是不懂基本的灭火知识。火灾的初起阶段是最容易扑救的，但由于部分学生平时不注意对消防知识的学习，在发现火情后，不知如何处理，特别是不知道如何正确使用消防设备，失去了最好的灭火时机，以致火势发展蔓延成灾。

（二）违反学校相关规章管理制度

1. 明火使用不慎

（1）违章点蜡烛。一般高校都有规定，学生宿舍晚上都统一断电熄灯，但个别学生在熄灯后点蜡烛看书。晚上熄灯后，在床铺上点蜡烛看书，特别容易因疲劳睡着后，烛火引燃床铺造成火灾。

（2）违章点蚊香。点燃的蚊香有700℃左右，而布料的燃点为200℃，纸张的燃点为130℃，如果这类可燃物品靠近点燃的蚊香，极易引起燃烧导致火灾。

（3）违章吸烟。我们都知道，烟头的表面温度为200℃～300℃，中心温度为700℃～800℃。一般可燃物的燃点大都低于烟头表面温度，若点燃的烟头遇到低于烟头温度的可燃物，就会引起火灾。

案例引导

一时疏忽的后果

高华因考试挂科，便在宿舍饮酒，酒醉后就躺在床上吸烟，但他很快就睡着了，烟头掉落在床上，引燃了床上铺盖及宿舍内的其他可燃物，造成了重大火灾事故。而他的同学暑假住校，夜间用蜡烛照明看书，突然想起去别的宿舍看望同学，两个多小时后回来，宿舍内的所有物品因蜡烛引起了火灾已化为灰烬。

因此，大学生在宿舍时，要遵守宿命的规章制度，以免引起不必要的损失。

（4）违章使用炊具。个别大学生图省事、方便，使用酒精炉在宿舍做饭。酒精（乙醇）是一种极易燃液体，其燃点为12.78℃，最易引燃浓度为7.1%，若使用不当便会引起火灾事故。

（5）树林草坪违章用火。如在树林草坪上吸烟、玩火、野炊、烧荒，都能引起火灾。因树林地上也有较多落叶、松子球和枯草，冬季草坪枯萎，特别是在天气干燥时，一遇到火种，极易引发火灾。

2．用电引发火灾

（1）违章用电。高校的建筑物供电线路、供电设备，都是按照实际使用情况设计的，在宿舍内如违章拉插线板甚至乱接电线，都容易引起线路短路和触电事故。

（2）使用电器不当。充电器长时间充电，又被衣物或包覆盖，散热不良，也会引起燃烧。再如使用大功率电器，如电炉、电饭煲、电吹风、电热水瓶等，会使供电线路过载发热，加速线路老化而起火。还有的学生使用假冒伪劣的电器产品也是引发火灾的一大隐患。

3．违反实验室操作规程

实验室大功率设备比较多，若学生违反规定也会引起火灾。例如在使用具有电感的实验设备时，如果有覆盖物在散热孔上，会使设备聚热燃烧；在化学实验时，将相互抵触的化学试剂混在一起，试验温度过高或操作不当也会导致火灾。

（三）校方在消防安全上投入少

大学是事业性单位，每年的经费开支主要靠各级政府的财政拨款，在国家财力有限、重点保障教育经费支出的情况下，用于消防安全方面的经费十分有限。在大学管理体制有所变化的今天，各学校之间竞争更加激烈，重点是将经费用在师资力量和教学硬件设备的竞争上，很难投入到人们不易看到的消防基础设施建设和火灾隐患整改上。另外，大学里保卫部门真正实施消防安全管理的人员很少，有的甚至只有一个人，有的人还身兼数职，造成精力分散。

【知识延伸】

日常应熟知的消防知识

1．不玩火、不随意摆弄电器设备。

2．不将烟头、火柴杆等火种随意扔在废纸篓内或可燃杂物上，不要躺在床上或沙发上吸烟。

3．在五级以上大风天或高火险等级天气，禁止使用以柴草、木材、木炭、煤炭等为燃料的用火行为，禁止室外吸烟和明火作业。

4．入睡前，必须将用电器具断电、关闭燃气开关、消除遗留火种。用电设备长期不使用时，应切断开关或拔下插销。

5．液化气钢瓶与炉具间要保持1米以上安全距离，使用时，先开气阀再点火；使用完毕，先关气阀再关炉具开关。不要随意倾倒液化石油气残液。发现燃气泄漏，要迅速关闭气源阀门，打开门窗通风，切勿触动电器开关和使用明火，不要在燃气泄漏场所拨打电话、手机。

6．不要在楼梯间、公共走道内动火或存放物品，不要在棚厦内动火、存放易燃易爆物品和维修机动车辆,不要在禁火地点吸烟、动火。

三、高校火灾的危害

(1)人员伤亡大。高校是人群高度集中的地方,教学楼、宿舍、食堂、图书馆等密集场所一旦发生火灾,极易造成群死群伤的严重后果。

(2)损失大。高校教学、科研、实验仪器、实训设备、图书资料多,一些珍贵的标本、图书、档案往往是经过几十年、上百年的积累保存下来的,一旦发生火灾,造成损毁,则不可复得。一些无形财产损失更是无法弥补。

(3)影响大。高校历来是国家、社会、家庭高度关注的地方,一旦发生重大火灾,其影响程度将无法估量。

四、高校火灾的预防

消防安全是社会稳定和经济建设的重要组成部分,也是高校师生员工应掌握的一门不可或缺的基本知识。因此,师生员工必须掌握一定的消防知识,及时排查消防隐患,杜绝违规行为,共同筑就全民消防工程。

(一)大学生宿舍防火

大学生宿舍(公寓)是高校的防火重点部位之一,全面做好大学生宿舍(公寓)防火工作有重要的意义。一般来说,生活用火是引发大学生宿舍火灾的重要因素。

> **都是"无知"惹的祸**
>
> 大学生小琪傍晚回到宿舍时,闻到一股强烈的液化气味,为了看一看液化气灶何处漏气,以便采取措施,于是,她立即拉开了电灯,这时,电灯开关产生的电火花引起室内高浓度的液化气爆炸,随即引发大火,小琪被严重烧伤。

为了杜绝大学生宿舍(公寓)发生火灾事故,同学们要做到十戒:一戒私自乱拉电源线路,避免电线缠绕在金属床架上或穿行于可燃物中间,避免接线板被可燃物覆盖;二戒违规使用电热器具;三戒使用大功率电器;四戒使用电器无人看管,必须人走断电;五戒明火照明,灯泡照明不得用可燃物作灯罩,床头灯宜用冷光源灯管;六戒床上吸烟、室内乱扔烟头、乱丢火种;七戒室内燃烧杂物、燃放烟花爆竹;八戒室内存放易燃易爆物品;九戒室内做饭;十戒使用假冒伪劣电器。

(二)教室防火

教室一般作为教学使用。除了由教师授课以外,理工科院校还要经常在课堂上进行各种实验和演示,需要用火、用电和使用化学危险用品。因此,在防火工作中应该做好以下几个方面。

(1)教室的建筑其耐火等级不宜低于三级。如因条件所限,是四级耐火等级建筑时,不应该超过一层。

（2）教学楼离甲、乙类生产厂房，甲、乙类物品库房及火灾爆炸危险较大的独立实验室的防火间距不应该小于25米。

（3）课堂实验用的易燃易爆物品，用完之后应立即清出，不得在教室内存放。

（4）容纳人数超过50人的教室，其安全出口不应少于2个；疏散门不应有门槛，并应向疏散方向开启。

（三）公共场所防火

案例引导

马虎的于亮

大一男生于亮，晚饭后同朋友一起去学校附近舞厅娱乐，休息时大家用一张点燃的报纸相互点烟，未熄灭的报纸随即被塞入沙发下，没多久即引燃沙发，随即火势蔓延，烟雾弥漫，造成整个舞厅烧毁、多名大学生受伤。

随着高校建设发展，教室、餐厅、放映厅、网吧、图书馆、健身房等处人员往来频繁、人口密度越来越大。公共场所管理松散，部分师生防火意识不强，室内装修使用可燃物质、有毒材料多，用电量高，高热量照明设备多，空间大，吸烟者多，乱扔烟头、火种现象严重等诸多因素，都是严重的火灾隐患，这些地方时有重大火灾发生，极易造成人员伤亡。

安全提示

公共场所防火谨记

1. 清醒认识公共场所的火灾危险性，时刻提防。
2. 严格遵守公共场所的防火规定，摒弃一切不利于防火的行为。
3. 进入公共场所，首先要了解所处场所的情况，熟悉防火通道。
4. 善于及时发现初起火灾，做出准确判断，能及时扑救的要及时扑救，形成蔓延的要立即疏散逃生。
5. 要具有见义勇为的精神，及时帮助遭受伤害的人员迅速撤离、脱险。

五、高校火灾处理程序

学校一旦发生火灾，一般应按照下列程序处理。

（一）求助

打119电话报警，同时上报学校保卫部门。

（二）疏散

按照消防演练逃生的线路迅速疏散。

1. 人员疏散

救人是第一原则,学校消防责任人和教师应第一时间有秩序地组织学生疏散转移。

(1)火灾时,由于有烟气,能见度低,现场指挥人员应保持镇静,稳定人员情绪,维护好现场秩序,组织有序疏散,防止惊慌造成挤伤、踩踏事故。

(2)利用现场有利条件,快速疏散。下层着火时,楼梯未坍塌的采用低姿势迅速而下,不要忘记用湿毛巾捂住口鼻,用湿毯子、湿被子披围在身上从烟火中冲过去。

(3)高层着火时,疏散较为困难,因此更应沉着冷静,不可莽撞,应按照安全出口的指示标志,尽快从安全通道和室外消防楼梯安全撤出,切忌用电梯或跳楼。火势确实较大无法逃生时,可以躲避到阳台、平台或关闭房门用湿浴巾、湿毛毯、湿棉被堵塞门缝防止烟火进入,并用水浇湿房门,等待救援人员到来。

(4)发生火灾时,一旦身体着火,应尽快把衣服脱下来或撕碎扔掉,切记不能带火奔跑,那样会使火越烧越旺,还会把火种带到其他场所。如旁边有水,立即用水浇洒全身,或用湿毯子、湿浴巾等包裹身体灭火,着火人也可就地倒下打滚,把身上的火焰压灭。

2. 物资疏散

火场上的物资疏散主要是为了最大限度地减少损失,防止火势蔓延和扩大。

(1)要疏散的是那些可能扩大火灾和有爆炸危险的物资。例如,起火地点附近的油桶、液化气罐、化学实验室易爆和有毒物品,以及堵塞通道使灭火行动受阻的物资。

(2)疏散性质重要、价值昂贵的物资。例如,机密文件、档案资料、高档仪器、珍贵文物及价值高昂的物资。

(三)及时救助

如有伤者要及时送往医院救治,如学生受伤要及时通知家长。

(四)灭火扑救

初起的火焰最容易扑灭,在消防人员未到达时,根据不同的火情,可采取堵截、快攻、排烟、隔离等方法灭火。火灾现场指挥人员要在第一时间迅速调集治安人员、义务消防人员,集中校内和临近的所有灭火器,不能零敲碎打,要集中使用对准火点一起喷射,尽量抓住时机把火扑灭。若不能扑灭,至少要尽量控制火势的发展,坚持到消防人员到达。

(五)维持秩序,配合调查

当火灾发生后,要尽力维持好现场秩序,配合消防部门调查事故原因。划出警戒范围,严禁其他车辆和无关人员进入着火现场,以免发生不必要的伤亡,这样才能为火灾消灭后的起火原因调查提供现场的原始证据。

充分发挥校内各社群组织的作用,做好受伤人员的护送、转移工作,医务室要积极做好伤员的初步医疗护理,同时报请领导,组织人员和车辆急送重伤人员去医院就医。

如果在火灾调查人员未到之前火灾已经扑灭,学校应向他们介绍所了解的情况,并将火灾现场的保护工作移交给火灾调查组,配合调查组提供当事人或见证人,以便对事故做出客观、准确的认定。

第三节　火灾扑救与逃生

一、火灾扑救

（一）火灾扑救的基本方法

在火灾扑救中要根据不同的情况适时采取堵截、快攻、排烟、隔离等基本方法。

1. 堵截

堵截火势，防止蔓延或减缓蔓延速度，或在堵截过程中消灭火灾，是积极防御与主动进攻相结合的火灾扑救基本方法。

在实际应用中，当单位灭火人员不能接近火场时，应根据着火对象及火灾现场实际，果断在蔓延方向设置水枪阵地、水帘，关闭防火门、防火卷帘、挡烟垂壁等，堵截蔓延，防止火势扩大。

2. 快攻

当灭火人员能够接近火源时，应迅速利用身边的灭火器材灭火，将火势控制在初期低温少烟阶段。

3. 排烟

利用门窗、破拆孔洞将高温浓烟排出建筑物外，是引导火势蔓延方向、减少火灾损失的重要措施。

4. 隔离

针对大面积燃烧区或火势比较复杂的火场，根据火灾扑救的需要，将燃烧区分割成两个或数个战斗区段，以便于分别部署力量将火扑灭。

【知识延伸】

人身上着火的扑救

当人身上着火时，常惊慌失措或急于找人解救而拔腿就跑，这种方法是错误的。因为人身上粘上油火时，一般是先烧衣服，如果跑动，着火的衣服将得到充足的空气，火会更猛烈地燃烧起来。另外，着火的人跑动，势必将火种带到经过的地方，有可能扩大火灾。因此，人身上着火时应注意以下几点：

（1）衣服能脱下来时，应迅速地脱下，浸入水中，或用脚踩灭，或用灭火器、水扑灭。

（2）如果来不及脱衣服，可就地打滚，把火扑灭。

（3）如果有两个以上人员在场，未着火的人要镇定沉着，立即用随手可以拿到的麻袋、衣服、扫帚等朝着火人身上的火点覆盖、扑打或浇水，或帮他脱下衣服，但应注意，不能用灭火器向人身体上喷射，以免扩大伤势。

(二)初起火灾扑救的原则与方法

1. 初起火灾扑救原则

(1)"救人第一"的原则。"救人第一"原则,是指火场上如果有人受到火势威胁,各单位消防人员、保安员及在场群众的首要任务就是把被火围困的人员抢救出来。在灭火力量较强时灭火和救人可以同时进行,人未救出之前,灭火是为了打开救人通道或减少烟火对人员的威胁,为人员脱险创造条件。比如,在起火楼层的上方有人被烟火围困下不来,这时需要组织力量灭火并打开疏散通道。根据火场情况,有时先救人后灭火,有时为救人先灭火,有时救人与灭火同时进行。

(2)"先控制,后消灭"的原则。"先控制,后消灭"是相对于不可能立即扑灭的火灾而言的。对于能一举扑灭的小火,要抓住战机迅速消灭;当火势较大,灭火力量相对较弱,不能立即扑灭时,要把主要力量放在控制火势发展或防止爆炸、易燃物泄漏等危险情况的发生上,以防止火势扩大,为消灭火灾创造条件。例如,当一个房间着火时,如不能一举消灭,则应将房间的门窗关闭,以延缓火势扩大,等待消防队扑救;煤气、天然气管道或液化石油气罐、灶具漏气起火,则应立即关闭阀门或采取堵漏措施,防止火势扩大,或将受到火势威胁的罐搬开以控制火势发展,同时由消火栓出水枪以夹击的方式灭火;对于流淌的可燃液体,可用泥土、黄沙筑堤等方法,阻止其流向易燃、可燃物存放处等。

(3)"先重点,后一般"的原则。"先重点,后一般"是指在扑救初起火灾时,要全面了解并认真分析火场情况,区别重点与一般,对事关全局或生命安全的物资和人员要优先抢救,之后再抢救一般物资。人和物相比,保护人是重点;贵重物资和一般物资相比,保护和抢救贵重物资是重点;控制火势蔓延的方向应以控制受火势威胁最大的方向为重点;有爆炸、毒害、倒塌危险的方面与其他方面相比,应以危险的方面为主;火场上的下风方向与上风、侧风方向相比,下风方向是重点;要害部位与其他部位相比,要害部位是火场保护重点;易燃可燃物集中区域与一般固体物资区域相比,前者是保护重点。

电气线路、电器设备发生火灾,首先应切断电源,然后用干粉灭火剂灭火。只有当确定电路无电时,才可用水扑救。在没有采取断电措施时,千万不能用水、泡沫灭火剂灭火。对于卧具、沙发等一般可燃物起火,可直接用水或灭火器进行扑救,也可采用湿棉被等覆盖在起火物品上。室内墙上消火栓箱内装有水带卷盘的(或称消防水喉),在使用时应先将其开关打开,将水喉拉至需灭火部位,然后再打开水喷头实施扑救。

2. 初起火灾扑救方法

(1)冷却灭火法。将灭火剂直接喷洒在可燃物上,使可燃物的温度降低到自燃点以下,从而使燃烧停止。用水扑救火灾,其主要作用就是冷却灭火。一般物质起火,都可以用水来冷却灭火。火场上,除用冷却法直接灭火外,还经常用水冷却尚未燃烧的可燃物质,防止其达到燃点而着火;还可用水冷却建筑构件、生产装置或容器等,以防止其受热变形或爆炸。

（2）隔离灭火法。可燃物是燃烧条件中最重要的条件之一，如果把可燃物与引火源或空气隔离开来，那么燃烧反应就会自动中止。如用喷洒灭火剂的方法，把可燃物同空气和热隔离开来；用泡沫灭火剂灭火产生的泡沫覆盖于燃烧液体或固体的表面，在冷却作用的同时，把可燃物与火焰和空气隔开等，都属于隔离灭火法。采取隔离灭火的具体措施很多。例如，将火源附近的易燃易爆物质转移到安全地点；关闭设备或管道上的阀门，阻止可燃气体、液体流入燃烧区；排除生产装置、容器内的可燃气体、液体，阻拦、疏散可燃液体或扩散的可燃气体；拆除与火源相毗连的易燃建筑结构，形成阻止火势蔓延的空间地带等。

（3）窒息灭火法。可燃物质在没有空气或空气中的含氧量低于14%的条件下是不能燃烧的。所谓窒息法就是隔断燃烧物的空气供给。因此，采取适当的措施，阻止空气进入燃烧区，或用惰性气体稀释空气中的氧含量，使燃烧物质缺乏或断绝氧而熄灭，适用于扑救封闭式的空间、生产设备装置及容器内的火灾。在火场上运用窒息法扑救火灾时，可采用石棉被、湿麻袋、湿棉被、沙土、泡沫等不燃或难燃材料覆盖燃烧或封闭孔洞；用水蒸气、惰性气体（如二氧化碳、氮气等）充入燃烧区域；利用建筑物上原有的门以及生产储运设备上的部件来封闭燃烧区，阻止空气进入。此外，在无法采取其他扑救方法而条件又允许的情况下，可采用水淹没（灌注）的方法进行扑救。

二、及时准确地报火警

案例引导

消防队，快来吧

一天，牛牛家液化气罐突然爆炸。爆炸发生后，同楼的居民小杨拨打119电话报火警。他冲着话筒直喊："消防队，快来吧，我们楼着火了。"119值班员告诉他："不要害怕，慢慢说，着火位置在哪里？是什么物质着火？"小杨却还是不回答问话，只是一个劲儿地说："消防队，你们快来吧，再不来，这个楼就要烧完啦。"

最终，在119值班员的引导下，小杨才说明了地址，火情等信息。等到消防员灭火救援后，牛牛家祖孙三代四人已死亡。

由于无法适应环境，人有可能产生一种恐惧心理，表现为心慌、害怕、言行错乱、判断力和意志力下降等。因此，要准确报火警，还需先保持镇定，按如下步骤操作：

（1）拨打"119"，说明发生火灾的单位、地址、楼层、周围明显的建筑标志。

（2）说明燃烧的物品种类，例如，是否属于化学原料。

（3）说明火势情况，例如是否看得见火光，有多少房间着火等。

（4）口齿清晰，一定要回答119接警员的所有问题，听到对方说可以放下电话时再挂断。如有人力，应接人到主要路口，引导消防车辆尽快赶到现场。

三、火灾自救与逃生

（一）宿舍火灾如何逃生

宿舍学生人员密度很大，再加上可燃物体也很多，因此，当发生火灾时，逃生是有一定困难的。如果万一不幸遇到火灾，可用以下介绍的几种实用方法逃生。

（1）当发现楼内失火时，首先要保持镇静，切忌慌张乱跑，要准确地探明着火方位和风向，并在火势蔓延前，朝逆风方向迅速离开火灾区域。

（2）起火时，如果楼道被烟火封死，应该立即关闭房门和室内通风孔，防止烟气涌入，随后用湿毛巾捂住口鼻，防止吸入毒气，并将身上的衣服浇湿，以免引火烧身。

（3）发生火灾时，不能乘电梯，应沿着防火安全通道往底楼跑；如果中途防火楼梯被堵死，应该向楼顶跑。同时可以将楼梯间的窗户玻璃打破，向外高声呼救，让救援人员知道你的确切位置，以便营救。

（4）千万不要从窗口往下跳。如果楼层不高，可以在老师的保护和组织下，用绳子从窗口降到安全地区。

（5）一旦火灾降临宿舍，应抓紧时机进行扑救。常用的灭火工具是水、湿棉被等。需要注意的是，电器起火应首先切断电源再进行扑救。

（6）如果起火部位在宿舍之外，可用手先试一下门把手及门是否灼热。如果不觉得热，可用身体和脚抵住房门，小心地将门开一条缝，观察门外火情。若烟雾弥漫，热气由门缝逼近灼热难耐或用手伸到门外上方感到热气逼人，应立即关闭房门，向房门泼水，并用湿棉被、毛巾等物品封住房门，以暂阻火势蔓延进屋。若烟雾不大，门外上方热度可以忍受，可用湿毛巾捂住口鼻，必要时把全身用水淋湿或披一条湿棉被，采用低头弯腰的办法打开房门逃生。如果火将门封住，无法由房门逃生，只有依靠外窗和阳台。若楼层不高，可利用床单、窗帘、衣服等物品连接成救生绳捆于窗框、暖气管等物体上，沿绳下滑逃生；也可利用水漏管道下滑逃生。居住在二楼的同学在万不得已的情况下，可将床垫、棉被等缓冲物扔到窗下，再跳楼逃生。跳的时候应采取用手攀窗台或阳台外沿，身体垂直向下的姿态跳下。如果居住的楼层很高，用尽房中之物也无法拥有足够长度的救生绳，应不时地向房门泼水争取时间，到阳台或窗口持醒目之物挥动、呼喊或利用现有长度的救生绳下滑到其他楼层暂避。

（7）如果火封了门，窗外也是一片火海时，应将门窗全部关闭，用湿棉被、毛巾、衣物等封堵门窗，同时采取打电话、敲打脸盆、向窗外抛东西等手段吸引救援人员的注意，以便获救。

(二)公共场所火灾如何逃生

1. 逃生时必须冷静

在公共场所，人流量比较大，加上环境有可能不熟悉，发生火灾时极易造成拥挤，在混乱中发生挤伤踩伤事故。因此，只有保持清醒的头脑，明辨安全出口方向和采取一些紧急避难措施，才能把握主动，减少伤亡。

2. 积极寻找多种逃生方法

在发生火灾时，首先应该想到通过安全出口迅速逃生。我们在去一个陌生的公共场所时，要特别留意提示的安全出口标识，以防发生火灾时，可以在第一时间找到安全的出口。特别要提醒的是，因为大多数公共场所不只有一个安全出口，在逃生的过程中，我们首先可以选择从安全出口逃生，如果真的找不到安全出口，那我们也应该选择最近的安全的逃生方法。比如通过窗户逃生，但必须用窗帘或地毯等卷成长条，制成安全绳滑绳自救，绝对不能急于跳楼，以免发生不必要的伤亡。

安全提示

何种公共场所尽可能不要前往？

1. 只有单一出入口、安全门上锁之场所。
2. 位于地下层之场所。
3. 用易燃物装修之场所。
4. 安全梯、通道、楼防火区域受破坏之场所。

3. 在逃生过程中要防止中毒

一旦公共场所发生火灾，将会产生有毒气体。因此，在逃生过程中，应尽量避免大声呼喊，防止烟雾进入口腔。还应用水打湿衣服捂住口腔和鼻孔，一时找不到水时，可用饮料来打湿衣服代替，并采用低姿行走或匍匐爬行，以减少烟气对人体的伤害。

4. 寻找避难场所

如果你身处的高层建筑中发生了火灾，且逃生通道被大火和浓烟隔断，又一时找不到辅助逃生举措时，被困人员只有暂时逃向火势较轻的地方，向窗外发出求援信号，等待消防人员营救。

5. 互相救助逃生

在公共场所流动的青年人比较多，身体素质好，可以互相救助脱离火场，最好是有一位有相关经验的人员出来统一组织逃生，这样可以有效避免不必要的伤亡。

(三)逃生的误区

1. 原路脱险

原路脱险是人们最常见的火灾逃生行为模式。因为大多数建筑物内部的平面布置、道路出口一般不为人们所熟悉，一旦发生火灾时，人们总是习惯沿着进来的出入口和楼道进行逃生，当发现此路被封死时，才被迫去寻找其他出入口。殊不知，此时已失去最佳逃生时间。因此，当我们进入一个新的大楼或宾馆时，一定要对周围的环境和出入口进行必要的了解与熟悉。以防万一，以备不测。

2. 向光朝亮

这是在紧急危险情况下，由人的本能、生理、心理所决定的，人们总是向着有光、明亮的方向逃生。光和亮就意味着生存的希望，它能为逃生者指明方向道路、避免瞎摸乱撞而更易逃生。而这时的火场中，90%的可能是电源已被切断或已造成短路、跳闸等，光和亮之地正是火魔肆无忌惮地逞威之处。

3. 冒险跳楼

人们在开始发现火灾时，会立即做出第一反应。这时的反应大多还是比较理智地分析与判断。但是，当选择的路线逃生失败，发现判断失误而逃生之路又被大火封死时，就不理智地选择了跳楼，殊不知这样会更危险。选择安全地带向外求救，等待救援才是明智之举。

4. 盲目追随

当人的生命突然面临危险状态时，极易因惊慌失措而失去正常的判断思维能力，当听到或看到有什么人在前面跑动时，第一反应就是盲目紧紧地追随其后。常见的盲目追随行为模式有跳窗、跳楼、逃（躲）进厕所、浴室、门角等。只要前面有人带头，追随者也会毫不犹豫地跟随其后。克服盲目追随的方法是平时要多了解与掌握一定的消防自救与逃生知识，避免事到临头没有主见而随波逐流。

5. 自高向下

俗话说：人往高处走，火焰向上飘。当高楼大厦发生火灾，特别是高层建筑一旦失火，人们总是习惯性地认为：火是从下面往上着的，越高越危险，越下越安全，只有尽快逃到一层，跑出室外，才有生的希望。殊不知，这时的下层可能是一片火海，盲目地朝楼下逃生，岂不是自投火海吗？随着消防装备现代化的不断提高，在发生火灾时，有条件的登上房顶或在房间内采取有效的防烟、防火措施后等待救援也不失为明智之举。

 **安全提示**

消防疏散标识要认清

紧急出口 EXIT	紧急出口 EXIT	滑动开门 SLIDE	滑动开门 SLIDE
推开 PUSH	拉开 PULL	疏散通道方向	疏散通道方向

水泵接合器	消防梯 FIRE LADDER	灭火设备方向	手动启动器
发声警报器 FIRE ALARM	火警电话 FIRE TELEPHONE	灭火设备 FIRE-FIGHTING	灭火器 FIRE
消防水带 FIRE HOSE	地下消火栓 FLUSH FIRE	地上消火栓 POST FIRE	灭火设备方向

【安全演练】

1. 假如你所在的宿舍发生火灾,你会如何处理?
2. 此时你正在餐厅吃饭,突然餐厅发生爆炸,火势开始蔓延,而且就在你的附近,你该怎么办?
3. 请说一说干粉灭火器的使用方法。
4. 组织一次火场逃生演习,并谈谈自己的逃生技巧。

第三章
空城之计切莫玩
——财产安全

大学生的财产安全,主要是指大学生在学校期间所带的现金、存折、购物卡、学习及生活用品等不受侵犯。由于大学生涉世不深,不善于保管自己的钱物,又属于集体生活的特殊群体,因此,大学生的财产就成了盗窃、抢劫、诈骗、勒索等不法分子侵害的重点对象。大学生财产一旦受到侵害,不但会给家庭带来一定负担,而且也会给大学生的学习、生活、心理造成一定影响。大学生为保障自己专心致志地学习,愉愉快快地生活,就有必要学会、掌握保障自己财产安全的知识。

第一节 防盗窃

一、盗窃的概念及特点

盗窃是指一种以非法占有为目的,用不合法的手段秘密窃取国家、集体或他人财物的行为。秘密窃取是指在未得到他人许可的情况下,行为人抱着自以为不会被他人及时发现或者及时维护的心理取得财物或其他物质的行为。盗窃指向的财物一般是有形的,也包括具有经济价值的某些无形物,如重要技术成果、QQ 账号等。盗窃是最常见的、并为人们深恶痛绝的违法犯罪行为之一。目前,盗窃案件在校园发生的各类案件中占到首位。

学校盗窃案件一般都有以下共同特点。

1. 作案人员的习惯性

在学校盗窃案件中,作案人员系周边无业人员、吸毒人员、来校务工人员及少数在校学生等,其中外来人员占绝大部分比例。这些作案人员一般来说都是惯犯,针对大学生防范意识比较薄弱,财物疏于管理的特点,多在教室、宿舍、食堂作案。而少数道德意识比较差的学生由于熟悉宿舍环境和同学们的生活规律,往往会选择在宿舍盗窃。总之,他们在作案的地点和手段上都有自己的惯性。

2. 发案场所的集中性

由于高校是一个教学科研单位,人员密集且比较集中,盗窃案主要发生在家属宿舍区、学生宿舍、教室、图书馆、食堂和运动场等场所。白天多采取顺手牵羊的方式,夜间采取翻窗爬墙或者撬门进入的方式。

> **案例引导**
>
> **幸运的301**
>
> 王梦露刚升入大学,被分到了301宿舍,结果在一个星期内王梦露所在住宿楼连续发生3起盗窃案,作案主体均在白天趁宿管人员不注意时进入寝室,盗取寝室财物,据统计共有6个寝室被盗,被盗物品包括3部手机、3台笔记本电脑及1521元现金。事后,王梦露感叹道:"其中被盗宿舍之一就在301宿舍的隔壁,真是不幸中的万幸啊。"

3. 作案时间的规律性

高校有自己独特的学习、活动和生活规律,这就给了作案主体作案的机会。一般来说,作案主体主要选择无人的空隙进行盗窃。从一天时间看,宿舍被盗主要是上午上课时间,特别是上午1、2节课,因为这段时间里安排的都是主要课程,学生绝大多数都在教室上课,盗窃容易得手。其次是上晚自习、学校举办文体活动时,这时宿舍无人,往往也容易被盗。二是从四季时间看,夏、秋两季宿舍盗窃多发,因天气热,学生都开窗(有的还开门)睡觉,易发生"钓鱼"盗窃或乘虚而入盗窃。三是从整体学期看,刚开学、临近放假、毕业生离校和假期期间宿舍被盗案件多。尤其是刚开学,同学们都带有现金,所以是作案选择的"最佳时间"。

4. 作案手段的复杂性

作案主体作案时一般都选择体积较小的物品,如现金、笔记本电脑、手机、MP3、衣服、银行卡、存折等。一般不使用工具,即使使用工具也仅限于螺丝刀、插片等。他们主要趁主人不在而房门、抽屉未锁之机入室行窃。不少作案主体常常在校园"闲逛"作案,在教室、学生公寓、图书馆等处徘徊,以找人为借口寻找作案时机,一有机会就立即下手,然后迅速逃离现场。有时也采取偷钥匙、爬窗、爬阳台等手段作案,即使被人发现也能用早已编好的理由离开。

5. 作案的连续性

由于作案主体第一次作案时就得手,"首战告捷"后,作案主体往往会产生侥幸心理,加之报案的滞后性或破案的延迟性,作案主体极易屡屡作案而形成一定的连续性。

6. 盗窃目标的准确性

作案主体一般事先都要对作案的区域进行踩点,了解贵重物品的存放情况,管理人员的各种工作程序,保卫人员的巡逻时间,然后伺机进入现场盗窃财物,并迅速离开,这种犯罪手段隐蔽性强、准确性大、很容易得手。

案例引导

先踩点后作案

盗窃者吴炜是一名退休工人,他在一所学校前后共盗窃了9台笔记本电脑才被抓获。据了解,吴炜在作案前进行了细致的踩点,对盗窃目标和逃离路线都做了精心选择,他的作案行为具有较强的隐蔽性,使得查破此案异常艰辛。

7. 具有一定的反侦察能力

许多作案主体文化水平相对较高,加上当前各种媒体对案件侦破的相关报道,无形中使作案主体的反侦察能力得以提升,给侦破工作带来很大难度。

二、盗贼常见的行窃方式

(1)"顺手牵羊式"。"顺手牵羊"者在宿舍楼内自由光顾,趁主人不备时,顺便将能轻易得手的物品盗走。

(2)乘虚而入。趁室内无人、房门无锁,乘机入室行窃。

(3)撬门扭锁。趁宿舍无人之机,利用携带的专门工具,以破坏手段撬开门锁行窃。

(4)翻窗入室。一些没有防护栏或防护栏不结实、又易于攀登的窗户和门顶通气窗,盗贼乘无人或深夜熟睡之机,往往翻窗入室行窃。

(5)溜门入室。盗贼趁一些学生上厕所之机或天气炎热开门睡觉溜门入室行窃。

(6)金钩"钓鱼"。其主要是指盗贼利用住一层的同学不关窗户,趁无人或熟睡之机,从窗外利用竿子将室内的衣物钓出。

(7)偷配钥匙。有的是周围的同学、熟人借串门之机,趁睡觉或不备,将放在床、桌上或柜锁上未拔下的钥匙偷走偷配钥匙;有的谎称自己忘带钥匙等借故借门上的钥匙而偷配柜上钥匙;还有的是利用公共活动脱衣之机,偷盗钥匙偷配等,而后再寻机行窃。

另外,还有监守自盗、里勾外连等方式行窃等。

三、大学生防盗的基本措施

对大学生而言,只有增强防盗意识,提高防盗能力才能保护好自己的财物。

(一)学生宿舍防盗

1. 宿舍防盗注意事项

从一定意义上讲,宿舍就是学生的家,大学生的财物绝大多数都存放在宿舍,要保障大学生财物安全,很重要的一个方面,就是预防宿舍被盗窃。预防宿舍被盗窃,主要应做到以下几点。

(1)最后一个离开宿舍的同学,一定要以对自己、对其他同学高度负责的责任感,及时关窗锁门,如果是暗锁,一定要反锁门。不要认为离开宿舍的时间短,嫌麻烦而疏忽麻痹,给不法分子留下可乘之机。

(2)要保管好宿舍门的钥匙。钥匙不要随便借给他人,要注意妥善保管,不要到处乱扔乱放;如果门钥匙是和柜箱锁的钥匙连在一起的,用完后要及时拔下;在浴池洗澡或公共活动脱衣时,谨防别有用心的人借机盗窃钥匙等。一旦有钥匙丢失,要马上换锁。

(3)要保持宿舍良好秩序。不能把宿舍变成聚会、聚餐、打牌、会客等交际娱乐场所。如若不然,宿舍来往的人员复杂,宿舍安全的隐患就会增多。

(4)不能随便留宿非本宿舍人员,特别是不要留宿不知底细的人。否则,很可能会引狼入室。

(5)警惕宿舍楼内的陌生人。不论是借口找人、借故维修,还是兜售商品等,一定要留心观察其行踪,仔细盘问,发现问题及时报告。

 **安全提示**

宿舍防盗,牢记细节

妥善保管好现金、汇款单等,不要在宿舍保留大量的现金;贵重物品不要随便放在宿舍桌上、床上;银行卡密码不宜选用出生日期、学号、身份证号等。

(6)假期要加强宿舍管理。离校时要将贵重物品交学校统一管理,关好窗,锁好门,特别是留校的同学要严格遵守宿舍管理规定。

2. 宿舍发生盗窃案件后的处理方式

(1)大学生宿舍财物被盗窃后,应立即向学校保卫处报案。

(2)应在报案的同时保护好被盗现场。切忌发现被盗后,急于清点自己的东西,而立即翻动箱子、柜子、抽屉等破坏现场。

(3)如果存折、银行卡、汇款单被盗,应立即带身份证到银行、邮局挂失。

（4）实事求是地向保卫人员及公安机关提供被盗的相关情况,协助公安机关破案。

3.猝遇宿舍盗窃犯的应对方法

（1）保持警惕,头脑冷静,急而不乱。

（2）以正压邪,堵住其逃跑出路;大声呵斥,对其形成威慑,大声招呼同学捉贼。

（3）随机应变,注意安全。援兵未来时,应保持距离,将其置于视线之内,并与其周旋,但要防止其行凶伤人。

（4）如果有两个盗窃犯但同学人数不够时,应集中力量抓住其中一人。

（5）万一无法抓住盗窃犯,应记住其特征,如年龄、性别、身高、体态、相貌、衣着、声音及其他明显的特征,以便向公安机关提供破案线索。

【知识延伸】

哪些宿舍容易发生盗窃?

（1）居住成员混杂,搬动次数频繁的宿舍,极易被盗窃分子钻空子。

（2）制度不严,管理松懈的宿舍易被盗贼乘虚而入进行盗窃。

（3）宿舍楼无人值班或值班人员没有责任心。

（4）缺乏警惕性,互不关心,有的同学看到陌生人在宿舍里乱窜,但缺乏警觉或唯恐惹火烧身而不闻不问,有的宿舍无人时不锁门,也很容易被人利用。

（5）门窗缺乏安全措施的宿舍。

(二)学校公共场所防盗

所谓公共场所,主要是指学校的教室、图书馆、食堂、购物中心、体育活动中心、文化活动中心等。这些场所人员相对流动量大,情况复杂,许多同学互不相识,是扒窃、拎包案件的多发地带。学生的财物除了在宿舍被盗外,相当一部分是在这些场所被盗的。所以,要保障大学生财物安全,还必须预防来自公众聚集场所学生财物盗窃的问题,具体应注意以下几点。

（1）在教室及图书馆学习或活动时,最好不要随身携带现金和贵重物品。

（2）在食堂、运动场等公共场所如若必须携带物品时,一定要按规定妥善保管所带物品,切不可随便乱扔乱放,能随身携带最好随身携带,不要给盗窃者留有可乘之机。

案例引导

不翼而飞的包

孟静已经大二了,她一下课便去食堂就餐。由于食堂人数众多,她为了抢占食堂餐厅的座位,顺手将自己的包放到了座位上,然后就去排队买饭了。可是,当她端着饭回来时,却发现自己的包不翼而飞了,而她的包中还放着刚刚取出的1000元英语培训报名费及银行卡、身份证等重要证件。

由此可见,在公共场所携带贵重物品时,最好随身携带。

（3）如果购物时需携带现金,大学生不要将其放在衣服外边口袋里,外边口袋可只放少许零用钱,而且,在点钱时要注意观察,谨防被扒手盯上。

(4)到图书馆存包,包内不要放置现金、手机等重要物品。

(5)在发现自己的财物被盗后,应及时向学校保卫部或公安部报案,以便及时采取措施,追查犯罪嫌疑人。

(三)外出防盗

(1)火车旅行防盗。旅客上车和列车开车前,人多拥挤的时候,大学生要看好自己随身携带的小件物品。列车中途站停车前,往往是案件高发期。旅客在中途站下车购物时,尽量少带现金和物品,同时还要注意保管好自己车上的财物。

当列车上有人找你玩一玩或者请你吃东西时,不要参与各种赌博游戏,更不要接受不相识的人给的食品和饮料,要提防对自己过于热情的人,发现可疑人员要注意观察和及时提醒周围的旅客注意,有情况及时向列车乘务员报告。另外,夜间乘车要提高安全意识,妥善保管好贵重物品。

> **案例引导**
>
> **调包计**
>
> 大一新生郭志携带旅行包在火车站站台候车时,与自己的妈妈用家乡话在电话里闲聊了半天。电话刚挂断,一个穿着得体的中年人主动过来与郭志用"家乡话"打招呼,该中年人带着一个与郭志一样款式、颜色的旅行包。交谈中,这位中年人说自己与郭志是老乡,并且告诉郭志自己在当地学校上班,还给郭志留下电话,希望以后常联系。到校后,郭志去缴费现场缴费,发现手里的这个旅行包不像是自己的,因为装有5000元学费的书包并不在里面,而且里面的衣服也不是自己的。这时,郭志想起来乘火车时曾与一名老乡接触过,认为老乡不小心拿错了,郭志赶紧打对方所留电话号码,却被告知是空号,此时,郭志才知道自己的包被调包了。

(2)乘公交车防盗。扒手在公交车上作案一般选择在上下班、上学放学高峰期,此时车上人多,好隐蔽,易下手。若发生拥挤,应特别注意不可因拥挤而疏忽管理自己的财物,要警惕是否有人故意挤靠自己,并注意周围可疑人的动向,小心看护财物。不要把背包背在身后,不要把手提包过低地提在手中,最好把包抱在胸前。

(3)果品市场防盗。果品市场的小偷一般是趁人们蹲下买水果,或站着挑水果时,靠拉包或用镊子夹取对方口袋里的钱包,所以大学生在外出买水果时一定要一手拿钱,一手提水果袋子,保证钱不离手。

(4)银行取款防盗。到银行取款时,应尽可能结伴前往,相互照应。清点钱款应在银行内,装钱款的包应斜背在肩上,尽可能搭车离去,不要步行或骑车,发现尾随跟踪、形迹可疑的人,应及时报警请求帮助。当有人在提款机附近游走或窥探时,不要在该柜员机提取现金。

(5)外出行走防盗。如果身背挎包,不要靠近机动车道或者非机动车道,应尽量靠近人行道内侧行走,靠左边走时,挎包挂左肩,靠右边走时挂右肩,并用胳膊夹紧或用手握紧。夜间外出的女性尽量不要携带大量现金或贵重物品,要避免独自去过于偏僻之处。对悄悄驶近的摩托车、小车要特别注意防范。若有人在身后打招呼,不要让包离开自己的视线,以免被抢走。

安全提示

外出要注意

大学生外出逛街时首饰不要暴露在外;要注意根据"两名男子驾乘一辆无牌摩托车"这一特征,提防向你靠近或尾随跟踪的类似摩托车;做到钱财不外露,不要在公共场所翻弄钱款,避免成为不法分子侵害的目标。

(6)商场购物防盗。购物时要注意不看商品的人。大型商场的扒手还是比较多的,要特别小心那些急匆匆跑过来买东西的人,他会故意冲撞买东西的顾客,利用大家未站稳的一瞬间,伸手去扒窃。此外,还要注意那些只注意看人不注意看商品的人,那可能是小偷在寻找猎物。

第二节 防抢劫

一、抢劫的概念及特点

抢劫是指以非法占有为目的,以暴力、胁迫或者其他方法施行的将公私财物据为己有的犯罪行为。抢夺是以非法占有为目的,乘人不备,公然夺取他人的财物。这两类犯罪行为都侵害了他人的人身和财产权利,而且容易转化为凶杀、伤害等恶性案件,比盗窃案件具有更大的危害性。这类犯罪在大学校园里,特别是周边地区时有发生。

大学抢劫案件有其显著的特点。

(1)抢劫地点的特殊性。抢劫绝大多数发生在校园及其周边大学生经常路经或活动的地带。例如,偏僻、人少、黑暗的小道、树林、建筑工地、小山、闲置孤立的旧房屋、临时搭建物等。

(2)抢劫时间的规律性。抢劫时间一般是在午休或夜深人少之时,如学生上晚自习或上课,绝大多数人员相对集中而校园及其周边人员较少时,严冬夜长昼短、天气寒冷、室外活动人员较少时。

(3)抢劫对象的选择性。抢劫对象主要是携物单个返校的学生、单独晚归的学生、独自游离的学生、在学校周边租房居住或打工等具有一定活动规律的人员、个别性格懦弱的男生及谈恋爱的男女生。遭抢劫者多数是女生。

(4)抢劫伤害的严重性。抢劫时不单单是财物遭侵害,虽然抢劫分子开始的动机是抢劫财物,但是在实施抢劫的过程中往往转化为人身伤害。

(5)抢劫人员的团伙性。抢劫者除了个别是流窜作案外,多数是学校及其周边的暂住人员、不务正业的无业人员或有劣迹的人员,往往是结伙作案。

(6)抢劫手段的多样性。抢劫分子实施抢劫时的手段通常有以下几种:对被抢劫者进行暴力威胁或言语恫吓,实施胁迫型抢劫;采用殴打、捆绑等行为实施暴力抢劫;采用摩托车等交通工具,一人骑车,一人抢夺,快速逃脱等。

二、预防大学生抢劫案的措施

全面了解和熟悉防抢措施对维护大学生的正当权益、保护自我安全具有重要的意义。大学生预防抢劫案的措施主要有以下几点:

(1)散步游玩活动时,不要随身携带现金和贵重物品。如果购物携带现金,最好是结伴前往。

(2)晚上外出最好结伴而行。如果独自外出,最好避开人员稀少、偏僻、视线不良、遭劫无援的时间和地点。

(3)如果携带较大额现金和贵重物品归校时,尽量避开偏僻、人少的路径和时间,如果乘车,最好乘公交车,不要搭乘摩的。

安全提示

做到三个"防止"

防止飞车抢劫。夏天不要佩戴黄金项链,过于外露,易遭人注意;夜间不要边走路边打电话。

防止色情抢劫。当遇到陌生女子引诱或是请你到某一娱乐场所玩耍时,切勿随意跟去。

防止麻醉抢劫。外出时不要轻易和陌生人交谈,不能随便饮用陌生人提供的饮料、抽陌生人递过来的香烟、吃陌生人的食物。

(4)少进或不进校外网吧。网吧环境嘈杂,人员较为混乱,极易被犯罪分子盯上,是大学生被抢劫的主要场所之一。而一些大学生在网吧被抢之后,由于害怕对方报复,往往不敢报案。

(5)单独外出时,不要显露出过于胆怯害怕的神情。

(6)穿戴朴素得体。一些大学生穿戴张扬、过分时髦、刻意炫富,这样极易给自己埋下祸根。大学生穿着应以整洁、大方、朴素为主,外出穿戴应以方便为原则。

案例引导

脖子上的伤痕

荆洁是大一艺术学院的学生,其家境殷实,特别喜欢戴首饰。周三上午,荆洁在学校附近闲逛。突然出现一名男子,从她背后强行拽走了她脖子上的金项链,然后骑上停在路边的电动车逃跑了。荆洁急忙追赶,但由于电动车太快没追上。"那个男的40多岁,穿深色外套,骑一辆红色电动车沿着南二环向西跑了,我赶紧大喊呼救……"荆洁跟学校保卫处负责人说。由于项链是被拽走的,荆洁脖子也被划伤。

(7)遵守校规校纪。为确保安全,大学生不得擅自在外租房,不得夜不归宿。深夜外出、晚归或通宵在外不归都有可能被不良企图者逮住机会。

三、应对抢劫的办法

遇到抢劫时,首先要保持镇定,克服畏惧,在精神与心理上压倒对方,然后视不同的情况采取不同的策略。

(1)案发时要尽力反抗。只要具备反抗的能力或时机有利,就应发动进攻,以制服或使作案人丧失继续作案的心理和能力。如果对方是持械抢劫且大学生没有把握,此时就不应该盲目反抗,避免人身受到伤害。

(2)与作案人尽量纠缠。可利用有利地形和身边的砖头、木棒等足以自卫的武器与作案人形成僵持局面,使作案人短时间内无法近身,以便引来援助者并对作案人造成心理上的压力。

(3)实在无法与作案人抗衡时,可以看准时机向有人、有灯光的地方或宿舍区快速奔跑。

(4)巧妙麻痹作案人。已处于作案人的控制之下而无法反抗时,可按作案人的需求交出部分财物,并采用语言反抗,理直气壮地对作案人进行说服教育,晓以利害,从而造成作案人心理上的恐慌。切不可一味地求饶,应当尽力保持镇定,与作案人说笑斗口,采取默认方式表明自己交出全部财物并无反抗的意图,使作案人放松警惕,以便自己看准时机进行反抗或逃脱其控制。

(5)采用间接反抗法。是指趁其不注意时在作案人身上留下记号,如在其衣服上擦点泥土、血迹,在其口袋中装点有标记的小物件,在作案人得逞后悄悄尾随其后注意逃跑去向等。

(6)注意观察作案人,尽量准确记下其特征,如身高、年龄、体态、发型、衣着、胡须、语言、行为等特征。

(7)及时报案。作案人得逞以后,很有可能继续寻找下一个抢劫目标甚至竟敢在作案现场附近的商店和餐厅进行挥霍。所有高校一般都有较为严密的防范措施,能及时报案和准确描述作案人特征,有利于有关部门及时组织力量布控,从而抓获作案人。

(8)无论在什么情况下,遇到抢劫时只要有可能就要大声呼救,或故意高声与作案人说话,引起周围行人的注意。

【知识延伸】

抢劫罪量刑标准

1.三年以上十年以下有期徒刑的量刑基准

(1)抢劫一次,基准刑为有期徒刑四年。

(2)抢劫二次,基准刑为有期徒刑六年。

(3)抢劫取得财物,数额超过2000元,基准刑增加六个月;每增加数额1500元,基准刑增加六个月。

2.十年以上有期徒刑、无期徒刑的量刑基准

(1)根据刑法第二百六十三条,有下列情形之一的,基准刑为有期徒刑十一年:入户抢劫

的;在公共交通工具上抢劫的;抢劫银行或者其他金融机构的;多次抢劫或者抢劫数额巨大的;抢劫致人重伤的;冒充军警人员抢劫的;持枪抢劫的;抢劫军用物资或者抢险、救灾、救济物资的。

(2)多次抢劫并且数额巨大的,基准刑为有期徒刑十二年。

(3)入户抢劫并且数额巨大的,基准刑为有期徒刑十二年。除上述情形外,同时具有两种以上刑法第二百六十三条规定的情形的,基准刑为有期徒刑十三年。

(4)抢劫取得财物数额巨大,超过1万元的,每增加5万元,基准刑增加一年。

(5)抢劫多次,次数超过6次的,基准刑增加一年;次数超过10次的,基准刑增加一年六个月。

3.具有以下情节的,基准刑为无期徒刑

(1)抢劫致人重伤,且造成被害人6级以上(含6级)严重伤残的。

(2)抢劫致二人以上重伤的。

(3)同时具有两种以上刑法第二百六十三条规定的情形的,并造成恶劣社会影响的。

(4)同时具有三种以上刑法第二百六十三条规定的情形的。

(5)抢劫数额达20万元以上,且同时具有刑法第二百六十三条规定的其他情形之一(不含多次)或造成恶劣社会影响的。

第三节 防诈骗

芸芸众生,善良者占大多数,但奸诈者也不少见。大学生生性善良,但缺乏应有的防范意识,很有可能会栽跟头。"害人之心不可有,防人之心不可无。"奸诈者较之真正的歹徒隐藏极深,又往往以善良者的面目出现,很容易诱人上当吃亏。

一、诈骗的概念

诈骗是以非法占有为目的、用虚构事实或隐瞒真相的方法骗取款额较大的公私财物的行为。在犯罪形式上,犯罪分子多以编造假情况或隐瞒事实真相的方式,诱使受害者陷于一种错误认识。

安全提示

你要消除这些"危险"心理

通常以下这些心理极易被诈骗分子利用。
(1)虚荣心理; (2)幼稚、不作分析的同情、怜悯心理;
(3)贪占小便宜的心理; (4)轻率、轻信、麻痹、缺乏责任感;
(5)贪求美色、想入非非的不良心理; (6)易受暗示、易受诱惑的心理。

二、常见的诈骗手段

（一）校园新生诈骗

大学新生大多涉世未深，对外面的世界充满好奇却毫无戒备之心。因此，常常将诈骗分子精心布下的"陷阱"当成"馅饼"。常见的新生诈骗形式主要有以下几种。

（1）冒充老师骗钱财。骗子多以调查、报名等形式向学生收取费用。

> **案例引导**
>
> **陌生的老师**
>
> 王红是一名大一新生，这天报到后，她在宿舍寝室休息，此时有人进来说："你是今年的新生吧，我是某某老师，这是某某卡请把费用交一下。"王红想："既然'老师'来了，就赶快交钱吧。"于是付了钱，拿了卡。第二天王红才发现自己被骗了，因为所谓的老师根本没人认识。

（2）冒充"孩子"要钱。由于子女到外地读书，有许多不确定因素，家长会收到这类短信："爸妈：我的钱卡丢失，速汇学费和生活费到我同学的银行卡上……"一旦与子女联系不上，如关机、手机没电等，父母可能就会稀里糊涂上当。此时，家长应立即拨通子女电话，一问便知分晓。如果诈骗短信中提到"手机没钱了"，这可能是骗子的计谋，当事人可先给子女的手机缴费，再联系，立马真相大白。平时生活中，大学生要与父母就此事进行沟通，防止受骗。

（3）假冒大学生，以借钱为名行骗。这类骗子多以假身份证、假姓名向大学生写借条，骗取财物。

（二）以满足对方占小便宜取信，进行诈骗

诈骗分子首先向大学新生投以小利，以提起其兴趣，进而提出获得更大利益的办法，使受害人在利益的驱动下，一步步进入诈骗分子设置好的圈套。一些大学生往往被诈骗分子的"好处"所吸引，结果便宜没占到，反而吃了大亏。

（三）出售考试答案诈骗

诈骗分子通过各种渠道发布和出售考研答案、英语等级考试答案等虚假信息，利用受害人不敢声张的心理实施诈骗。

（四）兼职或求职诈骗

大学生在找兼职或求职时，会有一些不良单位以各种理由让大学生交费后才能正常工作，这些均属于诈骗行为。另外，所有宣称技术门槛低，工作轻松但赚钱快的工作，基本上都属于诈骗，大学生应拒绝参与。

（五）电信诈骗

电信诈骗是指犯罪分子通过电话、网络和短信方式，编造虚假信息，设置骗局，对受害人实施远程、非接触式诈骗，诱使受害人给犯罪分子打款或转账的犯罪行为。随着中国金融、通信业的快速发展，虚假信息诈骗犯罪迅速在中国发展蔓延，借助手机、固定电话、网络等通信工具和现代的网银技术实施的非接触式的诈骗犯罪迅速地发展蔓延，给人民群众造成了很大损失。常见的电信诈骗形式有以下几种：

（1）冒充社保、医保、银行、电信等工作人员。以社保卡、医保卡、银行卡消费、扣年费、密码泄露、有线电视欠费、电话欠费为名，以自己的信息泄露，被他人利用从事犯罪，以给银行卡升级、验资证明清白，提供所谓的安全账户，引诱受害人将资金汇入犯罪嫌疑人指定的账户。

（2）冒充公检法、邮政工作人员。以法院有传票、邮包内有毒品，涉嫌犯罪、洗黑钱等，以传唤、逮捕及冻结受害人名下存款进行恐吓，以验资证明清白、提供安全账户进行验资，引诱受害人将资金汇入犯罪嫌疑人指定的账户。

（3）以销售廉价飞机票、火车票及违禁物品为诱饵进行诈骗。犯罪嫌疑人以出售廉价的走私车、飞机票、火车票及枪支弹药、迷魂药、窃听设备等违禁物品，利用人们贪图便宜和好奇的心理，引诱受害人打电话咨询，之后以交定金、托运费等进行诈骗。

（4）积分兑换诈骗。犯罪分子冒充各大银行、移动、联通、电信等产品具有积分功能的企业，给事主发送积分兑换短信、微信等，要求事主下载客户端或点击链接，套取事主身份证号码、银行卡号码和银行卡密码等个人信息，利用上述信息在网上消费或划转事主银行卡内金额。

> **案例引导**
>
> **好奇的代价**
>
> 沈美在上课时收到了10086的短信，短信称可以积分换礼，短信具体内容为："尊敬的用户：您的话费积分没有兑换即将清零，请及时登录某网站并根据提示安装下载，激活客户端兑换269.70元现金礼包。"沈美由于好奇，便点开链接，按照对方指示进行了操作，结果发现银行卡被刷走了2000元。

（5）利用中大奖进行诈骗。主要分三种：①预先大批量印刷精美的虚假中奖刮刮卡，通过信件邮寄或雇人投递发送；②通过手机短信发送；③通过互联网发送。受害人一旦与犯罪嫌疑人联系兑奖，对方即以先汇"个人所得税、公证费、转账手续费"等理由要求受害人汇款，达到诈骗目的。

（6）利用无抵押贷款进行诈骗。犯罪嫌疑人宣称"我公司在本市为资金短缺者提供贷款,月息3%,无须担保,请致电某某经理",一些企业和个人急需周转资金,被无抵押贷款引诱上钩,被犯罪嫌疑人以预付利息等名义诈骗。

(7)利用高薪招聘进行诈骗。犯罪嫌疑人通过群发信息,以高薪招聘公关先生、特别陪护等为幌子,称受害人已通过面试,要向指定账户汇入一定培训、服装等费用后即可上班。步步设套,骗取钱财。

(8)利用银行卡消费进行诈骗。嫌疑人通过手机短信提醒手机用户,称该用户银行卡刚刚在某地刷卡消费××元等,如有疑问,可致电咨询,并提供相关的电话号码转接服务。在受害人回电后,犯罪嫌疑人假冒银行客户服务中心及公安局金融犯罪调查科的工作人员谎称该银行卡被复制盗用,利用受害人的恐慌心理,要求受害人到银行ATM机上进入英文界面操作,进行所谓的升级、加密操作,逐步将受害人引入"转账陷阱",将受害人银行卡内的款项汇入犯罪嫌疑人指定账户。

(9)微信、QQ聊天冒充好友借款诈骗。犯罪嫌疑人通过种植木马等黑客手段,盗用他人微信、QQ,事先有意和微信、QQ使用人进行视频聊天,获取使用人的视频信息,在实施诈骗时播放事先录制的使用人视频,以获取信任。分别给使用人的微信、QQ好友发送请求借款信息,进行诈骗。

案例引导

"舅父"的来电

大二学生翟林在周六上午接到了一个自称是其舅父的人电话,向其借钱。翟林当时觉得他的声音很像,且对方能说出自己的名字,于是就在招商网上银行向舅父的微信账户里转了2000元。转账结束后,翟林给舅父回电话时,发现对方电话已关机,于是翟林马上给自己的妈妈打电话,妈妈告诉翟林前几天其舅父的微信账户被盗了,这个借钱的人肯定是骗子,翟林非常后悔自己没有在转账前向妈妈询问这件事。

(10)"丢卡"诈骗。嫌疑人自己制作所谓的消费金卡,背面写有卡上可供消费的金额和联系网址、电话,并特意说明该卡不记名、不挂失。他们将这些金卡扔在一些大型商场、超市、高档娱乐场所的显眼处,如有人捡到卡,拨打卡上的联系电话或上网咨询,对方就会告诉事主要先汇款到指定账户,缴纳一定手续费进行"金卡激活"后才能消费,从而实施诈骗。

(11)利用虚假广告信息进行诈骗。犯罪嫌疑人以各种形式发送诱人的虚假广告,从事诈骗活动。

(12)利用汇款信息进行诈骗。犯罪嫌疑人以受害人的儿女、房东、债主、业务客户的名义发送:我的原银行卡丢失,等钱急用,请速汇款到账号……受害人不加甄别,结果被骗。

(13)利用虚假彩票信息进行诈骗。犯罪嫌疑人以提供彩票内幕为名,采取骗取会员费的形式从事诈骗。

(14)利用虚假股票信息进行诈骗。犯罪嫌疑人以某证券公司名义通过互联网、电话、短信等方式散发虚假个股内幕信息及走势,甚至制作虚假网页,以提供资金炒股分红或代为炒股的名义,骗取股民将资金转入其账户实施诈骗。

(15)冒充合法网站实施诈骗。冒充合法网站实施诈骗惯用的伎俩就是用字母与数字之间差异小的去代替。一些假冒交易网站的域名和正式网站差别很小,有的甚至只有一个字母的差别。如果用户不仔细看地址栏,就会进入骗子预先设计好的假冒交易网站,从而导致密码被盗,资金丢失。进入网站要从正规网站登录,要注意看清网站的域名。在网络上要保持警惕,防止被骗。

 **安全提示**

防范电信诈骗要做到"三不一要"

不轻信:不要轻信来历不明的电话和手机短信,不管不法分子使用什么花言巧语,都不要轻易相信,要及时挂掉电话,不回复手机短信,不给不法分子进一步布设圈套的机会。

不透露:巩固自己的心理防线,不要因贪小利而受不法分子或违法短信的诱惑。无论什么情况,都不向对方透露自己及家人的身份信息、存款、银行卡等情况。如有疑问,可拨打110求助咨询,或向亲戚、朋友、同事核实。

不转账:学习了解银行卡常识,保证自己银行卡内资金安全,绝不向陌生人汇款、转账。

要及时报案:万一上当受骗或听到亲戚朋友被骗,请立即向公安机关报案,并提供骗子的账号和联系电话等详细情况,以便公安机关侦查破案。

三、大学生预防诈骗的措施

1. 提高防骗意识,学会自我保护

社会环境千变万化,大学生必须尽快适应环境,学会自我保护。要积极参加学校组织的法制和安全防范教育活动,多知道、多了解、多掌握一些防范知识对于自己有百利而无一害。在日常生活中,要做到不牟取私利;在助人为乐、奉献爱心的同时,要提高警惕性,不能轻信花言巧语;不要把自己的家庭地址等情况随便告诉陌生人,以免上当受骗;发现可疑人员要及时报告,上当受骗后更要及时报案、大胆揭发,使犯罪分子受到应有的法律制裁。

2. 交友要谨慎,避免以感情代替理智

人的感情是主体与客体的交流,既是主观体验也是对外界的反映,本身应该包含合理的理智成分。如果只凭感情用事、一味"跟着感觉走",往往容易上当受骗。交友最基本的原则有两条:一是择其善者而从之,真正的朋友应该建立在志同道合、高尚的道德情操基础之上,是真诚的感情交流而不是简单的利益关系,要学会了解、理解和谅解;二是严格做到"四戒",即戒交低级下流之辈,戒交挥金如土之流,戒交吃喝嫖赌之徒,戒交游手好闲之人。与人交往要区别对待,保持应有的理智。对于熟人或朋友介绍的人,要学会"听其言,观其色,辨其行",而不能"一是朋友,都是朋友"。对于"初相识的朋友",不要轻易"掏心窝子",更不能言听计从、受其摆布利用。对于那些"来如风雨,去如微尘"的上门客,态度要热情、处置要小心,尽量不为他们提供单独行动的时间和空间,以避免给犯罪分子创造作案条件。

3.同学之间要相互沟通、相互帮助

在大学里,无论哪个学院、哪个专业,班集体总是校园中一个最基本的组织形式。在这个集体中,大家向往着同一个学习目标,生活和学习是统一的、同步的,同学间、师生间的友谊比什么都珍贵,因此相互间应该加强沟通、互相帮助。有些同学习惯于把个人之间的交往看作个人隐私,但必须了解,既然是交往就不存在绝对保密。有些交往关系,在自己认为适合的范围内适当透露或公开,更适合安全需要,特别是在自己觉得可能会吃亏上当时,与同学有所沟通或许就会得到一些帮助并避免受害。

4.警惕电信诈骗,建立病毒防火墙

面对日新月异的网络通信发展变化,电信诈骗的形式更加智能化、多元化、复杂化,预防电信诈骗,大学生应从以下方面着手。

(1)思想上要杜绝。许多人在思想认识上,喜欢贪小便宜,所以,会在接收到中奖这样的电信电话或者是短信的时候,就觉得自己是天大的幸运,被利益冲昏了头脑,自然就会上当受骗。建议大家树立正确的价值观、金钱观,不要相信天上掉馅饼的好事。

(2)身份信息防泄。有一部分大学生喜欢在 ATM 机上取钱后,把小票拿到,但是,看一看就扔掉了,这给一些电信诈骗者提供了相当好的条件。因此,在个人身份信息或者是家人信息的保密工作上,要防止泄露。

(3)核对真实信息。在接到了电信的短信或者是电话的时候,记得,一定要仔细核对真实的信息。可以利用下面的方法,打电话给当事人,问到底有没有这回事。如果当事人的电话无法接通,则可以向当事人身边的人、朋友、同事或者是其他的家人征求意见。人多力量大,自然会挡住诈骗者。

(4)树立正确态度。遇到恐吓一类的电信信息或者电话,不要惊慌,在个人没有做这些事情前,根本不必担心他们所谓的恐吓或者是法院的传票等。如果担心害怕的话,你就故意让对方向你提供证据,你把这些证据收集好,到相关的部门进行举报。

(5)要多积累知识。平时和家里人或者是身边的人一起分享一下这些诈骗的信息,把这些信息与大家共享。同时,你也能从别人那得到一些诈骗的信息,这样,当你遇到此类情况的时候,就能做到心中有数,而不是惊慌失措。

5.服从校园管理,自觉遵守校纪校规

为了加强校园管理,学校制定了一系列管理制度和规定。制度,总是用来约束人们行为的,在执行过程中可能会给同学们带来一些不便;但是制度却是必不可少的,况且,绝大多数校园管理制度都是为控制闲杂人员和犯罪分子混入校园作案,以维护学生正当权益和校园秩序而制定的。因此,同学们一定要认真执行有关规定,自觉遵守校纪校规,积极支持有关部门履行管理职能,并努力发挥自己的应有作用。

总之,诈骗分子行骗的过程可分为两个阶段:第一阶段是博取信任,第二阶段是骗取财物。对于诈骗分子和受害者而言,第一阶段是最重要的,也是行骗行为表现得最突出的阶段,虽然行骗手段丰富多样,但只要树立反诈骗意识,克服一些不良心理,做到"三思而后行",便可以做到不上当受骗。

【知识延伸】

防骗之4个怎么办

1. 遇到街上丢包陷阱怎么办?

生活中可能会遇到这种情况:一个人在你面前"无意"丢下一包东西,被丢的包里往往装满假钞票、假金首饰,另一人上前假意与你一起发现被丢的包,要求平分你拾到的东西,并花言巧语让你得大部分,但要你拿出身上的钱或佩戴的金饰抵押,这时请不要贪图小利、利令智昏。将拾到的东西送派出所或打110报警,是你的第一选择,还要想办法稳住骗子。

2. 遇到假金器、假药诈骗怎么办?

骗子们往往利用假金元宝、假草药及电子零件、假邮票称家里急用钱,希望低价出售,再安排一些"托"假装对货物很感兴趣,称这些东西很有市场价值,建议你去购买,在你对货物判断不出真伪的情况下,千万不要轻易掏钱购买。

3. 碰到有人用外币与你兑换人民币怎么办?

外币兑换应在指定的银行办理。如遇到有人要与你兑换时,在辨别不出外币是何币种及真伪的情况下,最好不要理睬这些人,以免上当。

4. 外出需购紧张的车票时,遇到陌生人主动帮你购票怎么办?

请客气地拒绝,自己到窗口排队买票。

第四节 防勒索

一、敲诈勒索的概念

敲诈勒索是指以非法占有为目的,对被害人使用威胁或要挟的方法,强行索要公私财物的行为。敲诈勒索也是危害大学生财产安全的常见犯罪形式之一。常见的敲诈勒索形式有口头威胁、写信威胁、通过第三人传话威胁等。

【知识延伸】

敲诈勒索罪与抢劫罪之间的界限

第一,抢劫罪的威胁是对被害人当面发出的。而敲诈勒索罪可以是由威胁者当面对被害人发出,也可以是通过书信、电邮、捎话等方式发出的。

第二,抢劫罪一般是对被害人的人身、健康做出威胁,而敲诈勒索罪的范围更广,包括破坏被害人名誉等。

第三，抢劫罪都是当场取得财物，而敲诈勒索罪可以事后约定时间取得财物。
第四，抢劫罪强调暴力，敲诈勒索罪不要求一定是使用"暴力"手段。

二、大学生预防敲诈勒索的措施

不法分子的敲诈勒索行为之所以能够得逞，大多是因为敲诈者抓住了个别学生的把柄或弱点，这些学生由于怯弱，害怕自己的隐私或者弱点公之于众，对敲诈者采取妥协的方式，从而使不法分子达到勒索钱财的目的。因此，为预防敲诈勒索，应采取以下两点措施。

（1）不贪图小恩小惠，不接受不义之财，不做不宜之举动，以免给敲诈者以进行勒索的把柄。

（2）增强自身防范意识，有陌生人刻意套近乎时，应谨慎对待，注意识破其敲诈勒索的圈套。

三、应对敲诈勒索的办法

自我安慰的彭卫华

高校学生彭卫华回学校，在学校南门外被四名男子拦住去路。他们称："我们老五是不是被你打了？跟我们说清楚。"彭卫华辩称根本不知道对方老五是何人，但被这四人威胁，他们逼迫彭卫华交出随身携带的手机、银行卡等物，并逼迫说出银行卡密码，随后，以核对密码为由，取走卡内现金4200余元。事后，彭卫华对自己说：就当破财消灾吧，以后小心点就行。

遇到敲诈勒索时，我们通常会有破财消灾的传统观念，认为只要按敲诈者的意思给了钱物，敲诈者就会罢休。但实际上，我们的纵容只会助长敲诈者的犯罪气焰，使其更肆无忌惮。因此，对付敲诈勒索，我们在思想上应该摒弃破财消灾的传统观念，相信报案后犯罪分子终究会受到法律的制裁。在实际面对敲诈勒索时，大学生可以利用以下方法脱身。

（1）反抗法。当对方力量与你相当或不及你时，你要寻找对方的薄弱之处，乘其不备，控制对方；如你发现地上有反击物（石块、木棒）时，可佯装蹲下系鞋带捡起而震慑对方。

（2）感召法。通过讲道理，晓以利害，感化对方；或义正词严地怒目斥责对方，使其自我崩溃，放弃违法行为。

（3）周旋法。佯装服从，稳住对方，分散其注意力，寻机脱身报警。

（4）耍赖法。突然倒地打滚喊叫号哭，引来围观者，趁机报警。

（5）呼叫法。突然大吼"救命啊……"引来旁观者，伺机脱身。

（6）认亲法。当不远处有大人时可佯装认识，直呼"二叔""三婶"等伺机寻求帮助。

（7）放线法。佯装害怕，暂时答应对方条件，约定时间、地点交钱物，待对方离开后报警。

（8）抛物法。把书包或身上值钱的物品向远处抛去，当歹徒忙于捡钱物时，快速脱身报警。

【知识延伸】

敲诈勒索处罚

《中华人民共和国刑法》第二百七十四条：

敲诈勒索公私财物，数额较大或者多次敲诈勒索的，处三年以下有期徒刑、拘役或者管制，并处或者单处罚金；数额巨大或者有其他严重情节的，处三年以上十年以下有期徒刑，并处罚金；数额特别巨大或者有其他特别严重情节的，处十年以上有期徒刑，并处罚金。

【安全演练】

1. 学生宿舍应该如何防盗？
2. 大学生外出时，应该注意哪些防盗知识？
3. 在大街上，当你遇到抢劫时，会怎么办？
4. 常见的电信诈骗有哪些表现？
5. 谈谈亲身经历或听过的一些诈骗案件，讨论交流防范措施和应对之道。

第四章
筑起生命的长城
——人身安全

人身安全从广义的范畴而言,包括人的生命、健康、行动自由、住宅、人格、名誉等方面的安全,狭义的人身安全则是作为自然人的身体本身的安全。人身安全是生存的最基本需求,维护生命安全是延续生活的底线,大学生作为国家社会主义事业的建设者和接班人,对其进行人身安全教育,引导其掌握必要的安全常识,既是维护社会稳定的需要,也是更好地建设和谐社会的必然要求。当前,威胁大学生人身安全的行为主要有性侵害、各种滋扰、打架斗殴、校外租房危险及"黄赌毒"等,对这些行为的防范需要学生自身、学校、社会和政府部门的共同努力。

第一节 防范性骚扰和性侵害

一般认为,只要是一方通过语言的或形体的有关性内容的侵犯或暗示,给另一方造成心理上的反感、压抑和恐慌的,都可构成性骚扰。性侵害主要是指在性方面造成的对受害人的伤害。性骚扰和性侵害是危害学生身心健康的主要问题之一。由于两性的社会地位和角色不同,相对而言,性骚扰和性侵害的对象以女性为多。因此,女大学生了解一些性骚扰和性侵害的基本情况、掌握一些基本对付方法是非常必要的。

一、性骚扰、性侵害的主要形式

1. 暴力型性侵害

暴力型性侵害是指犯罪分子使用暴力和野蛮的手段,如携带凶器威胁、劫持女同学,或以暴力威胁加之言语恐吓,从而对女同学实施强奸、轮奸或调戏、猥亵等。暴力型性侵害的特点如下。

(1)手段残暴。当性犯罪者进行性侵害时,必然受到被害者的本能抵抗,所以很多性犯罪者往往要施行暴力且手段野蛮和凶残,以此来达到自己的犯罪目的。

(2)行为无耻。为达到侵害女大学生的目的,犯罪者往往会厚颜无耻地不择手段,比野兽还疯狂地任意摧残凌辱受害者。

(3)群体性。犯罪分子常采用群体性纠缠方式对女学生进行性侵害。这是因为人多势众,容易制服被害人的反抗而达到目的;还会使原来单个不敢作案的罪犯变得胆大妄为,这种形式危害极大。

(4)容易诱发其他犯罪。性犯罪的同时又常会诱发其他犯罪,如财色兼收、杀人灭口、争风吃醋、聚众斗殴等恶性事件。

2. 胁迫型性侵害

胁迫型性侵害是指利用自己的权势、地位、职务之便,对有求于自己的受害人加以利诱或威胁,从而强迫受害人与其发生非暴力型的性行为。其特点如下。

(1)利用职务之便或乘人之危而迫使受害人就范。

(2)设置圈套,引诱受害人上钩。

(3)利用过错或隐私要挟受害人。

3. 社交型性侵害

社交型性侵害是指在自己的生活圈子里发生的性侵害,与受害人约会的大多是熟人、同学、同乡,甚至是男朋友。社交型性侵害又被称为熟人强奸、社交性强奸、沉默强奸、酒后强奸等。受害人身心受到伤害以后,往往出于各种考虑而不敢加以揭发。

案例引导

不怀好意的朋友

刚刚考入大学的四名男生在一个深夜以喝酒、兜风的名义将一名女大学生约出来玩,女大学生因为平时与这四位男生关系不错,便同意了。可是,在女大学生喝醉之后,这四个男生产生了邪恶的想法,结果这位女大学生被这四位男生多次轮奸。而这位女大学生身心受到了巨大伤害。

4. 诱惑型性侵害

诱惑型性侵害是指利用受害人追求享乐、贪图钱财的心理,诱惑受害人而使其受到的性侵害。

5. 滋扰型性侵害

滋扰型性侵害的主要形式：一是利用靠近女生的机会，有意识地接触女生的胸部，摸捏其躯体和大腿等处，在公共汽车、商店等公共场所有意识地挤碰女生等；二是暴露生殖器等变态式性滋扰；三是对女生寻衅滋事，无理纠缠，用污言秽语进行挑逗，或者做出下流举动对女生进行调戏、侮辱，甚至可能发展成为集体轮奸。

二、容易遭受性骚扰、性侵害的时间和场所

（1）夏天是女大学生容易遭受性侵害的季节。夏天天气炎热，女生夜生活时间延长，外出机会增多。夏季校园内绿树成荫，罪犯作案后容易藏身或逃脱。同时，由于夏季气温比较高，女生衣着单薄，裸露部分较多，因而对异性的刺激增多。

（2）夜晚是女大学生容易遭受性侵害的时间。这是因为，夜间光线暗，犯罪分子作案时不容易被人发现。所以，在夜间女大学生应尽量减少外出。

（3）公共场所和僻静处所是女生容易遭受性侵害的地方。公共场所如教室、礼堂、舞池、溜冰场、游泳池、车站、码头、影院、宿舍、实验室等场所人多拥挤时，不法分子常乘机袭击女生；僻静之处如公园假山、树林深处、夹道小巷、楼顶晒台、没有路灯的街道楼边、尚未交付使用的新建筑物内、下班后的电梯内、无人居住的小屋、陋室茅棚等，若女生单独逗留，很容易遭受流氓袭击。所以，女生最好不要单独行走或逗留在上述这些地方。

【知识延伸】

女大学生可能遭遇性侵害的常见情形

1. 家教

有一些女大学生在找家教工作时仅凭张贴的招聘广告便自己去其家里应聘，有时只看报酬多少，不了解对方家庭成员、社会背景等情况，毫无警惕意识。

2. 交友

大学生离开父母到一个陌生的环境中，迫切希望得到心灵上的慰藉，因此，在大学生活中，同学之间建立纯真无邪的友谊是不可或缺的一部分。但在实际生活中，许多大学生容易将异性朋友的友谊错当成爱情，特别是那些性格活泼或举止轻浮、暧昧的女生更容易使男生产生误解。

3. 求职

女大学生在找工作时急于求成的心理往往容易被人利用，作案分子容易借此机会对女大学生进行侵害。

三、防范性骚扰、性侵害的措施

1. 在思想上树立性侵害意识

在社会中，女性作为性侵害的特殊客体容易遭受侵害，因此女大学生在校内校外的各种活动场合，要随时注意遭受性侵害的可能性，提高自我保护的警觉性，只有树立防范意识，才能对一些预警性的性侵害信息及时采取防卫措施，有效地保护自己。如在社会交往中对朋友、对同伴那些肮脏下流的笑话、淫秽暧昧的语言、挑逗暗示的动作采取强烈的排斥态度，就

能及时打消他们的侵害念头,从而防止被害。

2. 在生活上注意仪表,言行得体

女性性感的时装,大面积的身体暴露会给那些本无意实施强奸的犯罪分子感官上以极大的刺激,加速他们的犯罪欲望。因此女大学生在校期间的穿着打扮要符合自己的身份,大方得体,以朴实无华为好,不要盲目追赶潮流、浓妆艳抹、前卫艳冶。在言行举止方面,女大学生要懂得自尊自爱,不要与男性过分随便、亲昵甚至暧昧,在喝酒、跳舞中不要有轻佻、挑逗性动作,使加害人误解,从而将自己置于一种潜在的危险环境中。

3. 在防范上关注所处周围环境

性侵害犯罪作为一种特殊的犯罪行为,犯罪分子往往注重作案环境的选择以求作案的"成功率",减少作案风险,所以女大学生对自己的生活、居住环境要加倍关注。晚上尽量不要外出,有事外出也要尽早回来,夜晚外出或在校内行走最好结伴而行,行走时要选择行人较多、路灯较亮的明亮道路行走,经过树林、建筑工地、废旧房屋、桥梁涵洞等处时要特别小心。在学校公寓就寝时,要避免独处,特别是节假日期间,晚上睡觉时要关好门窗、拉上窗帘。

4. 在观察中谨慎结交新朋友

根据调查表明,有63%的性侵害是发生在相互认识的熟人中间。因此,女大学生在与同学、老乡及朋友(网友)的交往过程中要注意对方交往的目的,留意对方日常言行中表现出来的人品、道德修养。如发现对方时常有过分亲昵、挑逗等预兆性言行时,要及时果断地终止来往。在与朋友交往中应注意时刻观察和提醒自己,不要轻信好话,不要单独跟新朋友去陌生的地方;控制感情,不要在交往中表现轻浮;控制约会环境,不要到偏僻人少的地方;不要过量饮酒,不接受超过一般同学或朋友友谊的馈赠;对过分的言行持反对态度等。

5. 有选择地适当参加社会活动

女大学生应慎重参加如家教类的活动,即使要参加也要通过学校及有关部门去联系,切忌自己通过小广告或者自行推荐去选择服务对象。在参加之前,要对家教对象的基本情况有个大致的了解,不要只图报酬高,嫌手续烦琐而贸然前往。

 **安全提示**

请注意,这些女生最容易遇到性侵害

(1)经常出入社会公共场所,装扮入时,行为不羁的女生;

(2)性格懦弱,胆小怕事的女生;

(3)作风轻浮,胡乱交友的女生;

(4)独处于学生教室、寝室、实验室、运动场或其他隐藏场所的女生;

(5)怀有隐私,容易被他人要挟的女生;

(6)贪图钱财,贪图享受,缺乏观察识别能力的女生;

(7)意志薄弱,难拒性诱惑及精神空虚,无视法纪的女生;

(8)夏季衣着单薄,裸露部分较多,曲线毕露的女生;

(9)夜晚长时间、独自在室外活动的女生。

四、发生性侵害时的防卫措施

1. 头脑清醒控制情绪

女大学生在遭受性侵害之际，保持头脑清醒、情绪稳定是最重要的，只有设法使自己沉着、冷静，才能明白性侵害者意图，与其周旋，从而找出摆脱困境的方法。如果被害人处于危险时惊慌失措、大喊大叫，进行本能的反抗或逃避，相反会助长犯罪分子的攻击性，导致性侵害的发生。

2. 明确意愿态度坚决

有时性侵害行为是性侵害者错误地理解了被害人的意思后发生的。因此，女大学生遇到别人要对自己进行性侵害时，应当恰当而且坚定地表明自己的态度，阻止性侵害行为的发生。明确表示，能够有效防止熟人之间的性侵害行为，也能够使一些陌生的性侵害者丧失信心，放弃性侵害的企图。

3. 沉着理智机智反抗

在遭到性侵害时，被害人要注意了解性侵害者的弱点和周围环境，以及一切可以利用的积极因素，采取恰当的措施进行反抗，尽可能地结合自己平时生活中积累的经验和知识予以防范。如尽量用赞扬的话语将其优点给挖掘出来，唤起侵害人人性中善良的一面，使其行为向好的方面转化，避免性侵害行为发生。

4. 采用暴力正当防卫

女大学生在遭受性侵害时，可采取一些暴力防卫措施，特别是对犯罪分子身体薄弱部位进行有效的攻击（如脸部、腹部、下身等处），使性侵害人的身体产生伤痛，从而使其终止侵害行为，同时为自己逃脱或获救创造条件。

【知识延伸】

正当防卫

我国《刑法》第二十条规定："为了使国家、公共利益、本人或者他人的人身、财产和其他权利免受正在进行的不法侵害，而采取的制止不法侵害的行为，对不法侵害人造成损害的，属于正当防卫，不负刑事责任。正当防卫明显超过必要限度造成重大损害的，应当负刑事责任，但是应当减轻或者免除处罚。对正在进行行凶、杀人、抢劫、强奸、绑架以及其他严重危及人身安全的暴力犯罪，采取防卫行为，造成不法侵害人伤亡的，不属于防卫过当，不负刑事责任。"

5. 抓紧时机迅速脱身

犯罪心理学表明，性犯罪的主体在实施犯罪过程中，心理变化有一个从冲动到后悔再到恐惧的过程，一旦侵害行为得逞，激情消退，侵害人会产生后悔、自责心理。所以女大学生在这时要抓住一切有利时机，为自己脱身创造条件。

五、发生性侵害后的应对措施

1. 及时报案不要拖

女大学生一旦遭遇性侵害，要打消顾虑，及时向有关部门报案，不能因为害怕名誉受损，将苦果自己咽下去,这样会使犯罪分子逍遥法外,也会使更多的女性受害。

> **案例引导**
>
> **及时报告**
>
> 琳琳晚间独自在实验室做实验,这时被同年级一名男学生强行猥亵,琳琳极力反抗,凭着自己的智慧逃离了实验室。跑出来后,琳琳果断向公安部门报案,最后这位男学生得到了应有的处罚。

2．配合调查要积极

性侵害发生后,在报案的同时,被害人要将侵害的有关物证保留好,并将犯罪分子的体貌特征、衣着打扮、口音、携带物品、有无受伤状况等情况如实地向有关调查人员反映,为公安机关破案提供线索。

3．心态调整不极端

女大学生被侵害后,表现出意志消沉,精神萎靡,心理负担加重,整天生活在被侵害的阴影中,久而久之,会产生厌世情绪,有些会抱着破罐子破摔的情绪,走上自甘堕落的道路。还有自尊心较强的会由悲愤产生强烈的报复心理,发誓要除掉加害人。因此,作为有知识、有文化的女大学生一定要在吸取教训的同时,及时调整心态,尽快从阴影中走出来。

第二节　防范滋扰和打架斗殴

一、防范滋扰

从广义上讲,滋扰是指外部人员无视国家法律和社会公德而寻衅滋事、结伙斗殴、扰乱社会秩序等行为。从狭义上讲,滋扰是指对校园秩序的破坏扰乱,对大学生无端挑衅、侵犯甚至伤害的行为。滋扰是一个涉及学生、家庭、社会等诸多方面的复杂因素的社会问题,大学生必须提高警惕,尽量预防和制止外部滋扰,以保证学校教学、科学和生活正常有序地进行。

（一）大学生受滋扰的类型

大学生常受的滋扰主要有流氓性滋扰、信息性滋扰和噪声性滋扰三类。

1．流氓性滋扰

流氓性滋扰主要有如下表现。

（1）外来人员与大学生发生矛盾,进入校园寻衅滋事,扰乱校园秩序,危害学生人身安全。

（2）不法青年在公众场所有意识地碰挤女生,或有目的地到学生宿舍、教室等处寻找机会侮辱、骚扰、调戏女生。

(3)不法商贩强行在校园摆摊设点并顺手牵羊偷窃师生财物,影响师生正常生活。

(4)外来人员在人群聚集的场合与大学生产生矛盾,引发冲突。

2.信息性滋扰

信息性滋扰主要有如下表现。

(1)不法分子在学生休息时不停地拨打电话,无聊地谈天说地或口吐污言秽语。

(2)少数无赖之徒打听到异性大学生的姓名,不停地给其写信,不是低级庸俗地谈情说爱和造谣中伤,就是莫名其妙地恐吓和威胁,甚至敲诈勒索,从而造成被害人精神上的极度痛苦。

(3)一些商家、不法分子利用手机电话、短信等方式促销各类产品,造成大学生信息困扰。

3.噪声性滋扰

噪声性滋扰主要有以下表现。

(1)校园周边的商业网点、摊位经常营业到深夜,持续的叫卖吆喝声严重影响师生的正常生活和学习。

(2)校园周边建筑工地为赶进度不分昼夜开工,机器的轰鸣声严重影响师生的正常作息。

(3)一些游手好闲的青少年,把学校当作玩乐场所,在校园内游逛,或故意怪叫谩骂、吵吵嚷嚷,或有意扰乱秩序。

【知识延伸】

校园内易发生滋扰的场所

(1)体育运动场所,如运动场、溜冰场等。

(2)公共娱乐活动场所,如舞场、礼堂、影剧院等。

(3)生活场所,如学生宿舍、食堂等。

(4)学习场所,如图书馆、学生教室等。

(5)行人稀少、环境阴暗偏僻的校园边角地带、小树林等处。

(二)大学生处理滋扰的方法

寻衅滋事是典型的违法活动。在校园内故意起哄、强要强夺、强买强卖、打砸公共设施、无理取闹、追逐女学生或女教师等违法行为,不仅直接危害师生员工的人身和财产安全,而且还会破坏整个校园的正常秩序。师生遇有违法滋事者,只要有人挺身而出,发动周围的师生共同制止,就会使违法分子有所收敛。一般情况下,要敢于出面制止或将滋事者扭送公安、保卫部门,或及时向学校公安、保卫部门报案,或拨打110电话报警。具体地说,面对滋扰时,大学生应注意把握以下几点。

1.慎重处理,避免事态扩大

面对暴力滋扰,不能不问是非便加入争端,使事态扩大,而应沉着冷静采取相应措施。一方面,要及时向老师或学校有关部门报告,如果有必要还可拨打110报警电话,寻求公安部门的支持;另一方面,要注意团结和发动周围的群众,对滋事者形成压力,迫使其终止滋扰。

2. 对待恶性滋扰绝不妥协

很多滋扰往往会伤害到大学生的尊严和人身财产安全。一旦出现公开侮辱、殴打等恶性事件,要敢于见义勇为、挺身而出,积极地加以揭露和制止,不能因为对方人多势众或者手持凶器而害怕妥协,这只会助长不法分子的嚣张气焰。

3. 讲究处理问题的方法

不少滋事者在滋事时都表现出流氓和无赖的一面。有时仅有挑逗性的言语和动作,让人可气可恼而又抓不到有效证据。遇到这种情况,一定要冷静,注意讲究策略和方法,一方面及时报告并协助有关部门进行处理;另一方面采取正面劝告的方法,动之以情,晓之以理,以解决问题为目标,不要与其一味纠缠,更不要轻易动手。

4. 搜集证据,运用法律武器保护自己

如果事态的发展已经不受控制,劝阻没有成效,就要注意留心观察、掌握证据。留心在场滋事人员有何特征,注意事态发展过程,看清滋事者使用何种器械、留有什么证据和痕迹,以助公安民警到来查处。

(三)面对男女求爱滋扰的处理方式

在学生中求爱的滋扰主要来自两方面:一是单恋者的纠缠,一方有情,另一方无意,有情者积极进攻,穷追不舍;二是原来有恋爱关系,因某种原因,一方提出终止,另一方无法接受,因而苦苦纠缠。为摆脱这种求爱滋扰,应做到以下几点。

(1)态度明朗。如果你并无恋爱打算,对于那种单恋的追求者,应明确拒绝;如果是正在恋爱中或曾经恋爱过的对象,你要冷静考虑,如果没有希望,就要明确告诉对方,让其打消念头。若是态度暧昧、模棱两可的话,对对方来说增加了幻想,也会给你带来更多的麻烦。

案例引导

无知的李利莉

大学生李利莉和高子炜是老乡,放假返乡途中两人在景点一起游玩时,由于玩得很尽兴,二人亲密相拥。当返校后高子炜向李利莉求爱,李利莉看在老乡的面子上,与高子炜见面,但是拒绝与高子炜交往。高子炜认为李利莉是因为不好意思才不接受,于是经常打电话向李利莉表示爱意,而李利莉也没有进一步说明自己的真实意愿,高子炜却越陷越深。

(2)遵守恋爱道德,讲究文明礼貌。在拒绝对方的要求时,要讲道理,耐心说服;要尊重对方人格,不可挖苦嘲笑,更不能在别人面前揭露对方隐私。

(3)要正常相处,节制往来。恋爱不成,但仍是同学、好朋友,不可结怨,更不能成为仇人、敌人。在交往中,最好节制不必要的往来,以免对方产生"物是人非"的伤感,让对方尽快消除心理上的伤害。

(4)遇到困难,要依靠组织。如果你认为制止不了对方的纠缠,或者发现对方可能采取报复行为等,要及时向老师和领导汇报,依靠组织妥善处理,防止发生意外事件。

安全提示

应该这样回复骚扰电话

对于异性打来的求爱电话,要端正态度,严词拒绝,不可拖泥带水;对于谩骂电话,可以录音,同时警告对方不要继续,否则将负法律责任;对于推销之类的广告则只要挂断即可;对于性骚扰电话,要注意收集证据,及时报案;对于恐吓电话,要能正确对待,千万不可为隐瞒自己某些不可告人行为而满足对方要求,否则后患无穷。

二、防范打架斗殴

打架是指对立双方,在相互矛盾发展到极点时,其行为特点具有暴力倾向,以对他人身体造成伤害为目的的一种主观意识行为。斗殴是指双方或多方通过实施暴力打击以达到制服对方的行为,无论其目的是否合法、正当,均不受法律的保护。大学生发生打架斗殴的问题比较突出,对其人身安全也形成极大的危害,必须引起高度重视。

(一)引起打架斗殴的原因

引起大学生打架斗殴的原因是多方面的,但直接原因不外乎以下几个方面。

1.利益与经济

目前,大学生的竞争意识日渐增强,激烈的竞争常导致大学生对利益极为关注,如评优、评奖学金等,由于同学们看法不尽一致,有的甚至妒忌成仇;有的因争水冲凉、争运动场地、争座位等生活琐事而引发争端,互不相让而斗殴。经济也是诱发打架斗殴的一个因素。如同学之间有的因共同消费后的经济承担责任有不同意见;有的因相互之间的借、还等经济往来而引发纠纷。

2.恋爱与交友

在校大学生因恋爱问题导致打架也占有相当的比例。有些同学视恋爱为儿戏,互相玩弄感情,甚至脚踏几只船,引发几个恋人之间争风吃醋,继而结伙斗殴;有的因一厢情愿,恋爱不成,导致心理失调,甚至发展到心理变态,继而引发报复斗殴等恶性案件;极少数学生在交友中,以意气相投的酒肉朋友为对象拉帮结派。他们认为只有哥儿义气才是最可信赖的,他们常常依仗人多势众,横行霸道,因而极易酿成聚众的打架斗殴。

3.猜疑与嫉妒

有些同学因猜忌多疑,总觉得别人跟自己过不去,背地里说自己的坏话;有的说者无心,听者有意,将别人的话胡乱联系,无端嫉恨他人;有的因自己财物失窃而对同学妄加猜疑,甚至对所谓嫌疑人采取违法的方法进行处理,从而引发斗殴事件。同样,嫉妒心严重的人,往往将别人的进步和成绩当作对自己的威胁,继而引发恶性斗殴事件,殃及嫉妒对象。

4. 性格与个性

大学生来自五湖四海，各人成长环境和条件不相同，性格差异较大。性格的差异在同学关系处理过程中，极易引起互相看不惯，互相嫌弃，形成对抗心理，引起纠纷。有些学生在家是宠儿，为所欲为，到大学里，仍然唯我独尊。这种不正常的心理，在集体生活中不遵守公共道德和行为规范，发生矛盾纠纷时，不仅不能严于律己，而且总觉得别人侵犯了自己的尊严。因而在处理与同学之间的矛盾时，经常态度粗暴，蛮横无理，为一些生活琐事而各不相让、大打出手。

5. 酗酒

大学生由于酗酒而引起的违法违纪特别是打架斗殴现象时有发生。一些大学生在饮酒前并没有明确的违法动机和准备，但当饮酒到一定程度后，有的因平时琐事或饮酒过程中的几句话等因素引起情绪冲动，失去理智，殴斗厮打，有的甚至一呼即应，殴打伤害无辜。

（二）高校中打架斗殴的基本特征

高校中打架斗殴的主体主要是学生，受其年龄、生活方式和环境的影响，其打架斗殴具有以下特征。

1. 起因的简单性

大学生入校后，过的是集体生活，在长期的学习、生活中，同学之间难免会产生一些纠纷和矛盾，但因没有妥善地处理好这些纠纷和矛盾而发展为打架斗殴。

2. 发生的突然性

一些大学生平时不注意文明素质的培养，生活中不拘小节，随随便便，特别是因一些小事与别人发生纠纷后，不是以理服人，而是强词夺理，容易遭到对方的报复。一般从与对方发生纠纷到被打、被刀捅，前后不过十几分钟，有的根本没有任何征兆，令人防不胜防。

> **案例引导**
>
> **1 分钟前后**
>
> 大学生蒋士兆、杨力弘等几个同学到校门口吃夜宵，在路上因用白话挑逗 1 名女生，遭到另外 3 个男青年的质问，蒋士兆等人不但不道歉，反而仗着人多势众，强迫对方赔礼道歉。蒋士兆等人到达夜市坐下不到 1 分钟，就被十几个手拿木棍、刀具的人追打，蒋士兆背部被人砍伤，杨力弘右腹部被刀捅成重伤。

3. 参与的群体性

从一般性的单打独斗发展到群体性斗殴，这不仅是高校学生打架斗殴方式的转变，而且也是高校学生思想转变的必然。一些学生离开家乡到异地求学，为了适应生活、学习环境，结交一些老乡和朋友，有的还组织"老乡会"和"同乡会"。一些正常的老乡和朋友关系逐步演变成"有福同享，有难同当"的江湖义气，特别是当其中某个老乡或朋友遇到"麻烦"时，他们就会招之即来，用拳头、刀棍向对方讨个公道。这样参与打架斗殴的人数少则三五人，多则十几人甚至几十人。此外，有的为了维护某种集体荣誉而采取了错误的做法，例如，某校两个系的学生正在进行篮球比赛，场上比赛激烈，而场下双方啦啦队也互相叫阵，由此引起纠纷和冲突,最后发展到为各自所谓的班级利益而打群架。

4. 情节的恶劣性

发生在校园里的打架斗殴,从一般的口角、纠纷发展到拳打脚踢,甚至动刀舞棒伤人,严重时发展成为聚众斗殴和伤害案件,而且情节比较恶劣。

5. 后果的严重性

打架斗殴的后果非常严重:首先是以身体皮肉痛苦为代价,轻则伤人肌肤,重则伤人筋骨甚至要人性命;其次是以人身自由为代价,打架斗殴发展到一定程度必定会触犯法律,学业丢了不算,更重要的是失去宝贵的人身自由,受到法律的制裁。

【知识延伸】

打架斗殴的法律后果

从行为性质看,打架斗殴既是一种危害社会的行为,也是一种违法的行为。打架斗殴一旦发生,即对一定的社会关系或社会秩序带来破坏,并带来一定的法律后果。根据打架斗殴的危害程度和违法性质,其法律后果有以下几个方面。

1. 民事责任

在打架斗殴中,行为人给对方的人身或财产带来损害,行为人要承担赔偿责任。如果行为人属无行为能力的人,自己不能承担赔偿责任的,则由监护人承担。

2. 行政责任

有责任能力的行为人,如果侵犯他人人身权利,殴打他人,造成轻微伤害,或者结伙斗殴,寻衅滋事,扰乱公共秩序,尚不够刑事处罚,可依照《治安管理处罚法》的规定处十五日以下拘留、二百元以下罚款或者警告。

3. 刑事责任

依照我国《刑法》规定,在打架斗殴中,有责任能力的行为人故意非法损害他人人身健康达到轻伤以上的,或故意非法剥夺他人生命的,分别构成故意伤害罪和故意杀人罪;行为人过失致人重伤或死亡的,分别构成过失致人重伤罪和过失杀人罪;如果出于私仇、争霸或其他不正当目的而纠集多人结伙斗殴,其首要分子和积极参加者构成聚众斗殴罪,聚众斗殴中致人重伤、死亡的,以故意伤害罪或故意杀人罪定罪处罚;如果在公共场所无事生非,起哄闹事,殴打伤者无辜,肆意挑衅,横行霸道,破坏公共秩序情节严重的,构成寻衅滋事罪。

(三)打架斗殴的预防

预防打架斗殴,最基本的途径是开展法制教育,加强思想政治工作,增强居民法制观念。在现实中,大学生要知道如何预防不同形式的打架斗殴。

1. 突发性打架斗殴的预防

突发性打架斗殴往往是偶然因素所致,主要表现出态度不够冷静、说话比较激动、情绪容易冲动等特征。因此,要预防突发性打架斗殴,头脑一定要保持冷静,切莫冲动莽撞,要针对不同的对象采取不同的方法,使对方明是非,讲道理;遇到不讲理的人,甚至要让步,关键是想方设法使对方冷静下来。

俗话说"一个巴掌拍不响",只要一方能够克制,基本上就能制止突发性打架斗殴的发生。

2. 报复性打架斗殴的预防

报复性打架斗殴,一般都有预谋,主要是由于发生纠纷和矛盾的双方,在处理问题时互不让步,或一方以强欺弱,或一方不能忍受,往往在发生强烈冲突过后,不服的一方或双方经过准备,寻找机会向对方报复。预防这类打架斗殴,一定要好言相劝、诚实谦逊,要采取攻心为上的策略,通过使用攻心、暗示、传话或向组织报告等有效途径和方法,使其明白发生报复性打架斗殴的后果和危害,以及由此要付出的沉重代价,目的就要使对方不敢轻易动手,放弃报复行动,从而达到保护自己或制止打架斗殴的目的。

3. 群体性打架斗殴的预防

群体性打架斗殴即打群架,往往是因为朋友受到别人的"欺负"后,纠集多人,以找对方"评理"为由,发展到群体性打架斗殴。在生活中遇到类似情况时,如果是自己受到"委屈",一定要克制自己。要想解决问题,只有通过有关部门,切莫因一时冲动而拖朋友"下水",不仅害了自己也害了他人;如果是叫自己去帮忙,就一定要分辨是非,判断正误,不要听朋友"诉苦"后就失去理智,切莫推波助澜、火上浇油、充当"打手",应以大局为重,力排众议,指出解决问题的正确途径。如果控制不了局面,应及时报告公安部门。

案例引导

一个洗浴室的喷头

高校的一个浴室里,洗浴人数特别多。体育系的学生孟乾正在冲浴时,数学系的张嘉民走过去说:"这是我刚才占的喷头。"本来二人谦让一下就行了,结果二人争吵起来,不久便大打出手。结果这天,体育系和数学系的 25 个学生参与了群体斗殴,孟乾、张嘉民,一个被开除,一个被拘留,其他参与的学生也受到了处分。

4. 演变性打架斗殴的预防

演变性打架斗殴一般都有一段时间的滋生过程,矛盾是不自觉造成的。有了意见和矛盾,就要开诚布公地提出。是误会要及时说明和解释;是自己的过错要主动检讨,并赔礼道歉,求得别人的谅解;是别人的过错,要尽量采取宽容、谅解的态度;不能谅解和双方不能协调解决的原则性问题,一定要通过有关人员及部门出面解决,切不可让

 **安全提示**

遇到打架斗殴请勿乱来

大学生遇到打架斗殴时,不要围观、不要起哄,更不要火上浇油。如果要劝架,应先问明情况,站在公正的立场上做双方的工作。若劝解无效,应迅速向学校有关领导或保卫部门报告,以防事态扩大。

在生活中发生的小摩擦、小冲突积累起来,采取秋后算账的方式,最后导致打架斗殴。

第三节 重视校外租房安全

一、大学生校外租房的原因

大学生选择校外租房,既有个人主观原因,也有客观原因。一方面,随着现代大学生的独立意识不断提高,更多人希望在大学阶段能够有一个个性化更强、隐私程度更高的生活环境;另一方面,大学校园的宿舍资源配置可能难以满足众多学生的个性化需求,除了要遵守规范的宿舍管理制度外,有的大学宿舍环境较差,服务质量也不尽如人意。一般情况下,大学生会在以下情况中外出租房。

1. 谈恋爱

大学里谈恋爱极为多见,男女朋友在一起总想得到一些隐私,所以就有了出去租房的想法。大学生应注意,高校并不提倡校外租房,更不提倡在校大学生过同居生活。

> **案例引导**
>
> **校外租房之祸**
>
> 一男一女两名大学生在学校附近租了一个月房子,但是月底退房前,房东发现两人出现异样,其中男子已经死亡,女子经过抢救才脱离危险,医生确认其为一氧化碳中毒。此房东介绍:"这对男女是上个月1日晚上入住的,他们两人本该在这个月1日退房,但直到当天下午2点,两人仍没有出房间,我就觉得奇怪了。"房东马上到房间门口敲门,里面仍然一片沉寂。随后,房东拿来钥匙打开房门,看到男子趴在床上,身体发凉,已经停止呼吸,地上有一团呕吐物。女子虽然意识清醒,身体却动弹不得。房东见状,立即拨打了"120"和"110"。这间日租房在一座三层建筑里,房间面积约10平方米,房间内有一个用玻璃材料隔出的洗手间,里面挂着燃气热水器,煤气罐也放在房间内。据辖区派出所民警介绍,两人是情侣关系,可初步认定两人是煤气中毒。

2. 个人生活习惯差异

大学生住宿舍一般是4~6人间,每个人的生活习惯不一样,一些大学生不能改变别人的生活规律,但也不能让别人过分影响到自己,因此就有了校外租房的需求。

3. 实习和考研租房

一般情况下,考研期间和实习期学校不提供住所,学生要出去自己找房住。就算有的学校提供住所,很多学子为了有一个好的学习环境也会选择校外租房。

二、大学生租房注意事项

近年来,随着教育部解除了大学生校外租房的禁令,越来越多的大学生选择在校外租房,然而大学生在校外租房时,不仅应考虑个人喜好、价格、交通、环境等因素外,还更应从法律和安全方面做考虑。

(一)了解房东考虑安全

出于安全考虑,高校学生在承租他人房屋时,需从房产中介了解一些房东的个人情况。比如,房东为何不在此居住,房东买该房屋时是否属于投资性质,房东是否有法律经济纠纷会涉及该套房屋等。如果是因为质量问题房东才搬离,大学生则不宜承租该房屋;如果房东有经济纠纷,常有债主上门催债,就会对大学生的日常生活产生干扰;若该房东购买房屋属于投资性质,那么大学生可能面临在租赁期间,房东将该房出售给他人的问题等。虽然依据《合同法》的有关规定,新的买受人应当继续履行该租赁合同,但房东若单方解除租赁合同,也会给大学生带来不必要的麻烦。高校学生租房时间一般会延续一个学期,租房前应当慎重考虑这个问题。

(二)查看证件明确产权

大学生在签订租赁合同时,应当明确房东的主体资格,保护自身的利益。若房东为产权人的,大学生应当查看房东出具的房地产权证及身份证件;若为转租的,应当查看"二房东"出示的一手租赁合同,并要求对方提供房屋产权证,一手租赁合同中应明确转租人在租赁期间有转租权。

曾有骗子在自己租的房子快到期时发租房广告,自称是房东,骗得房租后逃走。为防止类似情况的发生,大学生在签订租赁合同前,可以要求房产中介前往该房屋所在地的房地产交易中心,调查该房屋的产权信息,以确认真正的产权人。如果房子是通过中介租赁的,还要注意查看中介的营业执照。

(三)检查家具填写清单

大学生租房一般需要房东提供基本的装修和齐备的家具。在看房时,要仔细检查家电的正常运行情况、家具的完好程度等。有些房子虽然家具电器配备齐全,但承租后出现电视画面不清楚,空调、冰箱制冷效果差等情况。再通知房东来维修,会给生活和学习增添不少麻烦。最好的方式是,要求中介公司清点所租房屋中的家具,然后填写家具清单,清单中简要列举出租人为承租人准备的家具、家用电器、厨房设备和卫生间设备,并于交房时进行清点。入住前,最好再检查一遍屋内有无安全隐患。

(四)签订房屋租赁合同

1.明确权利和义务

在签订合同时,承租人需明确自己的权利和义务。除按约交纳房租、不得擅自改变房屋结构和用途等义务外,当房屋内设备有损时,承租人可以要求房东履行维修义务。这些权利和义务都要在签订合同时明确。

2. 了解租赁期限

合同双方在合同中需约定一个期限,在这个期限内,若没有特殊情况,出租人不得收回住房,承租人也不得放弃这一住房而租赁别的住房。期限到了之后,若承租人要继续租赁这套住房,则要提前与出租人协商、续约。

3. 谈好承担费用

租赁期间发生的费用有水、电、煤、有线电视、电话、宽带、物业管理费、垃圾清扫费及发票费用等,签订合同时一定要明确各项费用的承担方。

4. 注意租赁保证金

租赁保证金俗称"押金",一般的房屋租赁合同都会对租赁保证金进行约定。要注意的是,租赁保证金只能依据双方的约定进行抵扣相关的费用。如果在租赁合同中没有对违约情况进行约定的话,即使一方提前退租,房东也不可以随意没收房客的租赁保证金。

第四节 拒绝黄赌毒

一、黄赌毒概念及危害

"黄赌毒"是指涉及色情、赌博、买卖或者吸食毒品的违法犯罪现象。在我国,黄赌毒是法律严令禁止的活动。黄赌毒的刑罚从拘留至死刑不等。黄赌毒的危害具体表现在以下几个方面:

1. 色情的危害

在信息社会,除去书籍,电脑和手机是大学生接触最多的传媒工具,特别是通过网络传播的色情信息对大学生来说具有最大的杀伤力。大学生迷恋网络色情会扭曲健康心理甚至走向性犯罪,危及大学生的人身安全。有些色情传播组织会利用网络聊天室诱骗大学生提供各种有偿的性服务,部分大学生因为利欲熏心而抵挡不住诱惑,最终走上了违法犯罪的不归路。

2. 赌博的危害

赌博是一种以一定的钱财作为赌注而进行的不正当的娱乐活动。赌博的形式多样,有麻将、老虎机、赌球等。赌博不仅对社会危害很大,对大学生的身心健康也具有严重的危害。如果大学生经常参与赌博活动,就会产生严重的失眠、精神衰弱、记忆力下降等症状,使学习成绩下滑,陷入赌博活动的程度越深,学习成绩下降得就越严重。长期参与赌博的大学生,无心与家长、老师、同学交往,严重影响其与父母、师生间的人际关系,且容易诱发各种违法犯罪行为,危害社会治安。

3. 毒品的危害

毒品能对人体神经、内分泌和免疫三大系统及各组织器官的功能代谢和结构造成严重损害，还会使人道德泯灭，不顾念亲情，抛却社会责任感。由于消费毒品耗资大，吸毒者为取得财源，会不惜铤而走险，实施盗窃、抢劫、诈骗等违法犯罪行为，严重危害社会的安定。

> **案例引导**
>
> **可怕的走火入魔**
>
> 王精是一名大一新生，他假期无事可做，便看起了黄色书籍，然而却走火入魔，他在购买零食时，强奸了一个个体商店的年轻女孩儿，因此受到了法律的严惩，把本来阳光的前程变成了无法回归的黑暗之路。

二、大学生陷入黄赌毒的原因

1. 家庭方面的因素

家庭方面的因素主要有：家庭不和，父母不经常与子女联系；家庭成员中有人做出了错误的示范，误导了大学生；家庭从事不法经营，等等。

2. 学校方面的因素

不少学校单纯追求就业率，放松对学生的法制教育和德育教育。对学生缺乏必要的性知识、性道德教育和法律教育。大学生处于青春期，对两性之间的关系是懵懂的。因此，大学对大学生进行相关的性知识教育和安全教育是非常必要的。

3. 社会方面的因素

从大量的青少年违法犯罪案例中可以看出，受不良文化影响并导致违法犯罪的情况不在少数。不少人犯罪纯粹是因为无知而对一些影视镜头刻意模仿，为淫秽影视和网站内的内容所刺激。

4. 大学生自身的因素

大学生自身原因主要有：法律意识薄弱，抵挡不住诱惑；没有树立正确的世界观、人生观、价值观，缺乏明辨是非的能力和基本判断力；交友不慎，误入歧途；贪图享受，好逸恶劳等。

三、拒绝黄赌毒的措施

（一）外部环境的净化

家庭、学校、社会是一个人成长必须接触的三大环境。因此，优化家庭环境、学校环境、社会环境，构建"家庭、学校、社会"三位一体的完整的教育体系，大学生自身树立良好的价值观，对于使大学生免受"黄赌毒"的毒害大有裨益。

1. 优化家庭环境

家长作为孩子的长辈及好朋友,要充分认识家庭教育的重要性,树立正确的教育观、亲子观、成长观,营造良好的家庭氛围,增强家庭的凝聚力。要做到要求上宽严适度,目标上难易得当,方法上循序渐进,不要给大学生太大的压力;但也不要对其不管不顾,任其"自由发展"。

2. 创造良好学校环境

学校和老师应牢固树立以人为本的思想,充分发挥学校对大学生教育担任的主导作用,真正做到一切为了学生。开展多样化的心理健康活动和文娱活动,让大学生保持该有的年轻活力。同时要针对当前大学生的思想道德水平和法律知识水平适当开班授课,使学生树立正确的世界观、人生观、价值观。学校管理部门也要切实做到优化学校周边环境,确保学生健康学习和生活。

3. 建立和谐社会环境

在优化社会环境方面,要做到严肃管理和严肃处置相结合,动之以情与严惩不贷相结合,确保大学生健康学习生活。所谓严肃管理,就是公安、工商、文化等部门要充分发挥职能,对涉及"黄赌毒"的场所及行为要依法施严厉打击。所谓严肃处置,就是要深入开展"扫黄打非"行动,加强文化市场监管,坚决查处传播淫秽、暴力和赌博的出版物;坚决查处含有诱发青少年违法犯罪行为、淫秽、暴力和赌博等有害内容的游戏软件产品;坚决查处宣扬色情、暴力的玩具、饰品;坚决截断色情书籍、有害卡通和淫秽光盘的销售渠道和网络。所谓动之以情与严惩不贷相结合,就是要一手抓教育,一手抓惩处。

(二)大学生自身要拒绝黄赌毒

1. 大学生要远离黄色诱惑

(1)培养自己对所学专业的热爱,努力学习专业知识。尽管社会需要复合型人才,但专业知识仍是大多数学生将来求职立业的基础,乐业才能把专业学好,生活才会变得充实。

(2)丰富自己的业余生活,培养广泛的兴趣,多参加社会实践,用其他爱好和休闲娱乐方式转移注意力,冲淡网络的诱惑。大学生要特别注意体育锻炼,这不仅有利于身体健康,也有益于心理健康及预防网络黄色诱惑。

(3)与亲友、老师、同学建立良好的人际关系。在现实生活中获得大家的理解与支持,和他人相处,要克服凡事追求完美的个性。给自己和他人留些空间,要多用欣赏的眼光看世界,学会去爱,从而促使自己拥有博大的胸怀,获得别人的尊重与信任。

(4)明确上网目的,限制上网时间。网络内容丰富,信息海量,缺少明确目标,极易被网络负面影响牵着鼻子走,导致成瘾。

(5)培养自己的意志、品质,增强自我约束能力,要加强对不良情绪的调节,保持健康的情绪。克服网络成瘾是一个艰苦的过程,没有良好的意志、品质很难戒除。

2. 大学生要抵制和拒绝参与赌博

（1）自觉遵守校纪校规，养成遵纪守法的良好习惯。

（2）充分认识赌博的危害，培养高尚的情操，多参加健康积极的文体活动，充实自己的业余活动。

（3）防微杜渐，分清娱乐和赌博的界限。

（4）思想上要警惕，不要因为顾及朋友、同学的情面而参与赌博。遇到他人相邀，要设法推脱。

（5）从根本上关心同学，制止他人参与赌博，必要时向老师或学校有关部门报告。

3. 大学生要预防和抵制毒品

（1）树立正确的人生观，不盲目追求享受，寻求刺激，赶时髦。

（2）接受毒品基本知识和禁毒法律法规教育，了解毒品的危害，懂得"吸毒一口，掉入虎口"的道理。

（3）即使自己在不知情的情况下，被引诱、欺骗吸毒一次，也要珍惜自己的生命，不再吸第二次，更不要吸第三次。

（4）不结交有吸毒、贩毒行为的人。如发现亲朋好友中有吸毒、贩毒行为的人，一要劝阻，二要远离，三要报告公安机关。

（5）进歌舞厅要谨慎，绝不吸食摇头丸、K粉等兴奋剂。

（6）一旦遇到无法排解的事端，要设法寻找正确的途径解决，而不能沉溺其中自暴自弃，更不能借毒解愁。

（7）有警觉戒备意识，对诱惑提高警惕，采取坚决拒绝的态度，不轻信谎言。例如，不轻易和陌生人搭讪，不接受陌生人提供的香烟和饮料；出入娱乐场所，尽量少喝里面提供的饮料，不随便离开座位，离开座位时最好有人看守饮料、食物等；不要盲目攀比，不盲目追求时尚。

【安全演练】

1. 女大学生应该如何防止性骚扰和性侵犯？当周围有人遇到性骚扰时，你会如何帮助他？

2. 如何防范和应对滋扰？

3. 你认为校外租房有哪些危险因素？

4. 黄赌毒的危害是什么？常见的应对措施有哪些？

第五章
卫生规范，从我做起
——食品安全

民以食为天，食品是人赖以生存和发展的最基本的物质条件，食品安全问题涉及人的最基本权利保障。近几年来，世界上的一些国家和地区都不同程度地出现了一些关于食品安全的恶性事件。尽管现代科技水平已经发展到一定阶段，但食源性的疾病不论是在发达国家，还是在发展中国家，都没能得到有效的控制，它仍然正在或是潜在地威胁着人民的健康。因此，食品安全问题已经成为当今世界各国最关注的卫生问题之一。随着食品种类越来越丰富，产品数量供给越来越充足，在一定的食品供求平衡之下，食品安全问题也渐渐浮出水面。作为未来社会的接班人，大学生应该更加重视食品安全问题，维护自己的健康权益。

第一节 食品安全概述

一、食品安全的界定

食品安全指食品无毒、无害，符合应当有的营养要求，对人体健康不造成任何急性、亚急性或者慢性危害。根据世界卫生组织的定义，食品安全问题是"食物中有毒、有害物质对人体健康影响的公共卫生问题"。食品安全要求食品对人体健康造成急性或慢性损害的所有危险都不存在，是一个绝对的概念。食品安全，不存在可能损害或威胁人体健康的有毒有害物质以导致消费者病亡或者危及消费者及其后代的隐患。该概念表明,食品安全既包括生产的安全,也包括经营的安全;既包括结果的安全,也包括过程的安全;既包括现实的安全,也包括未来的安全。食品安全也是一门专门探讨在食品加工、存储、销售等过程中确保食品卫生及食用安全,降低疾病隐患,防范食物中毒的一个跨学科领域。

二、食品中的不安全因素

食品中诸多不安全因素可能存在于食物链的各个环节,主要表现在以下几个方面。

1. 农药与兽药残留

农药、兽药、饲料添加剂对食品安全性产生的影响,已成为近年来人们关注的焦点。在美国,由于消费者的强烈反映,35 种有潜在致癌性的农药已被列入禁用的行列。但在实际生活中,滥用农药的现象还是较为普遍的。为预防和治疗家畜、家禽、鱼类等的疾病,促进其生长,一些人会大量投入抗生素、磺胺类和激素等药物,造成了动物性食品中的药物残留,尤其在饲养后期、宰杀前施用,药物残留更为严重。

2. 环境污染

环境污染物在食品中的存在,有其自然背景和人类活动影响两方面的原因。其中,无机污染物如汞、镉、铅等重金属及一些放射性物质,在一定程度上会对食品产地的地质地理条件产生影响,但是更为普遍的污染源则主要是工业、采矿、能源、交通、城市排污及农业生产等,通过环境及食物链传播而危及人类健康;有机污染物中的二噁英、多环芳烃、多氯联苯等工业化合物及副产物,都具有可在环境和食物链中富集、毒性强等特点,对食品安全性威胁极大。在人类环境持续恶化的情况下,食品中的环境污染物可能有增无减,社会必须采取更有效的对策加强治理。

3. 营养不平衡

营养不平衡就其涉及人群之多和范围之广而言,在发达国家食品安全性问题中已居于首位。因过多摄入能量、脂肪、蛋白、糖、盐和低摄入膳食纤维、某些矿物质和维生素等,使近年来患高血压、冠心病、肥胖症、糖尿病、癌症等慢性病的病人明显增多。这说明虽然食品供应充足,但不注意饮食平衡,同样会给人类健康带来损害。

4. 微生物、寄生虫、生物毒素等生物污染

在整个食品生产、流通和消费过程中,都可能因管理不善而使病原菌、寄生虫滋生及生物毒素进入人类食物链中。微生物及其毒素导致的流行传染病,是多年来危害人类健康的顽症。据世界卫生组织公布的资料,在过去的 20 多年间,在世界范围内新出现的传染病已得到确认的有 30 余种。

案例引导

腐烂的菜品

大学生张琪琪与室友一起在学校附近吃饭,吃完后便回宿舍休息。没过多久,张琪琪便呕吐不止,紧接着其室友也出现同样的症状。经校医院检查,确认他们都是因为吃了不新鲜的食物。学校负责人经过详细询问及调查,发现张琪琪及室友之前吃饭的地方存在多处食品安全违规问题,例如,该饭店收银员兼顾收银与上菜,且未做防护;消毒柜不能正常使用;现场抽查待销售净菜6个品种,发现有4个生菜片呈腐烂状态等。随后,市场监管部门开始对该饭店进行调查处理。

三、避免出现食品安全事故的措施

(一)加强宣传教育,提高全民素质

一是对全民进行食品安全知识的宣传教育,利用一切媒体宣传食品安全科普知识、科学种植养殖知识等;二是加强对环境保护的宣传,强化人们的环保意识,使国民珍爱我们的环境,使每一个人在办每一件事时,都从保护我们的环境出发;三是加强社会主义道德、诚信、公德的宣传教育,加强社会信用、企业信用和个人信用的建设,形成诚实、诚信的社会氛围,只有全民素质提高了,食品安全问题才能从根本上得到解决。

(二)完善与食品安全相关的法规和标准,提高食品安全领域的科技水平

研究并提出既符合WTO有关原则,又适应我国国情的食品安全技术法规、标准,制定配套性、系统性、先进性、实用性均较强的质量标准和相关技术标准,加快与国际标准接轨的步伐,全面提升国家食品安全的标准化水平。

(三)加大监督力度,坚决打击制假、售假等违法行为

加强食品市场的监管力度,从源头、生产、流通、销售各环节控制食品污染,加大对涉及食品安全事件责任企业和责任人的惩罚和打击力度,健全市场管理和食品生产许可证制度。对制假、售假不法行为,从严、从重予以打击,造成一种高压态势,使不法分子不敢铤而走险。

案例引导

密封袋里的"鸡毛"

大学生王强强在学校附近的超市购买了一袋包装完好的开心果,他正要拆开包装袋,却发现袋子底端有个灰色的东西,原来袋内有一根五六厘米长的"鸡

> 毛",这让他十分倒胃口。不仅如此,王强强还发现包装袋后面的营养成分表也有问题,竟然潦草地被新信息覆盖。为此,王强强多次拨打厂家客服电话,却均未拨通。

（四）充分发挥行业协会的作用

建立食品行业协会,对从业者进行职业道德和法制教育,推进诚信建设,培养自律精神。协会要定期组织会员学习,组织会员互相检查、参观、评议,相互监督。

（五）提高检测技术和能力,为保障食品安全提供技术支撑

无论是源头管理、市场准入、产品抽检或是进出口把关等都要有相应的检测手段。为适应新形势下的检测工作,质检机构要加强硬件建设,不断充实新的仪器设备,配备先进的测试手段。

【知识延伸】

面对食品安全问题消费者该如何处理?

消费者在就餐时若发生食品安全问题,应将食品保持原状,并立即与餐馆负责人交涉。如果所点饭菜尚未食用,或尚未造成健康问题,可参照《食品安全法》《消费者权益保护法》等规定,与餐馆协商妥善解决,同时妥善保存消费单据、发票等证据,及时向餐饮服务食品监管部门举报。如出现恶心、呕吐、发烧等食物中毒典型症状时,应及时就诊并保留病历卡、检验报告、吐泻物、剩余食品等相关证据,一旦发生疑似食物中毒,应立即向餐饮服务食品安全监管部门投诉举报,避免因错过最佳的调查时机而导致食物中毒无法认定。

第二节 食物不良反应的处理

食物不良反应一般表现为两种情况:一种是食物过敏;一种是食物中毒。大学生在日常生活中应了解和掌握一些关于食物的安全常识,保证自己的饮食健康。

一、食物过敏

食物过敏,又叫食物变态反应,是指食用某种食物后免疫系统对其蛋白质产生的排斥反应。进食少量有关食物即可诱发,与食物和(或)食物添加剂的生理作用无关,涉及免疫机制引起的化学介质的释放。

（一）食物过敏的症状

轻微食物过敏者会有嘴唇或面部肿胀、荨麻疹、气管收窄或抽搐、呕吐、肚痛或腹泻等症状,严重者会有生命危险。

（二）易引起过敏的食物

食物的种类成千上万,其中只有一部分容易引起过敏,多数食物过敏涉及奶制品的酪蛋白,但也有其他食物可导致过敏。同族的食物常具有类似的致敏性,尤以植物性食品更为明

显,如对花生过敏的患者对其他豆科类植物也会有不同程度的过敏。各国家、各地区的饮食习惯不同,机体对食物的适应性也就有相应的差异,因而致敏的食物也不同,如西方人认为羊肉极少引起过敏,但在中国羊肉比猪肉的致敏性高;西方人对巧克力、草莓、无花果等过敏的例子较多,在中国则极少见到。根据西方的资料,易引起过敏的食物为牛奶、鸡蛋、巧克力、小麦、玉米、坚果类、花生、橘子、柠檬、草莓、洋葱、猪肉,某些海产及鱼类、蛤蚌,火鸡及鸡等。在中国容易引起过敏的食物有以下几类:

(1)富含蛋白质的食物,如牛奶、鸡蛋。

(2)海产类,如鱼、虾、蟹、海贝、海带。

(3)有特殊气味的食物,如洋葱、蒜、葱、韭菜、香菜、羊肉。

(4)有刺激性的食物,如辣椒、胡椒、酒、芥末、姜。

(5)某些生食的食物,如生番茄、生花生、生栗子、生核桃、桃、葡萄、柿子等。

(6)某些富含细菌的食物,如死的鱼、虾、蟹,不新鲜的肉类。

(7)某些含有真菌的食物,如蘑菇、酒糟、米醋。

(8)富含蛋白质而不易消化的食物,如蛤蚌类、鱿鱼、乌贼。

(9)种子类食物,如各种豆类、花生、芝麻。

(10)一些外来而不常吃的食物。

(三)食物过敏的预防和治疗

食物过敏者应该查出过敏源,然后避免接触过敏源。一旦确定了过敏源,应严格避免对其进行再食用,这是目前最有效的防治手段。一般不主张长期服用酮替芬、皮质类固醇等药物预防食物过敏。

【知识延伸】

什么是食物过敏源

食物过敏源指的是能引起免疫反应的食物抗原分子。几乎所有食物过敏源都是蛋白质,大多数为水溶性糖蛋白,分子量10万~60万,每种食物蛋白质可能含几种不同的变应原。食物过敏源有如下几个特点。

(1)任何食物可诱发变态反应。常见的食物过敏源为牛奶、鸡蛋、大豆,其中牛奶和鸡蛋是最常见的强变应原致敏食物,也因各地区饮食习惯不同而异。花生是常见的变应原。虽然任何食物都可以致敏,但约90%的过敏反应是由少数食物引起,如牛奶、鸡蛋、花生和小麦。

(2)食物中仅部分成分具变应原性。以牛奶和鸡蛋为例,牛奶至少有5种具变应原性,其中以酪蛋白、乙种乳球蛋白变应原性最强。鸡蛋中蛋黄具相当少的变应原,蛋清中的卵白蛋白和卵类黏蛋白为鸡蛋中最常见的变应原。

(3)食物过敏源性的可变性。加热可使大多数食物的变应原性减低。胃的酸度增加和消化酶的存在可减少食物的变应原性。

(4)食物间存在交叉反应性。不同的蛋白质可有共同的抗原决定簇,使变应原具交叉反应性。如至少50%牛奶过敏者也对山羊奶过敏。对鸡蛋过敏者可能对其他鸟类的蛋也过敏。交叉反应不存在于牛奶和牛肉之间,也不存在于鸡蛋和鸡肉之间。

二、食物中毒

食物中毒是指食用了被有毒有害物质污染的食品或者食用了含有毒有害物质的食品后出现的急性、亚急性疾病。尽管现有科学技术的发展已达到了相当的水平,但在保证食品的安全性问题上,食物中毒仍然是一个严重危害着人们健康的疾病,是当今世界最关注的卫生问题之一。

(一)食物中毒的特征

为减少和杜绝食物中毒事件的发生,同时尽量减少食物中毒带来的伤害,大学生首先要对食物中毒的特征有所了解,才能有效预防,迅速判断病情,及早采取救助措施。

1. 潜伏期短而集中

由于没有人与人之间的传染过程,食物中毒潜伏期比较短,一般在24小时或48小时内发病,而且呈暴发性发病,来势急剧。

2. 发病与食物有关

患者在近期内都食用过同样的食物,发病范围局限在食用该类有毒食物的人群,停止食用该食物后病症很快停止,发病曲线在突然上升之后呈突然下降趋势。

3. 不具有传染性

尽管发病率高,但食物中毒在人与人之间不直接传染,一般无传染病流行时的余波出现。

4. 具有相似的临床症状

如果进食的是同一种中毒食品,病源相同,那么患者的临床症状也基本相同,大多数表现出恶心、呕吐、腹痛、腹泻等肠胃炎的症状。

(二)食物中毒的种类

1. 细菌性食物中毒

细菌性食物中毒是指人们摄入含有细菌或细菌毒素的食品而引起的食物中毒。据统计,细菌性食物中毒占食物中毒总数的一半,而食物被细菌污染是引起食物中毒的主要原因,尤其是动物性食品,如变质的禽肉、病死畜肉,以及鱼、奶等都会引起细菌性食物中毒。另外,如果食物贮藏不当或贮藏温度太高,也会致使病菌大量繁殖,引发食物中毒。常见细菌性食物中毒有沙门氏菌食物中毒、葡萄球菌食物中毒、副溶血性弧菌食物中毒、致泻性大肠埃希氏菌食物中毒、蜡样芽孢杆菌食物中毒、变形杆菌食物中毒等。

2. 真菌性食物中毒

真菌性食物中毒是指真菌在谷物或其他食品中生长繁殖产生有毒的代谢产物,人和动物食用这种毒性物质发生的中毒。例如,发霉的花生、玉米、大米、糕点、面包、馒头等都会引发中毒。而且,食物一旦被真菌感染,蒸、煮、炒等一般的烹调方法不足以破坏食品中的真菌毒素,所以食物被真菌污染后不能食用。

3. 动物性食物中毒

食入动物性中毒食品引起的食物中毒即为动物性食物中毒。例如，不小心吃了河豚、死螃蟹、死鳝鱼等都有可能引起中毒。这种食物中毒一般起病比较急，在食用后几分钟到十几分钟内就会出现头晕、舌麻、恶心、呕吐、胸闷、腹痛、腹泻，甚至昏迷乃至死亡等现象。因此，一旦发生动物性食物中毒，应将患者立即送往医院抢救。

4. 植物性食物中毒

植物性食物中毒是指因误食植物的有毒花草、果实、种子而引起的中毒。如误食毒蘑菇、发芽的土豆、菜豆、苦杏仁、毒芹、蓖麻子等引起的中毒。植物性食物中毒多数没有特效疗法，对一些能引起死亡的严重中毒，最好的办法就是预防，识之、辨之、了解之，尽早将其从入口食物中排除。

> **案例引导**
>
> **误食"龙葵精"**
>
>
>
> 刘扬扬在学校生活服务中心的二楼食堂就餐，吃的土豆烧鸡块，吃完很快就感觉肠胃不舒服，并出现呕吐、腹泻的症状。他同班的几位同学也吃了土豆烧鸡块，大家都拉肚子，争着上厕所，班上同学的微信朋友圈里全是求止泻药的留言。经学校对可疑食物、水源等抽样送检后，发现这家"土豆烧鸡块"使用了发芽的土豆，而发芽的土豆会使得土豆产生"龙葵精"，这是一种有毒的东西，对人体有害。

5. 化学性食物中毒

化学性食物中毒主要是指一些有毒的金属、非金属及其化合物、农药和亚硝酸盐等化学物质污染食物而引起的食物中毒，常见的有农药、添加剂、油脂酸败中毒等。引起化学性食物中毒的原因，主要是不小心误食了有毒化学物质，或食入被化学物质污染的食物。此类中毒发病快，发病率和死亡率比较高，剩余食品、患者的呕吐物、血和尿等样品中可测出有关化学毒物。抢救此类病人重在一个"快"字，及时处理不但对挽救病人生命十分重要，同时对控制事态发展，特别是对群体中毒和一时尚未明确的化学毒物时更为重要。

（三）食物中毒的预防

要想避免食物中毒事件的发生，切实维护大学生的身心健康，除了学校加强食堂和集中供餐点的管理外，大学生应该注意个人食品安全卫生，降低食物中毒发生的概率。

1. 养成良好的卫生习惯

养成饭前、便后洗手的卫生习惯。外出不便洗手时一定要用酒精棉或消毒餐巾擦手，不要使病菌通过手传到食物上。同时，不吃生食、不喝生水、不到没有卫生许可证的小摊贩处购买食物，也是避免食物中毒的有效方法。

2. 选择经过安全处理的食品

许多食品(如蔬菜和水果)的自然状态是最佳状态,挑选时要注意查看其外表是否有腐烂变质。购买牛奶时,应购买消毒的牛奶而不是生牛奶。购买定型包装食品时,要查看其生产日期、保质期,以及是否有厂名、厂址、生产许可证号等标识。

3. 在食用前要彻底清洁食品

生吃瓜果要洗净。瓜果蔬菜在生长过程中不仅会沾染病菌、病毒、寄生虫卵,还有残留的农药、杀虫剂等,如果不清洗干净,不仅可能染上疾病,还可能造成农药中毒。对于霉变的粮食、蔬菜、水果都应剔除,以免中毒。

4. 不吃剩饭剩菜

尽量不要吃剩饭剩菜,如需食用,应彻底加热。剩饭剩菜、剩的甜点、剩奶等都是细菌的良好培养基,不彻底加热会引起细菌性食物中毒。加热时食品的所有部分都必须加热至少达到 70 摄氏度。

5. 避免误食有毒有害物质

对于装有消毒剂、杀虫剂或鼠药的容器一定要妥善处理,防止被用来喝水或误做他用而引起中毒。服用药品时一定要遵照医嘱,不要超剂量服用,以免造成药物中毒。不同药物同时服用要遵医嘱,避免混合产生副作用。

【知识延伸】

如何预防细菌性食物中毒

细菌性食物中毒影响的人数最多,预防细菌性食物中毒应从以下三方面采取措施:首先是防止食品受到细菌污染;其次是控制细菌生长繁殖;最后也是最重要的是杀灭病原菌。具体如下。

(1)保持清洁。保持与食品接触的砧板、刀具、操作台等表面清洁;保持厨房地面、墙壁、天花板等食品加工环境的清洁;保持手的清洁,不仅在操作前及受到污染后要洗手,在加工食物期间也要经常洗手;防止老鼠、蟑螂等有害动物进入库房、厨房并接近食物。

(2)生熟分开。处理凉菜要使用消毒后的刀和砧板;生熟食品的容器、用具要严格分开摆放和使用;从事粗加工或接触生食品后,洗手消毒后才能从事凉菜切配。

(3)使用洁净的水和安全的食品原料。熟食品的加工处理要使用洁净的水;选择来源正规、优质新鲜的食品原料;生食的水果和蔬菜要彻底清洗。

(4)控制温度。菜肴烹饪后至食用前的时间预计超过 2 小时的,应使其在 5℃ 以下或 60℃ 以上条件下存放;鲜肉、禽类、鱼类和乳品冷藏温度应低于 5℃。冷冻食品不宜在室温条件下进行化冻,保证安全的做法是在 5℃ 以下温度解冻,或在 21℃ 以下的流动水中解冻。

(5)控制时间。不要过早加工食品,食品制作完成到食用最好控制在 2 小时以内。食品不宜隔餐供应,改刀后的熟食应在 4 小时内食用;生食海产品加工好至食用的间隔时间不应超过 1 小时。冰箱中的生鲜原料、半成品等,储存时间不要太长,使用时要注意先进先出。

(6)烧熟煮透。烹调食品时,必须使食品中心温度超过 70℃。在 10℃~60℃ 条件下存放超过 2 小时的菜肴,食用前要彻底加热至中心温度达到 70℃ 以上。已变质的食品可能含有耐热(加热也不能破坏)的细菌毒素,不得再加热食用;冷冻食品原料宜彻底解冻后加热,避免产生外熟内生的现象。

（7）严格清洗消毒。生鱼片、现榨果汁、水果拼盘等不经加热处理的直接入口食品,应在清洗的基础上,对食品外表面、用具等进行严格的消毒;餐具、熟食品容器要彻底洗净消毒后使用;接触直接入口食品的工具、盛器,双手要经常清洗消毒。

（四）食物中毒的应急处置

据统计,食物中毒绝大多数发生在七、八、九三个月份。临床上表现为以上吐、下泻、腹痛为主的急性胃肠炎症状,严重者可因脱水、休克、循环衰竭而危及生命。因此一旦发生食物中毒,千万不能惊慌失措,应冷静地分析发病的原因,针对引起中毒的食物及服用的时间长短,及时采取如下应急措施:

1. 立即停止食用可疑食物

食物中毒后,中毒者首先感到的往往是腹部不适。中毒者先会觉得腹胀,一些患者还会腹痛,个别的还会发生急性腹泻。与腹部不适伴发的还有恶心,随后会发生呕吐的情况。一旦出现这些食物中毒的症状,首先应立即停止食用可疑食物,同时立即拨打急救中心电话120呼救。

2. 发现中毒及时催吐

对中毒不久而无明显呕吐者,可先用手指、筷子等刺激其舌根部的方法催吐,或让中毒者大量饮用温开水并反复自行催吐,以减少毒素的吸收。如经饮用大量温水催吐后,呕吐物已为较澄清液体时,可适量饮用牛奶以保护胃黏膜;如在呕吐物中发现血性液体,则警惕可能出现了消化道或咽部出血,应暂时停止催吐。

安全提示

遇到这些情况不可催吐

如果是误服强酸、强碱、石油类碳氢化合物、樟脑,患者昏迷或抽筋,或者患者为孕妇,则不可催吐。因为服用强酸及强碱再进行催吐,会造成食道反复灼伤;对于石油类碳氢化合物,服食后不会造成中毒,但是呕吐后不幸将其吸入肺部,反而会造成吸入性或化学性肺炎;樟脑很快会让患者昏迷或抽筋,一旦发生呕吐时极容易让呕吐物呛入气管里面,造成呼吸困难;孕妇如果进行催吐,可能会因为腹部压力上升,有流产之危机,所以上述几种状况均不宜催吐。

3. 服用时间较长及时导泻

如果服用有毒食物时间较长,已有2～3个小时,而且精神较好,则可服用适量泻药,促使中毒食物尽快排出体外。

4. 科学方法及时解毒

如果是吃了变质的鱼、虾、蟹等引起的食物中毒,可取食醋100毫升加水200毫升,稀释后一次服下。此外,还可采用紫苏30克、生甘草10克进行一次煎服;若是误食了变质的饮料或防腐剂,最好的急救方法是用鲜牛奶或其他含蛋白的饮料灌服。

5. 及时就诊

采用过上述措施而症状仍未见好转者,或中毒较重者,应尽快去医院治疗。在治疗过程中,要给病人以良好的护理,尽量提供一个安静的环境,避免他们过于紧张,并提醒其注意休息,防止受凉,同时补充足量的淡盐开水。

在诊治过程中,确定中毒物质至关重要,因此,在发生食物中毒后,要保存导致中毒的食物样本,以提供给相关机构进行检测。如果身边没有食物样本,也可保留患者的呕吐物和排泄物,以方便医生的确诊和救治。

(五)常见易中毒食物的应对方法

1. 扁豆中毒

扁豆中含有皂素等有害物,如果吃了加热不透的扁豆,半小时到几小时之内就可发生中毒,表现为恶心呕吐,血细胞增多。食用急火炒或凉拌的扁豆发生中毒的案例居多。中毒轻者经过休息可自行恢复,用甘草、绿豆适量煎汤当茶饮,有一定的解毒作用。

2. 蘑菇中毒

食用蘑菇中毒后,最重要的是让中毒者大量饮用温开水或稀盐水,然后把手指伸进咽部催吐,以减少毒素的吸收。在等待救护车期间,为防止反复呕吐发生的脱水,最好让患者饮用加入少量的食盐和食用糖的"糖盐水",补充体液的丢失,防止休克的发生。对于已发生昏迷的患者不要强行向其口内灌水,防止窒息。对于病情严重者,需及时送往医院诊治。

3. 亚硝酸盐中毒

炒过的蔬菜,特别是绿叶蔬菜储存一天后,其含有的硝酸盐成分会逐渐增加。人吃了不新鲜的蔬菜,肠道会将硝酸盐还原成亚硝酸盐。亚硝酸盐会使血液丧失携氧能力,导致头晕头痛、恶心腹胀、肢端青紫等,严重时还可能发生抽搐、四肢强直或屈曲,进而昏迷。如果病情严重,一定要送医院治疗。而轻微中毒的情况下,可食用富含维生素 C 或茶多酚等抗氧化物质的食品加以缓解。

4. 生豆浆中毒

生大豆中有一种胰蛋白酶抑制剂,进入机体后抑制体内胰蛋白酶的正常活性,并对胃肠有刺激作用。进食后,半小时到一小时之内会出现恶心、呕吐、腹痛、腹胀、腹泻等,一般无须治疗,很快可以治愈。如有严重不适,应去往医院诊治。在日常生活中,食用豆浆时应将豆浆彻底煮开后饮用,一般在豆浆煮沸后再煮 5 分钟为宜。

 **安全提示**

这些"皮"不宜多吃

1. 红薯皮

红薯皮中含有的碱比较多,食用过多就会引起肠胃不适,尤其是呈褐色和黑褐色斑点的红薯皮,是受了"黑斑病菌"的感染的,进入人体会损害肝脏,引起中毒。

2. 土豆皮

土豆皮中含有"配糖生物碱",人体内累积了一定数量的"配糖生物碱"后就会导致中毒。因为它引起的中毒是慢性的,症状不明显,所以总是被人忽视。

3. 柿子皮

柿子在没有熟的时候,柿肉中含有鞣酸,而熟了之后,鞣酸就会转移集中在柿皮中。在鞣酸进入人体后,经由胃酸的作用,它会和食物中的蛋白质产生反应生成沉淀物——柿石,从而累积毒素,导致多种疾病。

4. 银杏皮

银杏皮中的有毒物质是"白果醇、白果酸、氢化白果酸"和"氢化白果亚酸"等,这些进入人体后就会损害中枢神经系统,引发中毒。

第三节 科学饮食习惯的培养

饮食习惯关系到每个人的身体健康。大学生是国家的栋梁之材,大学阶段是学习知识和培养能力的重要阶段。大学生作为国家未来建设的主力军,其在大学形成的关于营养与健康的态度、对于饮食习惯的见识对于以后的生活具有举足轻重的影响。现代大学生虽然对营养健康与饮食习惯的关注整体有了提高,但是由于社会、家庭、环境等多方面的影响,大学生的饮食习惯还存在着值得重视的问题。养成科学健康的饮食习惯对保证大学生身体健康、精力充沛、提高学习效率具有重要意义。

一、大学生常见的不良饮食习惯

1. 经常性不吃早餐

这种情况普遍存在于当代大学生中,究其原因主要有两个方面。第一,身材越来越受到当今大学生的关注,有部分学生由于对自己的身材体形方面不甚满意,企图通过节食来控制自己的身材,而早餐作为一天中"最无关紧要"的一餐就被他们"理所应当"地抛弃了;第二,大学生作息习惯的改变,现在的大学生习惯于凌晨时分才上床睡觉,因而早起就成了"困扰"众多大学生的主要问题。经过对周边同学的调研发现,他们在没有课业安排的情况下,起床时间大概会在早晨9点之后,大部分人就会放弃早餐,从而选择早中餐合并为一顿的做法。

2. 三餐不规律

这种情况相比于第一种更加普遍。首先,进入大学校园之前,一日三餐都是由父母和学校进行严格控制的;而进入大学之后,父母对于大学生的控制减弱。其次,大学课程的安排可能非常紧凑,下课就到了饭点,可能也会在某些时候非常宽松,从而极易导致大学生的三餐不规律。另外,有些时候课外活动增多,学生对于三餐的时间更是没有了确定的把握。

3. 挑食、爱吃快餐、街边餐造成营养不足或营养过剩

随着食品工业的一步步发展,各种各样新奇的食品进入我们的视线。大学生作为走在时代潮流第一线的群体,不会拘泥于一成不变的生活,因而总是会尝试新事物,街头快餐和

各种包装的垃圾食品逐渐进入大学生每日选择的范围之中。但是由于一些街边快餐小吃存在卫生、食物种类与营养配比不均衡的情况,易造成大学生营养不足或营养过剩。

4. 晚餐过于丰盛

对大学生来说,晚餐几乎成了一天的正餐。早餐要看"表",午餐要看"活",只有到了晚上才能真正放松下来坐在桌前大吃一顿。但是傍晚时却是人的血液中胰岛素含量最高的时候,胰岛素可使血糖转化成脂肪凝结在血管壁和腹壁上,晚餐经常吃得太丰盛,人便会变得越发肥胖,尤其是持续时间较长的丰盛晚餐,不仅增强了体重过重的可能性,还会破坏人体的生物钟,使人们失眠。

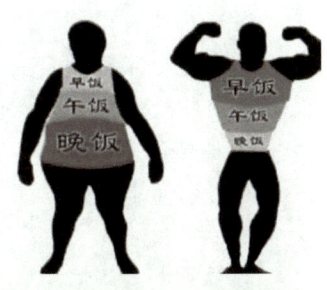

案例引导

不变的晚餐

艳子是大二的学生,她几乎每天都会跟室友说:"哎哟,晚上又吃多了,要撑死了。"这是为何呢?原来她总会在晚上 8 点左右购买至少两人饭量的晚饭,独自享受美食。室友经常调侃她:"艳子,你大一的时候身材真美。"已经 65 千克的艳子不以为意,还跟平常一样安慰自己:"能吃是福。"

5. 副食"主食化"

一般来说,中国的饮食习惯以主食为主,副食为辅,以米、面、谷物为主要食物,佐以肉类、蔬菜、糖、茶、水果等。实践证明,这种饮食搭配是科学的,是对身体有益的。但是,部分在校大学生饮食主副颠倒,把副食作为主食,每日三餐以面包、水果、肉、糖为主,很少吃米饭与蔬菜。长久主副颠倒,会造成膳食结构不合理,引发营养不良、肥胖等疾病。

6. 饮水不足或以喝饮料替代喝水

大学生群体中,有很多人不喜欢喝水,但饮水不足会导致脑老化,体内水分减少,血液浓缩及黏稠度增大,容易造成血栓,诱发脑血管及心血管疾病,并影响肾脏代谢。还有的大学生喜欢以饮料代替水,尤其是碳酸饮料。适量饮用饮料是没有什么危害的,但过量饮用甚至以饮料代替水,就会摄入较多的糖,引起一些健康问题。喝水是一个补水的过程,而长期喝饮料则是一个脱水的过程。

7. 饮食"西洋化"

有些学生饮食"西洋化",喜欢牛排、炸鸡、面包、碳酸饮料、巧克力、蛋糕等。而这些西式食品具有高糖、高热量、高脂肪、少纤维素等显著特点,经常食用会造成热量摄入过多,容易引发肥胖,还会造成营养不均衡等问题,影响身体健康。

有不良饮食习惯的大学生,应及时调整自己的饮食观,塑造健康的体魄。

 **安全提示**

尽量少吃或不吃这些食品

1. 油炸类食品

油炸类食品所含致癌物质是导致心血管疾病的元凶（油炸淀粉）；高温油炸还破坏了食物中的维生素，使蛋白质变性。

2. 方便面类食品

此类食品中盐分过高，含有大量防腐剂、香精；只有热量，没有营养；过多食用方便面会加重肝脏负担。

3. 罐头类食品

此类食品中蛋白质变性，维生素流失；食物与包装中的铝接触易受污染，过多食用易患老年痴呆症。

4. 肉类加工食品

此类食品含防腐剂、稳定剂、亚硝酸盐，如香肠含亚硝胺致癌物质。

5. 饼干类加工食品

此类食品含染色剂、增味剂、防腐剂；热量多、营养少，对人体没有多大好处。

6. 腌制类食品

此类食品易引发高血压，食物过咸还会加重肾脏的负担；容易导致鼻咽癌；影响胃肠黏膜系统（对肠胃有害）；容易引发溃疡和发炎。

7. 烧烤类食品

此类食物中的蛋白质已碳化变性，食用后会加重肾脏、肝脏负担。

二、饮食卫生知识

健康的身体是保证大学生正常生活和学习的前提，大学生需要掌握日常饮食卫生常识来保证自身安全。

（一）掌握食品安全常识

（1）在购买食品时，要注意食品是否在保质期内，食品原料、营养成分是否标明，食品包装有无生产厂家、生产日期、有无 QS 标识，不购买"三无"产品。

（2）打开食品包装后，检查食品是否具有它应有的性状，不能食用腐败变质、油脂酸败、霉变、生虫、污秽不洁、混有异物或者性状异常的食品。

（3）对于生吃的蔬菜、瓜果之类的食品要去皮或洗净皮上的残留农药，最好在开水里烫 3 分钟再食用。

（4）不到校园周边或医院、车站、码头附近的无证摊贩处购买盒饭或食物，减少食物中毒的隐患。

（5）注意饮食卫生并文明进餐。

（二）学会判别伪劣食品

伪劣食品犹如过街老鼠，人人喊打，人们在日常购物时应加以识别。《伪劣食品防范"七字法"》以通俗易懂易记的方式引导消费者强化食品安全自我防范，以期使伪劣食品因缺乏市场而退出市场。防范"七字法"即防"艳、白、长、反、小、低、散"。

（1）防"艳"。对颜色过分艳丽的食品要提防，如目前市场的草莓像蜡果一样又大又红又亮、咸菜梗亮黄诱人、瓶装的蕨菜鲜绿不褪色等。另外，买食品时要留个心眼，想想它们是不是在添加色素上有问题。

（2）防"白"。凡是食品呈不正常、不自然的白色，十有八九会有漂白剂、增白剂、面粉处理剂等化学品的存在。

（3）防"长"。尽量少吃保质期过长的食品，3℃贮藏的包装熟肉禽类产品采用巴氏杀菌的，保质期一般为7～30天。

（4）防"反"。就是防反自然生长的食物，如果食用过多可能对身体造成影响。

（5）防"小"。要提防小作坊式加工企业的产品，这类企业的食品平均抽样合格率最低，触目惊心的食品安全事件往往就在这些企业出现。

（6）防"低"。"低"是指在价格上明显低于一般价格水平的食品，价格太低的食品大多有"猫腻"。

（7）防"散"。散就是散装食品，有些集贸市场销售的散装豆制品、散装熟食、酱菜等可能来自地下加工厂。

（三）了解饮食禁忌

吃是一门很大的学问，各种美食之间常常相冲，如同食这些相冲撞的食物，不但不会得到美味的享受，反而损害身体，不可不防。

【知识延伸】

饮食禁忌小常识

1. 柿子忌螃蟹

螃蟹体内含有丰富的蛋白质，与柿子的鞣质相结合容易沉淀，凝固成不易消化的物质，而鞣质具有收敛作用，会抑制消化液的分泌，致使凝固物质滞留在肠道内发酵，使食者出现呕吐、腹胀、腹泻等食物中毒现象。

2. 维生素C忌河虾、海虾

在河虾或海虾等软甲壳类食物中，含有一种浓度很高的"五价砷化合物"，它本身对人体无毒害，但在同服它与维生素C片剂（特别是剂量较大时）后，由于化学作用，可使原来无毒的"五价砷"转化成"三价砷"，这正是剧毒砒霜的化学名，所以两者同吃，严重的可危及人的生命。

3. 海鲜忌啤酒

海鲜中含有嘌呤和苷酸两种成分，而啤酒中则富含分解这两种成分的重要催化剂——

维生素 B_1。吃海鲜的同时喝啤酒容易导致血尿酸水平急剧升高,诱发痛风,出现痛风性肾病、痛风性关节炎等。

4. 火腿忌乳酸饮料

不少人喜欢用三明治搭配优酪乳当早餐,但是三明治中的火腿、培根等和乳酸饮料一起食用易致癌。为了保存肉制品,食品制造商往往通过添加硝酸盐来防止食物腐败及肉毒杆菌生长,当硝酸盐碰上有机酸时,会转变为一种致癌物质——亚硝胺。

5. 牛奶忌巧克力

这是常见的一种错误饮食习惯,牛奶中的钙会与巧克力中的草酸结合成一种不溶于水的草酸钙,同食后不但不能吸收两者的营养,还会发生腹泻、头发干枯等症状。

6. 豆腐忌菠菜

豆腐里含有氯化镁、硫酸钙这两种物质,而菠菜中则含有草酸,两种食物遇到一起可生成草酸镁和草酸钙。这两种白色的沉淀物不仅影响人体吸收钙质,而且还易导致结石症。同理,豆腐也不能与竹笋、茭白、栗子等同吃。

三、科学的饮食习惯

(一)晨起喝水

早晨起床后喝一杯凉开水,有利于肝、肾代谢和降低血压,防止心肌梗死,有的人称之为"复活水"。有关专家认为,人经过几个小时睡眠后,消化道已排空,晨起饮一杯凉开水,能很快被吸收进入血液循环,稀释血液,就等于对体内各器官进行了一次"内洗涤"。

(二)慎重对待每一餐

> **案例引导**
>
> **王如薇的减肥餐**
>
> 王如薇来到大学后,很羡慕周围身材好的同学,她总是嫌自己胖,希望自己有一个巴掌脸,于是她给自己制订了一份减肥计划,定好自己每天的食谱,如早上只吃一个苹果,中午吃一根黄瓜、半个面包,晚上只喝水,她恨不得只吃空气,瘦得像竹竿。一个月后,本来只有53公斤的她暴瘦6公斤。王如薇虽然减肥减掉了重量,却因为头晕、无力住进了医院。

大学生要养成合理的膳食习惯,并安排好一日的餐次、两餐之间的间隔时间、每餐的数量与质量、进食时间与食物结构分配,才能促进身体健康。

大学生进餐时间间隔以4~5小时为宜,一日进食三餐或四餐。食物结构分配如下。

(1)早餐。人经过一夜的睡眠,前一天晚上进食的营养基本消耗完了,早上需要吃一些营养价值高、少而精的食品才能满足上午工作或学习的需要。一般早餐应以蛋白质、脂肪食物为主,辅以维生素和碳水化合物。总摄入热量占全天的30%。

（2）午餐。午餐具有承上启下的作用,既要填补早上吃得少、上午活动量大、能量消耗大的空缺,又要为下午的耗能储备能量。因此,饮食的品质要高,量要足,一般应补充碳水化合物、脂肪、蛋白质的量,午餐在全天各餐中热能占比最高,为40%。

（3）晚餐。晚餐应吃得少而淡,晚餐吃得过饱,多余的能量会转化为脂肪,使人发胖;吃得过于油腻,过多的胆固醇就会堆积在血管壁上,久而久之会诱发动脉硬化、高血脂等疾病。因此,晚餐应摄入易于消化的食物,以碳水化合物为主,如蔬菜、水果、谷类等。

 **安全提示**

适度节食

适度节食,不要因为减肥就不吃东西,这样做是极度伤害身体的。对很多人来说,减轻体重是向保持身体健康迈出的第一步。这是因为,肥胖容易引发像心脏病和糖尿病这样的健康问题。但是,必须引起注意的一点是,节食一定要把握适度这个原则。正确的做法是改变不良的饮食习惯,循序渐进地减少食物的摄入总量。多吃淀粉类食物,如馒头、面包、面条、土豆等,还要尽可能吃含有全麦成分的食物;少吃高脂肪食物,如火腿、糕点、奶油等;多吃水果蔬菜,因为它们不但脂肪含量低,还能增加饱腹感,减少饥饿的感觉;喝牛奶时尽量选择脱脂牛奶或者低脂酸奶;吃肉不要吃皮,因为皮里的脂肪含量要比肉里的多得多。当然,最重要的一点还是要注意加强身体锻炼。这才是健康的减肥法,不要盲目地减肥。

（三）放慢吃饭速度

大脑需要20分钟来接收胃传去的"吃饱"的信息。因为在分泌激素传递"吃饱"的信息给大脑之前,胃需要时间来拉伸。放慢你的吃饭速度,大脑会在你吃太多之前阻止你。吃慢点还可以预防消化问题,减少你的压力。

（四）保证充足的睡眠

大学生要保证充足的睡眠,否则身体的激素信号就会改变,加大个人的食欲。在一项研究中,参与者一晚的睡眠时间被控制在4个小时。第二天,参与者的结果显示饥饿的人增加了24%,有食欲的人增加了23%。

（五）健康饮用桶装水

桶装水一旦打开,应尽量在短期内饮用完,通常一周内用完为宜,否则应加热煮开再饮用。桶装水送上门后,即便质量再好的桶装饮用水,放置时间太长也容易滋生细菌。尤其是在炎热的夏季,温度高,细菌繁殖速度也会加快,更不能久存。

（六）食量与体力活动要平衡,保持适宜体重

过分肥胖者容易患动脉硬化、高血脂、糖尿病等慢性病;过分消瘦者除体力不支外,还常伴有因营养缺乏,抵抗力下降导致的多种疾病。因此,保持正常的体重是一个人健康的前提。而进食量和体力活动是影响体重的两个主要因素。如果进食量过大而体力活动不足,多余的能量就会在体内以脂肪形式贮存,导致肥胖;进食量不足,运动或劳动量过大,久而久之就会造成消瘦。所以食量要和体力活动保持平衡。一般来说,体力活动少的大学生应有

意识地增加一些室外活动或体育锻炼,如走路、慢跑、游泳、上下楼梯、打球等;而对于消瘦者,则要注意适当增加能量和全面平衡的营养摄入,以达到适宜体重,保证正常的生长发育。

【知识延伸】

五种饮食误区

1. 因胆固醇远离鸡蛋

鸡蛋中含有大量胆固醇,但并不会增加血液中的"坏"胆固醇。相反会补充"好"胆固醇。此外,鸡蛋中含有丰富的蛋白质、维生素、矿物质,它们也是极好的胆碱来源,这是一种对大脑非常重要的物质,90%的人都缺乏。

2. 一点红肉不敢吃

很多人认为肉尤其是红肉会带来许多疾病,如心脏疾病和Ⅱ型糖尿病,他们都只会吃白肉(鱼肉和鸡肉)。其实带来健康风险的是加工肉类如香肠、腊肉等。美国哈佛大学的一项大样本荟萃研究发现,每天食用50克以上加工肉品的人,罹患心血管疾病的风险会上升42%。但另一份基于121.8万多人的调查数据显示,未加工的肉品与心血管疾病和Ⅱ型糖尿病没有显著联系。

3. 担心蛋白质伤肾

蛋白质不一定会增加肾病风险。摄入大量蛋白质在短期内会导致骨骼钙减少,但从长期来看,多摄入蛋白质会增加骨密度,并能减少老年人骨折的风险。但有肾脏疾病的人的确应减少蛋白质摄入。对健康人而言,蛋白质是无害的。

4. 太迷信全麦食物

几乎所有的人都觉得全麦食物更健康,然而,小麦的主要成分是谷蛋白。在敏感人群里,谷蛋白可能引发消化系统问题,如腹痛、腹胀、乏力等。

5. 只选低热量食物

比起计算热量,我们所摄取的食物种类更重要,它们会直接影响到我们需要燃烧多少千卡热量。比如,热量相当的脂肪和蛋白质,前者会让你长胖,后者却会燃烧热量并增加肌肉量。

【安全演练】

1. 如果你去餐厅吃饭,在吃饭前就发现那里存在食物安全问题,此时你会怎么办?
2. 对于食物过敏应该注意什么?
3. 假如你的同学食物中毒,你会怎么做?
4. 为了自己的健康,请找出自己存在的不良饮食习惯,并为自己制订一份合理的营养餐清单。

第六章
步步小心，平安是金
——交通安全

　　交通安全，是指人们在道路交通过程时，要按照交通法规的规定，安全地行车、走路，避免发生人身伤亡或财物损失。道路交通安全是指在交通活动过程中，能将人身伤亡或财产损失控制在可接受水平的状态。大学生交通安全是指大学生在交通活动中，严格遵守《中华人民共和国道路交通安全法》和其他道路交通法律法规，并通过正确理解交通安全知识，增强交通安全意识，减少交通事故，培养在危险交通状态下的应急应变能力。

第一节　交通安全概述

　　道路交通系统作为动态的开放系统，其安全既受系统内部因素的制约，又受系统外部环境的干扰，并与人、车辆及道路环境等因素密切相关，因此，交通安全是相对的，而不是绝对安全的。交通事故在发生情节及处罚力度上不同，可分为交通违章和交通事故两大类。

一、交通违章

　　交通违章是指违反交通法规的行为（其中包括大学生在校园内违反学校交通管理规章的行为）。
　　（一）交通违章行为的特征
　　（1）交通违章行为主体一般是达到法定年龄、具有责任能力的自然人或法人。

(2)违章行为所侵犯的客体是交通的管理活动和社会交通秩序。

(3)交通违章的行为人在其主观方面有过错,他们的违章行为或属故意,或属过失,即行为不慎。

(4)交通违章客观上是一种违反交通管理法规的行为,或是积极的行为(法规禁止做而做),或是消极的不作为(法规要求做而不做)。如果只是主观想法,没有客观结果发生,则不构成违章。

(二)交通违章的种类

按情节,交通违章可分为轻微违章、一般违章和严重违章三种。

(1)轻微违章。轻微违章是指主观上由于旧习惯或过失行为所致,客观上对交通秩序影响不大、未造成不良后果的违章行为。

(2)一般违章。一般违章是指主观上属明知故犯,有一般过错,在客观上对交通秩序影响较大,可能造成一定不良后果的违章行为。

(3)严重违章。严重违章是指主观上无视交通法规和安全,客观上导致交通堵塞或导致交通事故,造成严重后果的不良行为。

(三)大学生交通违章

大学生交通违章是指大学生在校园里或在道路上违反国家交通安全法和其他道路交通管理法规、规章有碍于交通秩序和影响交通安全,未造成事故的过错行为。

二、交通事故

交通事故是指车辆在道路上因过错或者意外造成的人身伤害或者财产损失的事故。

(一)交通事故的构成要素

一般情况下,构成交通事故必须具备以下六个方面的要素。

(1)车辆(包括机动车辆和非机动车辆),在当事者中,如果没有车辆则不构成交通事故。

(2)发生在道路上,这是交通事故发生的空间特征。

(3)车辆在运行中(不是静止的)。

(4)发生的事态,也就是发生与交通事故有关的现象,如碰撞、刮擦等。没有以上事态,不称为交通事故。

(5)有交通的性质(造成事故的原因),是交通过程中由于主观故意或过失,而不是无法抗拒的原因。

(6)有后果,即有人身伤亡或财产损失,没有造成损失的后果不称为交通事故。

(二)交通事故的分类

按照事故造成后果的轻重程度,交通事故通常可分为轻微、一般、重大、特大事故四类。

(1)轻微事故。一次造成轻伤1~2人。

(2)一般事故。造成重伤1~2人或轻伤3人以上。

(3)重大事故。一次造成死亡1~2人或重伤3人以上10人以下。

(4)特大事故。一次造成死亡3人以上或重伤10人以上等。

(三)大学生交通事故

大学生交通事故是指大学生及其他在道路上进行与交通有关活动的人员,在校园内及社会道路上因违反交通管理法规,过失造成的人身伤亡或财产损失的事故,即大学生过失违章造成自己或他人的人身伤害或财产损失,以及他人违章造成大学生人身伤害或财产损失。

大学生交通事故从地域上划分,可分为校园交通事故和校外道路交通事故;从事故当事人划分,可分为机动车驾驶员、骑车人和行人发生的交通事故;从事故责任划分,可分为甲方责任事故和非甲方责任事故。

三、交通违章和交通事故的处理

《交通安全法》规定,公安机关是国务院处理交通事故的主管机关。县以上地方各级公安机关是同级人民政府处理本行政区域内交通事故的主管机关。根据此规定,对大学生交通违章、交通事故的处理应由主管高校安全的公安机关与公安交通部门共同处理,学校保卫部门协助。主要以教育、行政纪律约束的手段,辅之以经济处罚的手段进行处理。

(一)对交通违章的处理

(1)交通管理部门对违章大学生按规定处理,包括教育、罚款、限制驾车等。

(2)学校制定违章处罚规定,依照学校的规定对违章大学生处罚。

(3)交通管理部门对学校进行处罚和处理。

(二)对交通事故的处理

(1)大学生在校园内发生的交通事故由主管高校安全的公安机关与公安交通部门共同处理,学校保卫部门给予协助。

(2)大学生发生在校外的交通事故由公安交通部门处理,学校保卫部门协助。

(3)在公安交通部门处理之后,学校再依据学校交通管理规定对负主要责任肇事大学生进一步处理,包括通报批评、赔偿损失及纪律处分等。

【知识延伸】

中华人民共和国道路交通安全法

《中华人民共和国道路交通安全法》于2003年10月28日在第十届全国人民代表大会常务委员会第五次会议上通过,2003年10月28日中华人民共和国主席令第8号公布,自2004年5月1日起施行。2011年4月22日第十一届全国人民代表大会常务委员会第二十次会议通过关于修改《中华人民共和国道路交通安全法》的决定,2011年4月22日中华人民共和国主席令第47号公布,自2011年5月1日起施行。《中华人民共和国道路交通安全法》分总则、车辆和驾驶人、道路通行条件、道路通行规定、交通事故处理、执法监督、法律责任、附则等部分,共8章124条。这部法律的通过是我国道路交通法制建设历程中的一座里程碑,是我国道路交通事业全面走向法治时代的崭新开端。其重要作用表现如下:

为解决道路交通中的难题提供法律保障;通过规范道路交通行为,明确权利义务关系,保护道路交通参与人的合法权益;通过确定法律制度,增强道路交通的有效管理,提高管理水平;通过规范执法行为,增强公民的守法意识,保障道路交通的有序、安全和畅通。

第二节 大学生交通安全防范

出行及户外活动安全关乎千家万户。据统计,全世界每年约有100万人死于车祸,数千人死于空难,其他意外伤害也不计其数。面对这些突发事件,人类并非完全被动。良好的预防意识,快速灵敏的反应,正确的救助技巧,能最大限度地避免或减轻伤害。在千钧一发之际,化险为夷;在孤立无援之地,绝处逢生。因此,掌握必要的出行和户外安全常识是十分必要的。

一、大学校园易发生交通事故的原因

随着社会主义市场经济的发展,人们生活水平的不断提高,高校与社会的交流越来越频繁,使校园内人流量、车流量急剧增加,尤其是高校教职工自有机动车辆的数量越来越多,同时,随着高校校园开放和后勤社会化各项工作的开展,各类车辆及人员大量涌入校园,但是目前许多校园道路都比较狭窄,交叉路口没有信号灯管制,也没有专职交通管理人员管理,而且校园内人员居住集中,再加上高校校园内车流量及活动人员每年都呈上升递增态势。因此,伴随而来的就是校园交通秩序混乱、交通事故增多,特别是严重交通事故呈上升趋势,甚至在一定程度上严重影响了校园的安全稳定。机动车辆对高校校园造成的交通压力及引发的校园交通状况、反映的问题也越来越突出。

二、大学生交通事故的主要表现形式

(一)校园内易发生的交通事故

校园内发生交通事故的主要原因是思想麻痹和安全意识淡薄。许多大学生刚刚离开父母和家庭,缺乏社会生活经验,交通安全意识比较淡薄,同时有的同学在思想上还存在校园内骑车和行走肯定比公路上安全的错误认识,一旦遇到意外,发生交通事故就在所难免。校园内发生交通事故的主要形式有以下几种。

(1)注意力不集中。这是最主要的形式,表现为行人在走路时边走路边看书边听音乐,或者左顾右盼、心不在焉。

案例引导

"一心"不可"两用"

大学生刘洋最喜欢戴着耳机边听音乐边走路,甚至在骑自行车的过程中依旧戴着耳机听音乐,对交通信号灯置之不理。同学提醒他要注意交通安全,他却当作耳旁风,依旧我行我素。一天中午放学,他跟往常一样戴着耳机一边听着音乐,

一边骑着自行车回宿舍,经过一个十字路口时,因为刘洋沉浸在音乐中,并且骑车的速度非常快,丝毫没有理会交通信号灯的提示,骑着自行车直接撞上了前方等红灯的轿车,刘洋被甩到马路一旁,顿时鲜血如注,造成了严重的交通后果。

(2)在路上进行球类活动。大学生精力旺盛、活泼好动,即使在路上行走也是蹦蹦跳跳、嬉戏打闹,甚至有时还在路上进行球类活动,更是增加了发生事故的危险。

案例引导

"马路传球"引发的车祸

于成、百里贺两位同学在操场踢完足球后,在回寝室的路上还余兴未尽,在路上相互边跑边传球,此时身后正好驶来一辆轿车,驾驶员躲闪不及撞上了于成,把于成撞到马路一旁,右侧胳膊摔成严重骨折,后因驾驶员在情急之下,方向盘把握不稳,轿车又撞向躲闪不及的百里贺,造成百里贺的右小腿严重骨折。

(3)骑"飞车"。一般高校校园面积都比较大,宿舍与教室、图书馆等之间的距离比较远,所以许多大学生购买了自行车,课间或下课时骑自行车在人海中穿行是大学的一道风景线。但部分学生骑车技术也实在"高超",居然能把自行车骑得比汽车还快,殊不知就此埋下了祸根。

案例引导

"急"来横祸

大学生连岳头天晚上在网吧里上网到第二天凌晨4点多才回寝室休息。一觉醒来已快到上课时间了,他起床后顾不得梳洗匆匆下楼,骑上自行车飞快朝教室奔去。当他骑到一个下坡向右转弯的路段时,本来车速已很快但他还觉得慢,又猛踩了几下,就在这时迎面来了一辆小轿车,因车速太快避让不及,连岳连人带车掉进了路旁的水沟里,致使右胳膊骨折,自行车摔坏。

(二)校园外易发生的交通事故

(1)行走时发生的交通事故。大学生闲暇时购物、观光、访友要到市区活动,这些地方车流量大,行人多,各种交通标志眼花缭乱,与校园相比,状况更加复杂,若缺乏通行经验,发生交通事故的概率很高。

（2）乘坐交通工具时发生的交通事故。大学生在离校、返校、外出郊游、社会实践、寻找工作时都要乘坐交通工具。全国各地高校大学生因乘坐交通工具发生交通事故的情况时有发生，有时甚至造成群体性伤亡。

三、大学生交通事故应采取的行动及处理办法

（一）发生交通事故时应采取的行动

1. 及时报案

无论在校外还是在校内，一旦发生交通事故，首先应想到的是及时报案，有利于事故的公正处理，千万不能与肇事者"私了"。若在校外发生交通事故，除及时报案外，还应该及时与学校取得联系，由学校出面处理有关事宜。

2. 保护现场

事故现场的勘查结论是划分事故责任的依据之一，若现场没有保护好会给交通事故的处理带来困难，造成"有理说不清"的情况。切记，发生交通事故后要保护好事故现场。

3. 控制肇事者

若肇事者想逃脱一定要设法控制，自己不能控制可以发动周围的人帮忙控制，若实在无法控制也要记住肇事车辆的车牌号等特征。

（二）交通事故的处理办法

《道路交通安全法》规定，公安机关是国务院处理交通事故的主管机关。县以上地方各级公安机关是同级人民政府处理本行政区域内交通事故的主管机关。根据此规定，对大学生的交通违章、交通事故应由主管高校安全的公安机关与公安交通部门共同处理，学校保卫部门协助，主要以教育的手段、行政纪律约束的手段，辅之以经济处罚的手段进行。

1. 交通违章的处理

对交通违章的处理，具体包括三个方面。

（1）交通管理部门对违章大学生按规定处理，包括教育、处罚、限制驾车等。

（2）学校依照学校的规定对违章大学生处罚。

（3）交通管理部门对学校进行处罚和处理。

2. 交通事故的处理

对交通事故的处理，具体包括三个方面。

（1）大学生在校园内发生的交通事故由主管高校安全的公安机关与公安交通部门共同处理，学校保卫部门给予协助。

（2）大学生发生在校外的交通事故由公安交通部门处理，学校保卫部门协助。

（3）在公安交通部门处理之后，学校再依据学校交通管理规定对负主要责任的肇事大学生做进一步处理，包括通报批评、赔偿损失及纪律处分。

【知识延伸】

酒后驾驶

2008年世界卫生组织的事故调查显示，大约50%~60%的交通事故与酒后驾驶有关，酒

后驾驶已经被列为车祸致死的主要原因。在中国,每年由于酒后驾驶引发的交通事故达数万起,而造成死亡的事故中50%以上都与酒后驾驶有关,酒后驾驶的危害触目惊心,已经成为交通事故的第一大"杀手"。2010年8月,十一届全国人大常委会第十六次会议首次审议刑法修正案(八)草案,醉酒驾驶或被判刑。

1. 酒后驾驶的定义

根据国家质量监督检验检疫局发布的《车辆驾驶人员血液、呼气酒精含量阈值与检验》(GB195222004),饮酒驾车是指车辆驾驶人员血液中的酒精含量大于或者等于20mg/100mL,小于80mg/100mL的驾驶行为。醉酒驾车是指车辆驾驶人员血液中的酒精含量大于或者等于80mg/100mL的驾驶行为。

2. 查酒驾依据的标准

血液中酒精含量<20mg/100mL,不构成饮酒驾车行为(不违法);

血液中酒精含量≥20mg/100mL,为酒后驾驶;

血液中酒精含量≥80mg/100mL,为醉酒驾驶;

这个标准相信很多朋友都知道,但具体喝多少酒就达到酒后或醉酒标准呢,是用酒精测试仪进行现场测定的,对着测试仪呼一口气,酒精含量马上就会显示出来。如果达到醉酒或酒后标准,当事人可提出异议,可以安排抽血化验血液中酒精含量,一般要第二天出结果。如果当事人从酒精测试仪没有提出异议,测试结果可作为处罚依据。

3. 酒后驾驶的处罚

饮酒后驾驶机动车的[血液中酒精含量20mg/100mL(含)以上80mg/100mL(不含)以下]处500元罚款,记6分,驾照暂扣1个月至3个月。

醉酒后驾驶机动车的[血液中酒精含量80mg/100mL以上130mg/100mL(含)以下的]处以8日至10日拘留,暂扣驾照5个月,并处1800元罚款。

醉酒后驾驶机动车的(血液中酒精含量130mg/100mL以上的)处以13日至15日拘留,暂扣驾照6个月,并处1800元罚款,记12分。

饮酒后驾驶营运机动车的暂扣驾照3个月,并处500元罚款,记6分。

醉酒后驾驶营运机动车的处13日至15日拘留,暂扣驾照12个月,并处2000元罚款,记6分。

一年内因醉酒驾车被处罚2次以上的吊销驾照。

《机动车驾驶证申领和使用规定》第十二条第三款规定:吊销机动车驾驶证未满二年的,不得申领机动车驾驶证。

四、大学生交通事故的预防

(一)参照社会道路交通的管理方式,加强校园道路交通安全的管理和监督

高校可参照社会道路交通的管理方式,依据《中华人民共和国道路交通安全法》和校园管理的有关规定,明确校区道路交通安全管理职能部门;明确校区各类道路的功能与限制规定;明确校区道路交通安全的具体要求,把校区道路交通安全工作作为学校安全稳定的重要环节,切实加强规范管理。

（二）加强学校师生员工遵守道路交通安全的专项宣传和教育

要加强校内机动车驾驶员的安全教育和培训，督促司驾人员遵纪守法；要把道路交通安全工作纳入学校的日常教育之中，切实提高师生员工对于交通安全的认知度，提高师生员工遵守道路交通安全法规和自我保护的自觉性。

（三）加强校区道路交通安全设施的建设和管理，提高校区道路交通安全的基础水平

高校要在校门口和校区主要道路上设置减速和限速禁令标志，在转弯道路口和易发事故地点设置警示标志及设置减速带等，校区主干道机动车限时速为20千米。要结合本校实际情况，合理规划各类道路行车标线，增设夜间道路照明，增加水泥路坪防滑措施，有条件的高校实现校区主干道人车分流。同时，做好对校内的道路交通安全设施的维护保养工作。

（四）加强对违反校内道路交通安全行为的纠正与处罚，强化对校内道路交通安全的管理力度

要加大校门的监管力度，施行校区机动车密度控制，严禁机动车特别是二轮摩托车在校内超速行驶。对违反校内道路交通安全规定的行为要果断制止，对不听劝告、屡教不改的当事人要辅以适当的行政处罚，以提高管理的严肃性，营造安全的校园环境。

（1）治理外来车辆。校园是载客车辆经常光顾的地方，特别是有的大学校园多门，有的门在改建或未建好前，出租"的士"经常进入校园乱冲乱撞，加上逃避收费的车辆绕道经过校园，严重影响校园的教学秩序和师生的生命安全，交通事故时有发生。为了改变这种状况，校门设卡拦截进入校园的外来车辆，重点拦截进入校园的出租"的士"及二轮、三轮载客摩托车。对车辆人员进行严格管理，对来校办事的车辆实行换证通行，本校教职工车辆发证通行，其他车辆禁止进入校园。同时在交通事故易发地段的校道上增设缓冲带，在校道上比较危险和拐弯的地方设置交通标志牌，可减少校园交通事故的发生。

（2）清理校园乱停乱放车辆。解决校园内车辆乱停乱放，特别是在校道上乱停乱放车辆，严重堵塞交通，影响校容校貌的现象，应严禁在校道上乱停放车辆，规范车辆的停放。加强对外来车辆和乱停乱放车辆的整治和管理，特别是载客机动车辆和"的士"的管理。纠正和处理各种违规车辆，教育乱停乱放车辆的人员，确保良好的校园交通秩序。

（3）控制车辆进出校门，规范车辆行驶路线和停放秩序，实施按位停车，计时收费，凭卡（证）进出，按指定路线行驶，按指定校门出入等。

（五）增强交通安全意识

不管是校内还是校外，发生交通事故最主要的原因是思想麻痹、安全意识淡薄。作为一名在校大学生，遵守交通法规是最起码的要求，若没有交通安全意识很容易带来生命之忧。

大学生除提高交通安全意识、掌握基本的交通安全常识外，还必须自觉遵守交通法规，才能保证安全。在道路上行走，应走人行道，无人行道时靠右边行走。走路时要集中精力，"眼观六路，耳听八方"；不与机动车抢道，不突然横穿马路、翻越护栏，过街走人行横道；不闯红灯，不进入标有"禁止行人通行""危险"等标志的地方。

（六）高校与交警联手治理校园内部的交通秩序

高校大多为开放式校园，进出车辆较多，近段时间在校园内发生的交通事故呈增长趋势。中南大学是湖南省率先与交警联手治理校园内部交通秩序的高校。岳麓交警大队的移

动电子警察车驶入中南大学,对交通违法车辆进行抄牌记录。

第三节　大学生交通安全常识及处理措施

　　安全没有绝对的,发生交通安全存在着偶然因素,但主观因素、个人修养及日常生活习惯,对一个人的安全起着举足轻重的作用。大学生无论是处在行人、乘车人、骑车人、驾驶员等不同的角色中,都要对相应的交通安全常识有足够的了解,只有这样,大学生才能从自身出发,对自己的安全负责,如果遇到事故,也能摒弃侥幸心理,积极而冷静地对待,把损失降到最低。

一、行人交通安全常识

（一）步行交通安全常识

（1）步行时,须走人行道。在没有划分人行道和机动车道的道路上或校园混合道上行走时,应靠边行走,主动避让来往车辆。走路时要集中精力,"眼观六路,耳听八方",切记做诸如戴耳机听音乐之类分散精力的事情。

（2）在穿越有交通信号灯的人行道时,自觉按信号灯的指示前行。穿越无交通信号灯的人行道时,注意观察过往车辆,特别是左右转向的车辆,切勿猛冲或在车流中穿行,确认安全之后再快速穿行。在通过十字路口时,要听从交通民警的指挥并遵守交通信号。

（3）在夜间信号灯停止使用或黄灯闪烁时,走人行横道一定要环顾左右、判断车速和流向,在确认安全的前提下快速通过。

（4）在有隔离栏的路段过马路时,要走天桥或地下通道,或从有人行横道标志的地方通过,切勿翻越栏杆。在设有护栏或隔离墩的道路上不得横穿马路,不与机动车抢道,不突然横穿马路、翻越栏杆,行人不得跨越,倚坐道路隔离设施;不得扒车、强行拦车或者实施妨碍道路交通安全的其他行为;不闯红灯,不进入标有"危险"等标志的地方。

> **案例引导**
>
> **翻越护栏的意外**
>
> 　　大学生王任东、马悦在翻越学校护栏时发生意外,下巴不幸被戳穿。消防队员为了救两人,把整块护栏切割下来。被救出的两人连同护栏一起被送到医院。该新闻引发热议,网友惊呼:"太可怕了,以后再也不敢翻护栏了。"当地媒体记者看到这两名大学
>
>

> 生是连同整块护栏被送到医院的,其中一根拇指粗细的铁刺直接将马悦的下巴刺穿。面对这样的情况,医护人员也束手无策,于是打电话向消防部门求助。在消防官兵的协助下,整片护栏已经被切割下来,但留在伤口处20厘米左右的一小段铁刺仍需靠医院手术取出。据了解这两名大学生是在夜晚11点多下晚自习后在校园翻爬护栏时发生了意外,当时有多名学生翻越护栏。

(5)不要在机动车行驶的高架桥上行走,不要横穿高速公路。

(6)走路时要专心,注意观察路面状况,包括车流量、流向和是否有障碍物;不要边走路边嬉戏打闹、聊天、看报、看书或看手机;不要在非运动场所进行体育运动,特别是不要在路上做球类运动或其他运动,严禁在道路、停车场玩滑板或溜旱冰。

(7)夜间外出尽量选择有夜灯的道路行走;在没有路灯的情况下最好自带照明工具。

(8)学会估量来车与自己之间的安全距离,车辆正在行驶时,与来车距离15米时不能抢道,25米以上才较安全。通过郊外马路时,要与来车距离大于40米才能通过。

(9)雨雪天出行时,要留心路面和周围环境,尤其是路边有高大树木或电线、电缆从空中穿过的区域以及路边有变压线、高压线的地方,尽量远离此路段。

(10)穿越居民区、从施工的建筑物旁通过时,注意观察住户的窗户上是否摆放着物品或有人在活动;施工的建筑工地是否设有安全标志线和安全设施,尽量不要直接穿越工地。

(二)步行交通事故处置措施

(1)若在途中意识到可能即将发生交通事故时,应立即做出反应,往路边方向避让,避免发生正面碰撞或被其他车辆再次碰撞。

(2)若与机动车发生事故,应立即拨打122报警,并记下肇事车辆车牌号码等待交警处理。如果身体受伤,应采取初步的急救措施,如止血、包扎或固定等,如果伤势严重,应立即拨打120求助。

(3)遇到肇事逃逸者,记下肇事者的车牌号;看不清车牌号时,注意车型、颜色、新旧程度,请求旁人及时报警。

(4)与机动车相撞发生事故时,双方应努力协商,协商不能解决,应立即报警。

(5)居住区发现高空坠落物体时,注意观察是否有物体继续下落,并迅速移至安全地带,采取初步措施,并及时报警。

(6)当发生坠井事故时,应该观察井下是否有积水,是否有异味,并与落井者保持联系。如落井者无严重受伤,意识状况正常,可求助他人,就地取材开展营救;如情况不正常,不能擅自下井营救,应立即报警请求专业人员开展救援工作。

二、乘车交通安全常识及处理措施

(一)乘车时安全常识

1.乘坐交通工具的安全常识

(1)购买正规合法的车票。乘车购票,须到指定的客运售票处或正规的网站上购买。

(2)遵守国家法规和条例。乘坐公共交通工具应遵守国家和地方的相关法规和条例,严禁携带易燃、易爆、有毒、放射性等危险物品和管制刀具,也不要携带有腐蚀件、有异味的物品及家养宠物。

(3)排队上车。乘车人乘坐公共汽车、电车和长途汽车须在站台或指定地点候车,待车停稳后,先下后上,排队上下车。不挤不抢不扒车,以免踩伤或为小偷作案提供条件。

乘火车和飞机,购票后应注意查看票面信息是否正确,出发时须提前进站办好相关手续,携带相关证件。提前1小时办理行李托运手续,认清候车厅(候机室),按次序上车(登机);乘坐公交车或地铁时,须在指定站点依次候车、排队上下车,不可在站台下或者越过安全线候车。上车后抓牢扶手或椅背;下车后不可从车前猛跑或者穿过,等车开走后,看清左右的情况再穿越马路。

(4)乘坐安全可靠的车。乘坐货运机动车时,不准站立,不准坐在车厢栏板上;乘坐长途客车、中巴车、出租车时,不能为贪图便宜而乘坐车况不好的车,不要乘坐无经营许可证、在路边拉客的黑巴、摩的、黑车等没有安全保障的车辆;上车时,前排乘客必须系好安全带,有条件的后排乘客也要系好安全带;摩托车驾驶员前面不许载人,乘坐摩托车不许侧坐。上下车开门时请注意后面的行人和非机动车辆,以免发生危险。

(5)不可将头、手、身体伸出窗外。乘车时不可将头、手、身体伸出窗外,不准跳车,以免受到伤害。

(6)不要在车内吸烟。车内吸烟容易发生火灾,所以在车内不要吸烟。

(7)保持车内卫生。不往车外吐痰、扔杂物,保持公共卫生,也不要在车内吃零食,以免在避让或颠簸时发生意外。

(8)有下列情况发生时不应乘车,以免发生危险.

①发现车辆破损、声音异常时;发现驾驶员精神状态不佳、酒后驾车时;发现车辆不正常运行、客货混载、违章超载时;发现客车有其他违反操作规程时。

②恶劣天气,如大风、大雨、大雾、大雪,不坐汽车长途跋涉。

③病中无人陪伴不要乘车。

(9)下车后,不要从车前、车后突然走出或横穿马路,要注意观察并判别情况后再行走。

(10)乘坐长途汽车尽量不睡觉,在睡眠时,若司机急刹车,巨大的惯性可能对你造成危害。

总之,外出乘车要注意观察周围乘客群体,切忌露财;旅途中鱼龙混杂,不要轻信他人;不要喝或吃陌生人给的饮料或其他食物,不要参与赌博性质的游戏,更不要贪购外币、买古董或宝物,谨防受骗。

(二)乘车时交通事故处理措施

(1)在途中意识到车祸即将发生时,双臂夹胸抱头并躺下,或抓紧车内拉手或座位铁脚,并双脚用力蹬,以免车祸发生时人翻滚或摔出车外。除非车辆即将冲出悬崖,否则不要从疾驰的车辆中跳出,车辆停止移动后,保持镇定,查明身边情况从门窗爬出。

(2)如果汽车落入水中,它不会立即沉没,但水的压力会使车门很难打开,此时不要惊慌,判断好逃生的路径,深呼吸憋足气猛力推开车门或击碎车窗玻璃,设法在车辆沉没前逃离。

（3）路途中车辆起火，不要惊慌叫嚷、到处乱窜，以免有毒气体进入体内和相互踩踏。用衣服蒙住鼻孔，打开车窗跳出逃生。

（4）地铁中发生火灾时，不要乱跑，在浓烟中视线不清易发生踩踏，要注意观察火源，从相反的方向寻找最近的出口逃离，用衣服、毛巾等捂住鼻孔，低头弯腰前行，尽量减少有毒气体进入体内而造成窒息、昏厥。

（5）乘船旅行中若发生意外，不要慌张，按船员的要求穿好救生衣，也不要乱跑，以免影响客船的平衡。听从船员的指挥依次离船，如紧急情况下必须弃船逃离时，系紧救生衣，迎风逃离，双臂交叉于胸前，按住救生衣，身体垂直入水。

（6）乘飞机遇故障或紧急迫降时，应遵循乘务员的指挥，系紧安全带双手抱头，下颌贴紧胸部，或与邻座相互依靠抓紧，以防撞击。飞机停稳时，按乘务员的要求从紧急通道迅速逃离。

（7）当逃离危险区域时，尽快拨打求救电话122、110、120或你所熟知的一切电话，将事故信息发出让人知晓，以尽快得到救援。在没有电话或无信号的区域，通过呼救、点燃火堆、用衣物或其他东西标记，引起过往车辆、船只、行人的注意，通过他人传递救扳信号。

总之，在车、船、地铁、飞机任何一种交通工具发生事故时，保持冷静的头脑，对事态发展做出正确判断是提高生存概率的前提，这些都离不开日常生活中的积累与危机意识的养成。

安全提示

大巴车失火后的逃生方式

如果车内着火，大家的第一反应肯定都是冲向车门，这就很容易产生拥挤踩踏等现象。在发生状况后大家一定要保持冷静，只有这样才会增加你的逃生机会！如果身边有资源，最好打湿衣服、毛巾等捂住口鼻后再进行逃生。

（1）车门逃生。车辆起火后很有可能会造成电线短路，出现电动门不能打开的情况。此时大家一定要尽快找到车门的紧急开关。不同车型的车门紧急开关所处的位置都不一样，大家可以主要寻找司机座位旁边、车门顶部，它的形状大多数是扳手状，类似电扇的档位开关，它的作用是切断门气路。在成功完成上述步骤后，门就很容易被打开了。

（2）车窗逃生。如果车门处无法逃生，我们可以选择车窗进行逃生。正常情况下，如果徒手砸车窗成功的概率还是很小的，一般大巴车内都会备有安全锤。找到安全锤并且用尖头一侧用力敲打提示点（如果没有提示点最好敲打四个角处的玻璃），看到玻璃呈蜘蛛网状裂开后用脚用力踹开进行逃生。如果没有安全锤，一定要学会利用手中可利用的硬物，如女士高跟鞋等进行自救。

（3）天窗逃生。大巴车在中后部都会有一个换气天窗，我们只要旋转天窗上的红色扳手，天窗就能被推开。

三、骑自行车交通安全常识及处理措施

（一）骑自行车交通安全常识

（1）骑自行车出发前，要对自行车进行检查。检查车座固定状态，并在固定前将车调整到自己骑上车后两脚尖可以够着地面，双手把握自如，上身稍微前倾为宜。

（2）检查车把与前轮是否已固定为直角。

（3）检查前后车闸是否灵敏有效。

（4）检查车铃是否正常响铃，安装位置是否适宜，按铃时以手不离把为宜。

（5）检查轮胎内充气是否合适，夏天不要充气太多。

（6）检查是否装有反射器，反射器是否清洁。

（二）骑自行车交通事故处理措施

（1）在道路上，要在非机动车道内行驶；没有划分车道的，要靠右行驶。

（2）通过路口时要严守信号，停车不要越过停车线，不要绕过信号行驶；不要骑车逆行；不要扶肩并行；不在便道上骑车。

（3）大、中城市市区不准骑自行车带人；双手不准离把或攀扶其他车辆或手中持物；不准扶身并行、互相追逐或曲折竞驶。

（4）中途车闸失效时，须下车推行；骑车转弯时要伸手示意，不要强行猛拐，以提醒行人和车辆。

（5）不得成群结队在道路上嬉闹或横占道路并排骑车，不得双手离开车把骑车，尽量不要违规载人，禁止横冲直撞骑飞车，或走"之"字路线骑车，在有禁行标志的斜坡必须下车推行，禁止机件不全或失灵的车辆（包括手推车等）上路行驶。

（6）行驶中要遵守交通信号灯，不得抢穿红灯。

（7）穿越无信号灯的十字路口时，必须"一慢、二看、三通过"，确保安全才能通过。

（8）在无分道标志线的道路，必须靠边行驶。

（9）行驶时不要随意抢占机动车道，不要多车并排行驶。

 **安全提示**

下雨天为什么不能在树下避雨

打雷时，雷雨云中所带的电荷经过对地面的"对地电阻相对较小的突出物"放电而形成了雷电流，也就是人们所说的"落地雷"，这个现象叫作"直击雷"。如果此时人站在"比自己高，电阻又比自己小"的物体下来躲避雷击，那仍然是不安全的。因为这样虽然直击雷击中人体本身的机会少了，但是由于和旁边的物体成"平行"状态，仍有可能会感应到强大的雷电流，也就是受到"感应雷"的损害，另外由于雷电流

的强大,也还有可能在和"比自己高的物体"(比如大树)形成放电通道的同时,击穿人和物体间的空气绝缘而对人体产生"支路放电"现象,这同样是非常危险的。

在野外如果遇到强雷电天气,而一时又无处可躲,那正确的做法是尽量降低高度,避免有"突出物"(包括人的头部和肢体),就地选择相对较低处躲避,姿势为:双足并拢蹲下,头部夹于两膝间,双手抱膝;不要为了一味地"降低高度"而躺下,因为此时如果有落地雷发生,那有可能因雷击点到人的头和脚的距离差别而产生"跨步电压",这样同样会使人受到伤害。

在雷电多发的日子,首先要尽量避免到这些空旷的地方去,如果时间允许,最好到附近低洼的地方或山洞里蹲下。

【安全演练】

在一大学西门附近,一对大学生被一辆涉嫌超速的小车从斑马线上撞飞了十多米,车祸造成其中一人脑干原创性损伤,目前在重症监护室里全靠呼吸机维持生命体征,生死未卜;另一人身体多处严重受损,还在生死线上痛苦挣扎。

讨论:结合案例和本章内容,总结各种交通事故发生的原因及防范措施,并说说如何提高交通安全意识。

第七章

未雨而绸缪
——公共安全

伴随着高校与社会之间的交往越来越密切,我国高校的内、外部环境发生了巨大变化,高校各类突发事件时有发生,并有逐渐增加的趋势,再加上大学生的生活、工作、学习、娱乐和交往等日常的形式、手段和方式越来越多样化,这更是对大学生新的公共安全意识和能力提出了新的要求。因此,大学生更应提高突发事件的应变能力,以便于在灾害发生时,及时脱险保护自己,减少不必要的损失。

第一节 公共安全概况

(一)公共安全的概念

公共安全是指社会和公民个人从事和进行正常的社会生活和生产时所需要的稳定的外部环境和秩序。公共安全包含的范围广泛,如信息安全、食品安全、公共卫生安全、公众出行规律安全、避难者行为安全、人员疏散的场地安全、建筑安全、城市生命线安全、恶意和非恶意的人身安全和人员疏散等。

公共安全指的是具有公共性的安全,既可以指涉及大多数人

的利益安全,又可以指涉及全体人民的安全,更可以指涉及个体的安全。公共安全所涉及的对象可以是看到的东西,如生命、健康、财产等;也可以是看不到的东西,如价值观念、社会秩序等。

(二)公共安全事件

1. 公共安全事件的概念

公共安全事件是危及大多数人的生命、健康、财产等,并可能引起一系列的公共性问题,进而导致价值系统崩溃、社会秩序紊乱的事件。

2. 公共安全事件的分类标准

公共安全涉及的范围很广,其分类标准可分为范围、性质、成因等多种,参考的标准也是多元的,并且分类标准也是随着实践和空间的变化而变化的。一般而言,公共安全事件可以按照公共安全事件发生的时空范围发生领域及事件的成因和性质的不同进行划分。

(1)按时空范围不同可划分为国内安全和国际安全。

(2)按发生领域不同可划分为政治安全、经济安全、社会安全、文化安全等。

(3)按成因和性质不同可划分为自然灾害、事故灾难、公共卫生、社会安全等。

当前,因为按照公共安全事件发生的时空范围和领域的划分有明显的局限性,划分的范围过窄,如政治性的公共安全事件没有纳入,群体性的突发事件也没有纳入其中。因此按成因和性质不同的分类标准有明显的合理性,被我们普遍采用,同时这样的划分标准是公共安全事件现实的需要,也是我们为解决公共安全事件的需要。

3. 公共安全事件的分类

根据2006年1月国务院颁布的《国家突发公共事件总体应急预案》,突发公共安全事件主要分为以下四类:

(1)自然灾害。主要包括水旱灾害、气象灾害、地震灾害、地质灾害、海洋灾害、生物灾害和森林草原火灾等。

(2)事故灾难。主要包括工矿商贸等企业的各类安全事故、交通运输事故、公共设施和设备事故、环境污染和生态破坏事件等。

(3)公共卫生事件。主要包括传染病疫情、群体性不明原因疾病、食品安全和职业危害、动物疫情及其他严重影响公众健康和生命安全的事件。

(4)社会安全事件。主要包括恐怖袭击事件、经济安全事件、涉外突发事件等。

4. 突发公共安全事件的分类

各类突发公共安全事件按照其性质、严重程度、可控性和影响范围等因素,一般分为Ⅰ级(特别重大)、Ⅱ级(重大)、Ⅲ级(较大)和Ⅳ级(一般)四类。对突发事件进行分级,目的是落实应急管理的责任和提高应急处置的效能。

Ⅰ级(特别重大)突发事件:由国务院负责组织处置,如汶川地震、南方19省雨雪冰冻灾害;

Ⅱ级(重大)突发事件:由省级政府负责组织处置;

Ⅲ级(较大)突发事件:由市级政府负责组织处置;

Ⅳ级(一般)突发事件:由县级政府负责组织处置。

第二节 自然灾害的预防和应对

自然灾害是指给人类生存带来危害或损害人类生活环境的自然现象,常见的自然灾害有洪水、地震、泥石流、山体滑坡、雪灾、台风、龙卷风、火焰龙卷风、冰雹、风雹、霜冻、暴雨、暴雪、冻雨、大雾、大风、结冰、霾、雾霾、浮尘、扬沙、沙尘暴、雷电、雷暴等。作为大学生,掌握自然灾害的成因及如何防范自然灾害的发生,并了解灾后如何自救互救,做到正确应对,以减少伤亡、减轻受灾程度是十分迫切且必要的。

一、地震概述与应急措施

地震又称地动、地振动,是地壳快速释放能量过程中造成振动,期间会产生地震波的一种自然现象。地震常常造成严重人员伤亡,能引起火灾、水灾、有毒气体泄漏、细菌及放射性物质扩散,还可能造成海啸、滑坡、崩塌、地裂缝等次生灾害。

(一)地震类型

地震有多种划分标准,可以按照形成的原因、震源深度的标准分为不同的类型。

1. 按地震形成的原因分类

(1)构造地震:由于地下深处岩层破裂、错动所形成的地震。这类地震发生的次数最多,约占全球地震总数的90%以上,破坏力也最大。

(2)火山地震:由于火山作用、岩浆活动、气体爆炸等引起的地震。火山地震一般影响范围较小,发生的次数也较少,约占全球地震总数的7%。

(3)陷落地震:由于地层陷落引起的地震。如地下溶洞支撑不住顶部的重量时,就会塌陷引起振动。这类地震更少,约占全球地震总数的3%,引起的破坏也较小。

(4)诱发地震:在特定的地区因某种地壳外界因素诱发(如陨石坠落、水库蓄水、深井注水)而引起的地震。

2. 根据震源深度进行分类

(1)浅源地震:震源深度小于60千米的地震,大多数破坏性地震是浅源地震。

(2)中源地震:震源深度为60~300千米。

(3)深源地震:震源深度在300千米以上的地震,到目前为止,世界上记录到的最深地震的震源深度为786千米。

一年中,全球所有地震释放的能量约有85%来自浅源地震,12%来自中源地震,3%来自深源地震。

(二)地震的成因

地球可分为三层:中心层是地核,中间是地幔,外层是地壳。地震一般发生在地壳之中。地壳主要由七大板块构成,即欧亚板块、太平洋板块、北美板块、南美板块、印度板块、非洲板块和南极板块。这些板块在地幔上每年以几厘米到十几厘米的速度进行漂移运动,板块与板块的交界处相互挤压碰撞,由此而产生力的作用,使地壳岩层变形、断裂、错动,这就是发生地震的主要原因。

(三)地震灾害的特点

1. 地震成灾具有瞬时性

地震在瞬间发生,地震作用的时间很短,最短十几秒,最长两三分钟就造成山崩地裂,房倒屋塌,使人猝不及防、措手不及,人类辛勤建设的文明在瞬间毁灭。地震爆发的当时人们无法在短时间内组织有效的抗御行动。

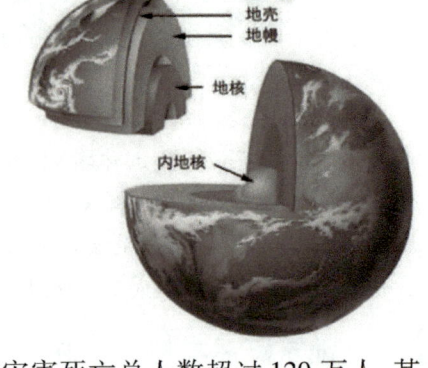

2. 地震造成伤亡大

地震使大量房屋倒塌,是造成人员伤亡的元凶,尤其是一些地震发生在人们熟睡的夜间。据1988年"国际减轻自然灾害十年"专家组的不完全统计,20世纪全球地震灾害死亡总人数超过120万人,其中伤亡人数最多的是1976年7月28日我国唐山7.8级大地震,死亡24.2万余人,重伤16.4万余人。1900~1986年间地震死亡人数占所有自然灾害死亡人数的58%,其中,中国的地震死亡人数最多,占42%,这主要是因为以前中国的房屋抗震能力差,人口密集。统计表明,约60%的死亡是抗震能力差的砖石房屋倒塌造成的。

3. 次生灾害严重

地震还易引起火灾、海啸、瘟疫、滑坡和坍塌、有毒有害气体扩散等次生灾害。在强烈地震时,尤其是现代化的大城市地区的地震,其火灾往往比地震本身还可怕。

案例引导

5·12汶川地震

5·12汶川地震,发生于北京时间2008年5月12日(星期一)14时28分04秒,根据中华人民共和国地震局的数据,此次地震的面波震级里氏震级达8.0Ms,矩震级达8.3Mw(根据美国地质调查局的数据,矩震级为7.9Mw),地震烈度达到11度。地震波及大半个中国及亚洲多个国家和地区,北至辽宁,东至上海,南至中国香港、中国澳门、泰国、越南,西至巴基斯坦均有震感。

5·12汶川地震严重破坏地区超过10万平方千米,其中,极重灾区共10个县(市),较重灾区共41个县(市),一般灾区共186个县(市)。截至2008年9月18日12时,5·12汶川地震共造成69227人死亡,374643人受伤,17923人失踪,是中华人民共和国成立以来破坏力最大的地震,也是唐山大地震后伤亡最严重的一次地震。

经国务院批准,自2009年起,每年5月12日为全国"防灾减灾日"。

4. 社会影响深远

由于大地震突发性强、伤亡惨重、经济损失巨大，往往会产生一系列连锁反应，对一个地区甚至一个国家的社会生活和经济活动造成巨大冲击，因此必然会引起社会、政府乃至国际上的高度重视。同时，一次地震的破坏区域虽然有限，但有感范围却很大，波及面广，对人们心理上的影响也比较大，这些都可能造成深远的社会影响。

5. 防御难度大

与洪水、干旱、台风等气象灾害相比，地震灾害的预测要困难得多。同时，建筑物抗震性能的提高，需要大量资金的投入，这也不是短时期能够做到的。要减轻地震灾害，需要各方面的协调和配合，需要全社会长期艰苦细致的工作。因此，对地震灾害的防御，比起其他灾害来说，更困难一些。

（四）地震预警现象

地震的预警现象、预警时间和避震空间的存在，是人们震时能够自救求生的客观基础，只要掌握一定的避震知识，事先有一定准备，震时又能抓住预警时机，选择正确的避震方式和避震空间，就有生存的希望。地震预警现象主要有地声、地光和地颤动等。在地震前数分钟、数小时或数天，往往有声响自地下深处传来，人们习惯称之为"地声"。

【知识延伸】

地震前兆

地震前兆指地震发生前出现的异常现象，岩体在地应力作用下，在地应力应变逐渐积累、加强的过程中，会引起震源及附近物质发生如地震活动、地表的明显变化，以及地磁、地电、重力等地球物理异常，地下水位、水化学、动物的异常行为等。

1. 水异常

地下水包括井水、泉水等。主要异常有发浑、冒泡、翻花、升温、变色、变味、突升、突降、泉源突然枯竭或涌出等。人们总结了震前井水变化的谚语："井水是个宝，前兆来得早。……无雨水质浑，天旱井水冒。……水位变化大，翻花冒气泡。……有的变颜色，有的变味道。"

2. 生物异常

伴随地震而产生的物理、化学变化，往往能使一些动物的某种感觉器官受到刺激而发生异常的反应，而且许多动物的某些器官感觉特别灵敏，它能比人类提前知道一些灾害事件的发生，如海洋中水母能预报风暴，老鼠能事先躲避矿井崩塌或有害气体的侵入等；地震前地下岩层早已在逐日缓慢活动，呈现出蠕动状态，而断层面之间又具有强大的摩擦力，这种低于人的听觉所能感觉到的低频声波，会使动物惊恐万分、狂躁不安，以致出现冬蛇出洞、鱼跃水面、猪牛跳圈、在浅海处见到深水鱼或陌生鱼群、鸡飞狗跳等异常现象。

3. 气象异常

人们常形容地震预报科技人员是"上管天，下管地，中间管空气"，这的确有道理。地震之前，气象也常常出现反常。主要有震前闷热，人焦灼烦躁，久旱不雨或阴雨绵绵，黄雾四散，日光晦暗，怪风狂起，六月冰雹（飞雪）等。

4. 地光异常

地光异常指地震前来自地下的光亮，其颜色多种多样，可见到日常生活中罕见的混合色，如银蓝色、白紫色等，但以红色与白色为主；其形态也各异，有带状、球状、柱状、弥漫状等。

5. 地气异常

地气异常指地震前来自地下的雾气，又称地气雾或地雾。这种雾气，具有白、黑、黄等多种颜色，有时无色，常在震前几天至几分钟内出现，持续几秒钟，常伴随怪味，有时伴有声响或带有高温。一般地光出现的范围较大。

6. 地动异常

地动异常是指地震前地面出现的晃动，科学上称为前震。前震的定义是：所有先于最大震级的震动都称作前震。

7. 地鼓异常

地鼓异常指地震前地面上出现鼓包。

8. 电磁异常

电磁异常指地震前家用电器如收音机、电视机、日光灯等出现的异常。最为常见的电磁异常是收音机失灵，在北方地区日光灯在震前自明也较为常见。1976年7月28日唐山7.8级地震前几天，唐山及其邻区很多收音机失灵，声音忽大忽小，时有时无，调频不准，有时连续出现噪音。同样是唐山地震前，市内有人见到关闭的荧光灯夜间先发红后亮起来，北京有人睡前关闭了日光灯，但灯仍亮着不息。电磁异常还包括一些电机设备工作不正常，如微波站异常、无线电厂受干扰、电子闹钟失灵等。

（五）地震时的应急防震工作

1. 室内应急防震行动

防地震伤害主要是防震坏建筑物及震落物品的砸伤。如果有临震预报，就可按政府通告行动，离开建筑物。但在多数情况下，地震是突然发生的。在12秒钟之内通过自己的应急行动，要得到最好的防护效果。其办法是：一旦发生地震，如在家里，应立即关闭煤气和电闸，将炉火扑灭。若住在平房，且离门很近，则应冲出门外；如住在楼房，可以躲到结实的床、桌下，或躲进跨度较小的房间，如卫生间或厨房，或设支撑三角形空间。要注意保护头部，以防异物砸伤；要用口罩捂住嘴和鼻子，身体取低位。注意千万不要跳楼、跳窗，以免摔伤或被玻璃扎伤；不要上阳台，不要去乘电梯，不要下楼梯，不要到处跑，不要随人流拥挤，这些地方容易崩塌垮掉、发

安全提示

地震避险"三字经"

地震来，忌外跑，三角地，就近找；家首先，卫生间，次安全，厨房间，第三名，承重墙，第四名，实木床。办公室，君莫忘，最安全，电梯旁，混凝土，有保障；次安全，柱子旁，材质好，承重强；第三名，卫生间，第四名，桌椅旁。不近火，近水好，若被困，敲管道。

生挤压踩伤。特别是对于有感地震,尤其要防止盲目行动,要听从指挥,否则会造成更大的损失。

2. 室外人员的应急防震行动

地震发生时正在室外的人员,应双手交叉放在头上,最好用合适的物件罩在头上、跑到空旷的地方去。注意避开高大的建筑物,特别是有玻璃墙的高建筑物、烟囱、水塔、广告牌、路灯、大吊车、砖瓦堆、水泥预制板墙、油库、危险品仓库、立交桥、过街天桥等。还要注意避开危旧房屋、狭窄的街道等危险之地。此时人员可以进入路旁大楼里,以免砸伤。

地震时正在郊外的人员,应迅速离开山边、水边等危险地,以防滑坡、地裂、涨水等突发事件。骑车的下车,开车的停下,人员靠边行走。收听关于震情和行动指南的广播。

 **安全提示**

避震常识

震时是跑还是躲,我国多数专家认为:震时就近躲避,震后迅速撤离到安全地方,是应急避震较好的办法。避震应选择室内结实、能掩护身体的物体下(旁)、易于形成三角空间的地方,开间小、有支撑的地方,室外开阔、安全的地方。

一次大震的持续震动时间很短,而且由于剧烈的地面颠簸使人站立不稳,此时最好就近寻个安全角落,如床下、桌下和小跨间房屋,伏在地上,注意保护头部和脊柱,等待震动过去再迅速撤离到安全地方。躲避时应注意远离大镜子、玻璃窗及易掉落的悬挂物。

从人们感受到地震,到房屋倒塌破坏十几秒钟。其中,包括地震波由弱变强和房屋由震到塌的时间。对于居住在楼房内的居民应在室内择地躲藏;居住在平房等简易处的居民,可以根据情况决定就地躲避或是离开。

所有室内人员在初震过后,都要尽快撤出,在广场、公园等地,以避余震。在地下商场时一定要听从现场工作人员的指挥,千万不要慌乱拥挤,应避开人流,防止摔倒;并要把双手交叉放在胸前,保护自己,用肩和背承受外部压力。随人流行动时,要避免被挤到墙壁或栅栏处;要解开衣领,保持呼吸畅通。也可躲在柜台、框架物中,蹲在内墙角及柱子边,护住头部。

若在电影院、体育馆等地方,可就地蹲在排椅下,用书包等物保护头部,注意避开吊灯、电扇等悬挂物。人防工程防地震的效果极好,已为唐山、包头地震实践所证明。所以只要来得及,就可以进入人防工程或地下室。因为地震对城市建筑物的破坏和核爆炸冲击作用有许多相同之处,防护原理和防护方法也很相似。在行驶的公交车、汽车上,要抓牢扶手,低头,以免摔倒或碰伤;可降低重心,躲在座位附近,以防发生意外事故。要等车停稳、地震过去之后再下车。司机要关好车窗,不锁车门,车钥匙应留在车上,并和同车人一起行动。

二、气象灾害的防范

（一）防范雷电灾害

雷电是一种自然现象,地球每秒钟就有15次雷电发生。据统计,我国每年因雷电灾害导致伤亡的人数在1万人以上。与其他机构相比,学校开阔地较多,防雷电设施建设良莠不齐,有必要加强防范雷电灾害的教育。

案例引导

重庆开县雷击学校事件

重庆市开县义和镇兴业小学曾突然遭到雷击,该雷击造成该小学四、六年级学生伤亡46人,其中造成7名学生死亡,重伤19人,轻伤20人。事后防雷专家勘查现场发现,教室没有防雷措施,当遭受雷击时,高达上万伏的雷电压击向学生,坐在靠墙和带铁条窗口位置的学生承受了最高电压,受到的冲击和伤害最大,坐在教室中间的,则幸免于难。

1. 雷雨天气的禁忌

雷电全年都会发生,但强雷多发生在春夏之交和夏季。由于雷击具有一定的选择性,因此提高防雷意识,首先应该熟记雷雨天气的禁忌。

（1）雷雨天气尽可能避免外出,如果留在室内则要关闭门窗,不要洗澡,不靠近外墙和电气设备,不触摸水管、煤气管等金属管道,不接打电话。

（2）外出时遇雷雨,应尽量避免在旷野中或躲入没有避雷设施的低矮棚屋;行走时避开潮湿处和金属井盖,不要在空旷区域打雨伞、扛球拍和劳动工具等;如雷声就在附近应停止奔跑或行走,双脚并拢下蹲,待雷声远去再寻找避雨地点;如遇雷电时正在游泳或在划船,应立即上岸,也不要停留在水陆交界处。

（3）身处户外时尽可能不在大树下和旗杆、烟囱、电线杆等孤立高耸物体旁避雨。如果万不得已需要在大树下停留,必须与树身和枝叶保持2米以上的距离,尽可能下蹲并把双脚靠拢,降低身体有效高度并预防跨步电压的危害。

2. 雷击伤亡急救

一般情况下,雷电击中人体时,电流流经人体的时间仅是几毫秒。因此当有人不幸遭到雷击,最要紧的就是迅速抢救,通常比较切实可行的办法是进行人工呼吸和心脏按压。大量的雷击抢救实践证明,有一部分遭到雷击后呈现死亡状态的人还未真正死亡,及时采取正确的抢救措施,往往可以起死回生,这就是人们通常说的雷击"假死"现象。

(1)熟悉并掌握人工呼吸与心肺复苏的操作方法。坚持实施这些力所能及的现场急救措施的同时,还应立即呼叫120急救中心,将伤员送往医疗机构,请专业人员施救。

(2)如在雷雨中无法避免地处于不利地势,要保持冷静,迅速除下身上的金属物品;如感觉到头发竖起或身上有窸窣的、类似虫蚁爬走的感觉,可能要遭遇雷击,应该立即趴在地上,降低高度,避免成为雷击范围内的突出目标;如与多人共处,不要挤靠在一起,应保持距离,避免被雷击中后电流互相传导。

(二)沙尘暴

沙尘暴是沙暴和尘暴二者的总称,是指强风把地面大量沙尘卷入空中,使空气特别浑浊,水平能见度低于1千米的天气现象。其中沙暴指大风把大量沙粒吹入近地层所形成的挟沙尘暴;尘暴则是大风把大量尘埃及其他细粒物质卷入高空所形成的风暴。

我国西北地区由于独特的地理环境,是沙尘暴频繁发生的地区,主要源地有古尔班通古特沙漠、塔克拉玛干沙漠、巴丹吉林沙漠、腾格里沙漠、乌兰布和沙漠和毛乌素沙漠等。沙尘暴天气是我国西北地区和华北北部地区出现的强灾害性天气,可造成房屋倒塌、交通供电受阻或中断、火灾、人畜伤亡等,污染自然环境,破坏作物生长,沙尘暴给国民经济建设和人民生命财产安全造成了严重的损失和极大的危害。

1.沙尘暴的预防

要及时了解气象信息,平时家庭要做好防风防沙的各项准备。室内可以使用加湿器,以及洒水、用湿抹布拖地等方法,以保持空气湿度适宜,同时妥善安置易受沙尘暴损坏的室外物品。发生强沙尘暴时不宜出门,尤其是老人、儿童及患有呼吸道过敏性疾病的人。在大风干燥多尘的天气里,平时可以口含润喉片,保持咽喉凉爽舒适;滴几次润眼液以免眼睛干燥;有出鼻血的情况可以经常在鼻孔周围抹上几滴甘油,以保持鼻腔的湿润。

2.沙尘暴的应对

在室内遭遇沙尘暴应及时关闭门窗,必要时可以用胶带对门窗进行密封,关闭电视、风扇等家用电器。尘沙干燥天气容易出现唇裂、咽喉干痒、鼻子"冒烟"等情况,应多饮粥类、汤类、茶水、果汁,以增加机体的水分含量,补充丢失的水分,加快体内各种代谢废物的排出。

沙尘暴天气,应减少外出,必须外出时,最好戴上口罩、防尘眼镜,穿戴防尘手套、鞋袜、衣服;也可以用湿毛巾、纱巾等保护眼、口、鼻,以免沙尘侵害眼睛和呼吸道。如果在室外遭遇沙尘暴,应及时到商店、餐馆等安全处。不要躲在广告牌、土墙、大树等易刮倒的设施旁。在野外,可用衣服蒙住头,以免吸入空气中的沙尘或被大风卷起的东西砸伤,同时蹲下身子,尽可能抓住牢固的物体。遇到强沙尘天气时,骑车的同学不要赶路,应把车停在安全的地方,等狂风过后再行驶。

【知识延伸】

沙尘暴的形成原因

强风、强热力不稳定和沙源分别作为动力因子和物质基础,是沙尘暴形成的三个重要条件。

1. 自然条件

有利于产生大风或强风的天气形势,有利的沙、尘源分布和有利的空气不稳定条件是沙尘暴形成的主要原因。强风是沙尘暴产生的动力,沙、尘源是沙尘暴产生的物质基础,不稳定的热力条件是利于风力加大、强对流发展,从而夹带更多的沙尘,并卷扬得更高。除此之外,前期干旱少雨,天气变暖,气温回升,是沙尘暴形成的特殊的天气背景;地面冷锋前对流单体发展成云团或飑线是有利于沙尘暴发展并加强的中小尺度系统;有利于风速加大的地形条件即狭管作用,是沙尘暴形成的有利条件之一。土壤、黄沙主要成分是硅酸盐,当干旱少雨且气温变暖时,硅酸盐表面的硅酸失去水分,这样硅酸盐土壤胶团、砂粒表面就会带有负电荷,相互之间有了排斥作用,成为气溶胶不能凝聚在一起,从而形成扬沙即沙尘暴。沙尘暴本质上是带有负电荷的硅酸盐气溶胶。

2. 环境因素

土壤风蚀是沙尘暴发生发展的首要环节。风是土壤最直接的动力,其中气流性质、风速大小、土壤风蚀过程中风力作用的相关条件等是最重要的因素。另外,土壤含水量也是影响土壤风蚀的重要原因之一。植物通常以分散地面上一定的风动量,减少气流与沙尘之间的传递,阻止土壤、沙尘等的运动这三种形式来影响风蚀。

3. 人为因素

沙尘暴发生不仅是特定自然环境条件下的产物,而且与人类活动有对应关系。人为过度放牧、滥伐森林植被,工矿交通建设尤其是人为过度垦荒破坏地面植被,扰动地面结构,形成大面积沙漠化土地,直接加速了沙尘暴的形成和发育。

4. 气象因素

沙尘暴的形成以东亚特殊的大气环流为背景,并与冬季风紧密联系在一起,它的发生主要与冬半年西伯利亚——蒙古高压驱动下的冷锋过境有关,属冷锋型沙尘暴。

(三)雾霾

雾霾,是雾和霾的组合词。雾霾常见于城市。中国不少地区将雾并入霾一起作为灾害性天气现象进行预警预报,统称为"雾霾天气"。雾霾是特定气候条件与人类活动相互作用的结果。高密度人口的经济及社会活动必然会排放大量细颗粒物(PM2.5),一旦排放超过大气循环能力和承载度,细颗粒物浓度将持续积聚,此时如果受静稳天气等影响,极易出现大范围的雾霾。

1. 雾霾的组成部分

霾是由空气中的灰尘、硫酸、硝酸、有机碳氢化合物等粒子组成的。它能使大气浑浊、视野模糊并导致能见度恶化，如果水平能见度小于10000米时，将这种非水成物组成的气溶胶系统造成的视程障碍称为霾或灰霾。

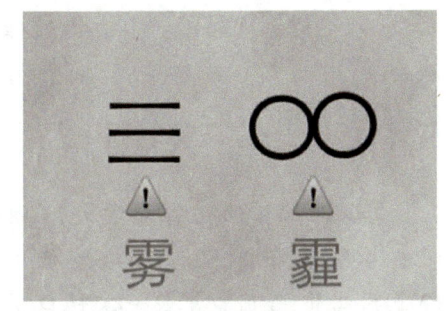

二氧化硫、氮氧化物及可吸入颗粒物这三项是雾霾的主要组成物质，前两者为气态污染物，最后一项颗粒物才是加重雾霾天气污染的罪魁祸首。它们与雾气结合在一起，让天空瞬间变得灰蒙蒙的。颗粒物的英文缩写为PM，北京监测的是PM2.5，也就是空气动力学当量直径小于等于2.5微米的污染物颗粒。这种颗粒本身既是一种污染物，又是重金属、多环芳烃等有毒物质的载体。

霾粒子的分布比较均匀，而且灰霾粒子的尺度比较小，从0.001微米到10微米，平均直径在1~2微米，肉眼看不到空中飘浮的颗粒物。由于灰尘、硫酸、硝酸等粒子组成的霾其散射波长较长的光比较多，因而霾看起来呈黄色或橙灰色。

2. 雾霾的形成要素

雾霾的源头多种多样，如汽车尾气、工业排放、建筑扬尘、垃圾焚烧，甚至火山喷发等，雾霾天气通常是多种污染源混合作用形成的。急剧的工业化和城市化导致能源迅猛消耗、人口高度聚集、生态环境破坏，都为雾霾天气的形成埋下了伏笔。但各地区的雾霾天气中，不同污染源的作用程度各有差异。

雾霾的形成既有"源头"，也有"帮凶"，这就是不利于污染物扩散的气象条件，一旦污染物在长期处于静态的气象条件下积聚，就容易形成雾霾天气。雾霾形成有以下三个要素。

一是生成颗粒性扬尘的物理基源。我国有世界上最大的黄土高原地区，其土壤质地最易生成颗粒性扬尘微粒。

二是运动差造成扬尘。例如，道路中间花圃和街道马路牙子的泥土下雨或泼水后若有泥浆流到路上，一旦干涸后，被车轮一旋就会造成大量扬尘，即使这些颗粒性物质落回地面，也会因汽车不断驶过，被再次甩到城市上空。

三是扬尘基源和运动差过程集聚在一定空间范围内，颗粒最终与水分子结合集聚成霾。目前来看，在我国黄土高原地区350多座城市中，雾霾构造三要素存量相当丰裕。

3. 雾霾的防范

(1) 在雾霾天气时应尽量减少出门，外出时要戴口罩，回家后要深度清洁皮肤和头发。

(2) 饮食清淡，多喝水，平常可多泡饮菊杞茶这类中医茶饮，以预防疾病，还可多食用水果。

(3) 适量补充维生素D，多吃豆腐、雪梨等食物。

(4) 避免在雾霾天进行户外锻炼。可以改在太阳出来后再锻炼，也可以改为室内锻炼。

（5）雾霾天气少开窗。可以选择中午阳光较充足、污染物较少的时候短时间开窗换气。

（6）尽量远离马路。上下班高峰期和晚上大型汽车进入市区这些时间段,污染物浓度最高。

【知识延伸】

口罩

雾霾对人体的伤害非常大,我们在雾霾天外出时要尽量戴好口罩,现如今市场上销售的口罩有PM2.5口罩、普通口罩及一次性口罩,下面我们具体了解一下这些口罩。

PM2.5口罩是指能有效过滤PM2.5微粒的口罩,口罩的密闭性决定了滤过悬浮颗粒分子能力。能够有效过滤空气中的隐形杀手——雾霾、病毒、细菌、尘螨、花粉等微小颗粒,适用于空气质量较差的环境。PM2.5口罩的基本结构是外层为一个抗菌的面料,材质为碳纤维毡垫、高分子织物、无纺布等;中间层是保暖的填充物;最下面一层是PM2.5的滤片,滤片中间加入了无粉尘颗粒活性炭,滤片经过纳米银杀菌剂的处理,滤性在95%到99%左右。专业的PM2.5防护口罩如N95、N99口罩等,使用两天后就要更换新的,否则不能很好地起到防护作用。此外,此类口罩不适宜长时间佩戴,因其密闭性好,容易使人出现呼吸不畅、缺氧等状况。

普通口罩内侧插入具有防PM2.5、防尘、防病菌等功能的滤片,滤片一般为一次性的,一般佩戴时间为8至10天(每天按照8小时计算),如果滤片上出现污点应立刻更换。

一次性口罩有上、下之分,带有鼻夹的为上方,戴上口罩后,将鼻夹捏紧,与皮肤紧密接触,防止污染的空气进入口鼻。不要重复使用一次性口罩,一般4小时应更换一次。

第三节 大学生群体性突发事件

近年来,随着全国各大高校办学规模扩张,招生人数逐年增长,高校的有效性管理面临新的挑战,大学生群体性突发事件也愈来愈多,如何科学预防和妥善处置此类事件成为各大高校面临的难题之一,对于和谐校园的建设显得至关重要。怎样正确疏导学生的心理障碍,使他们在和谐有序的校园中学习,并能正确应对外界环境的影响,成为一个值得深入思考的问题。下面将通过剖析高校群体性突发事件产生的原因,提出科学的预防措施及合理有效的处置方案,以期实现和谐校园建设的目标。

一、高校群体性事件的概念

根据西方学者的观点,群体性事件是一种集群行为。美国社会学家戴维波·普诺指出:集群行为是指在相对自发、不可预测、无组织的及不稳定的情况下对某一共同影响或刺激产生反应的行为。中国行政管理学会课题组将其定义为由部分公众参与形成的,有一定组织目的的,集体上访、集会、阻塞交通、围堵党政机关、静坐请愿、聚众闹事等群体活动,并对政府管理和社会造成影响的行为。

高校群体性事件则是在大学校园里聚众实施的、有一定组织目的的、对教学管理秩序和社会基本价值产生严重负面影响的集群行为。其特征有以下三点。

（1）发生在高等院校内。高校作为相对独立的社会元素,在市场经济的冲击下,越来越多地走向市场、走向社会,导致高校出现众多安全隐患和不稳定因素。高校群体性事件的爆发正是社会矛盾在高校激化的反映。

（2）是有一定的组织性和目的性的群体行为。高校群体性事件往往由人为因素引起,涉及一定的利益诉求,在经济或政治利益的驱动下,行为人会组织、发动高校师生或一定的社会群众参与其中。

（3）从行为后果上看,主要是对校园的安全稳定产生严重威胁。行为人采取围堵学校办公大楼、阻止学生上课、破坏学校教育教学设施或者进行示威、游行、抗议、声讨等体制外方式来实现其利益要求,不仅阻碍了和谐校园的建立,也对我国的法治建设产生了极大冲击。

二、高校群体性事件的类型

目前的高校群体性事件主要有以下几种类型。

1. 基于社会热点和国际问题引发的政治类群体性事件

高校学生具有朴素的爱国热情和参与国家大事的强烈愿望,但在校大学生的世界观尚未完全形成,政治辨别力不强,这种矛盾的存在往往使高校学生的政治参与发生偏差,甚至演变为带有一定社会危害性的群体性事件。

社会主义市场经济和政治民主化激发了高校知识分子这一群体的民主意识和参与热情,但要警惕少数别有用心的国家在意识形态、价值观念等方面对我国展开和平演变,人为地放大中国社会一些深层次矛盾,使其成为颠覆人民政权的借口。

2. 基于学生需求不能充分满足的利益类群体性事件

高等教育大众化以后,学生缴费上学,高校与学生形成契约关系,一些高校不能兑现招生时的承诺,不能满足学生及其家长对学校的教学质量、培养方案、后勤服务等提出的要求,由此发生利益冲突,引发群体性事件。

> **案例引导**
>
> **高校与学生纠纷事件**
>
> 曾有一高校学生因学籍与学制问题与校方产生意见分歧,在学生要求没有得到满足的情况下,数百名学生聚集在一起,打砸学校教学楼、宿舍、食堂,砸坏汽车,焚烧窗帘被服。

3. 基于高校突发事故引发的复合类群体事件

高校突发事故指高校中由于偶发性因素引起的突然发生的并严重影响学校正常工作、生活、教学和科研秩序,需要采取特殊措施应对的紧急事件。从性质上可分为自然灾害、事故灾难、公共卫生事件、社会安全事件等,主要集中在群体性行动、心理疾患、校园安全与事故等方面,尤其是学生意外死亡极易引发群体性事件。

意外死亡,是指突发疾病或非因疾病原因造成的车祸、工伤、自杀及其他意外原因所致的死亡,其中自杀是大学生意外死亡的主要形式。据一项确切的统计数据显示,2008年,仅教育部直属高校就发生63起大学生自杀事件,达到历史顶峰。有关数据也表明,自杀已经取代突发疾病和交通意外成为大学生意外死亡的第一大原因。

高校学生思维活跃,但心智并不成熟,如对突发事故的处置和善后工作不满,容易激愤,产生过激行为,并可能在学生大众中形成认同感,引发群体性事件,往往表现为在学生被杀或遭遇交通事故后,其他学生情绪激动要求严惩凶手或肇事者;或是学生自杀或猝死后,死者家属不满学校处理方式和结果,从而煽动众人向学校施压,讨要说法,在实践中尤以后一种表现形式居多。这类群体性事件的发生,有更多的社会因素掺杂其中。大学生背负全家的寄托,父母对其花费了大量的心血,学生意外死亡,对家庭是一个巨大的打击,不管学校是否承担责任,对未来的不可预期(无人养老)、悲痛的心情无处发泄、"越闹越有"的社会示范使得一些学生家长通过聚众、施压的手段质疑学校的安全管理隐患或索要最大化的利益补偿。

三、高校群体性突发事件的预防和处置

高校群体性突发事件具有不确定性、突变性、复杂性等特点。许多大学生群体性突发事件是可控、可防的,因此,高校应高度重视群体性突发事件的预防工作。要构建预防体系,建立预警机制,加强教育管理。大学生面对群体性突发事件发生时,高校如果应对及时,处置得当,就可能化解危机。高校应增强对大学生应对教育必要性的认识,加强大学生心理健康教育和心理辅导工作,积极开展旨在提高大学生应对能力的专题训练,重视对大学生应对教育的研究等。

（一）科学的预防措施

针对高校群体性突发事件时而发生的现状,要想杜绝此类事件的发生,除了在教训中总结经验外,更应该做好提前的科学预防措施。

1. 高校应加强管理,正确引导

学校应该加强管理,加大对学生的心理辅导,引导他们正确地看待一些社会问题。虽然大学生已是成年人,但这并不代表他们的心智也已经成熟,进入大学校园,没有了中学时代的约束,他们的生活更加自由,在开放式的管理下,如果不正确引导,很可能会出现一系列问题。所以学校应该开设一些心理课程,组建心理咨询室,对学生的心理问题进行分析和开导。对于一些社会热点问题,甚至是有争议性的话题不应该避而不谈,这样反而加重学生的怀疑心理,老师应该引导学生走出思维误区。有针对性的心理辅导和心智锻炼是有效防治群体性突发事件的重要一环。

2. 大学生应严格自律,自我调节心理

在平时的学习生活中,大学生要有主见,要用积极的心态去看待事情,如果以消极的心理去看待事情,社会就是充满阴暗和灰霾的。在大学生活中,大学生可以平时多培养一些业余爱好,可以通过阅读古今经典名著陶冶情操,可以结交一些良师益友,交流心得,在自己迷茫的时候寻求正确的帮助。最重要的防范还是自身的高要求,从自我做起,抵御外界不良因素的干扰,坚定理想信念,保持乐观上进的心态。

3. 媒体的规范性应该加强

某些情况下,媒体的鼓吹把小事夸大,掩盖了事情真相。大学生的活动圈有限,对外界的了解很大程度上依赖于媒体,他们认为的真相主要以媒体报道为主。青年人是很容易受到鼓动的。所以媒体市场的规范是势在必行的,媒体应该给大家的印象是理性、客观、真实的报道,给受众以正确的引导,为大家解除疑难困惑,而不是去煽动受众的情绪,从而引发社会动荡。

4. 政府应该加强宏观调控,解决一些切实存在的社会问题

例如,对于高校学生的培养要加大资金的补助,对于学校的后勤要加大补助,完善后勤保障体系,现在很多学生都对后勤的服务和设施不满,甚至有时会发生冲突,甚至是在学校出现停电停水等故障问题的时候,学生都会起哄不满,究其原因是对学校后勤的不满意,所以任何一点的闪失都会成为一个很大的问题。政府的宏观调控还应注重在缩小贫富差距的问题上,这是一个一直没能很好解决以至于容易引发一系列其他问题的关键。贫富之间的隔阂似乎越来越深,形成了两个鲜明的阶层,这在学校中也是存在的,所以很多社会问题也是在两个层次的对抗中体现出来的。

（二）合理有效的处置方案

对于已经发生的群体性突发事件的处理应该按照级别的严重程度来科学地处理,既不

能笼统也不能草率行事。对于重大事件的处置,如已经严重影响学校的正常秩序,要求当地主管教育的负责人应该马上深入学校了解具体情况,采取有效措施进行妥善处理,防治事态的蔓延和扩大。对于危及公共安全的个别人员,要报请公安机关,严格控制和监视。对于较大事件的处置,学校有关部门应该立即向学校应急小组报告情况,应急小组根据事件的原因,立即分析启动工作预案并立即报告省教育厅。对原因清楚的要立即处理问题,对原因不详的,要通过学院或者班主任向学生解释清楚,希望能够得到学生的谅解和支持。而对一般事件的处理,如贴大字报的现象,学校学生工作处和保卫科的人员及相关的学生会干部应该立即赶到现场,负责组织对事件原因的调查,及时消除可能诱发突发事件的苗头,处置不安全因素。

对于高校群体性突发事件,我们在了解其产生原因后,就应该采取相关的策略,从源头上遏制其发生,有针对性地提出切实可行的解决方案。我们应该深刻地认识到"凡事预则立,不预则废"的道理,科学地做好预防准备,以便在事态发生以后能够采取及时有效的措施把影响减小到最低。高校发生群体性突发事件引起了社会的广泛关注,能否有效地预防和妥善地处理高校群体性突发事件,建立健全良好的应急体系,对于建设和谐校园和维护社会稳定的作用是十分巨大的,所以无论是学生个人学校主管部门,还是社会大众及政府部门都应该认识到,在有效的方案措施的指导下减少高校群体性突发事件的工作是至关重要的。

第四节　高校突发公共卫生事件

公共卫生是关系到一国或一个地区人民大众健康的公共事业。公共卫生的具体内容包括对重大疾病尤其是传染病(如结核、艾滋病、SARS 等)的预防、监控和医治;对食品、药品、公共环境卫生的监督管制,以及相关的卫生宣传、健康教育、免疫接种等。例如,对 SARS 的控制预防治疗属于典型的公共卫生职能范畴。公共卫生是以保障和促进公众健康为宗旨的公共事业,旨在通过国家和社会共同努力,预防和控制疾病与伤残,改善与健康相关的自然和社会环境,提供预防保健与必要的医疗服务,培养公众健康素养,最终创建人人享有健康的社会。大学生是时代的先锋,是社会的精英,是社会主义事业的建设者和接班人,肩负着国家的未来和民族的希望,今天的中国,各大突发公共卫生事件已成为社会的一大难题,近年来,H7N9 型禽流感、含铬工业明胶药胶囊、双汇瘦肉精事件等大型突发公共卫生事件的频频爆发,极易使大学生产生恐惧、疑病、焦虑、紧张等负面情绪,从而给高校安全稳定工作带来巨大压力。因此,大学生该如何应对突发公共卫生事件,引起了广泛的关注和热议。

一、突发公共卫生事件的概念

突发公共卫生事件,是指突然发生,造成或者可能造成社会公众健康严重损害的重大传染病疫情、群体性不明原因疾病、重大食物和职业中毒及其他严重影响公众健康的事件。

案例引导

湖南娄底破获上亿元假减肥药案

湖南省娄底市曾披露一起案值亿元的假减肥药案。当地警方历时半年多侦查,在阿里巴巴大数据协助下,于豫、皖、湘三省捣毁了销售网络遍及20余省份的有毒有害假减肥药制售团伙。警方正在全力追缴流向全国的近百种"品牌"、十万余盒假减肥药,这些减肥药成本不足1毛钱,利润率却高得令人咋舌,接近9000%。

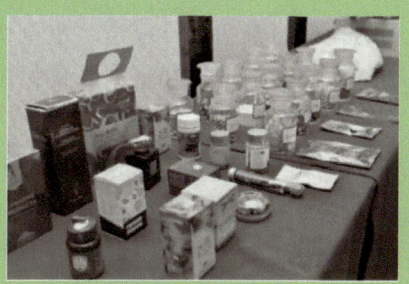

二、高校突发公共卫生事件的高风险状态

高校突发公共卫生事件较之其他公共卫生事件,处于更高的风险状态,这其中包含着三个方面的原因,即风险源头多、演化为危机的条件充分及风险持续时间长三个方面。

1. 高校突发公共卫生事件风险源头多

风险源头是风险产生的最初状态,是危机出现的根源。在高校,有多个公共卫生事件可能产生的风险源头,如食品需求集中度高致使食品流动频繁而需要监管的环节较多,某一环节出现问题都有可能发生食品卫生事件;另外,高校生源较广泛,来自不同区域,有可能因来自疫区的学生而造成高校公共卫生事件的爆发。

2. 高校突发公共卫生事件风险演化为危机的条件充分

公共卫生事件的爆发是公共卫生事件风险演化为危机的结果,只要风险演化为危机的条件成熟,就会较快爆发公共卫生事件。高校人口集中、流动性大,加之学生的社会经验不足、独立应对危机的能力不强,为公共卫生事件风险的传播及危机的扩张提供了便利的条件,致使风险演化为危机的速度加快,甚至可能因为学生处理手段不当而加重危机的扩张。

3. 高校突发公共卫生事件风险持续时间长

除风险源头与演化条件外,风险持续时间的长短也影响着风险的状态。而影响风险持续时间长短的因素主要包括活动主体的风险意识与应对能力。在高校突发公共卫生事件风险中,活动主体包括教职工与学生,然而,高校学生的流动性较高,每年都会有新学生进校。因此,活动主体风险意识与应对能力的欠缺促使风险持续时间较长,也造成了高校突发公共卫生事件的高风险状态。

三、高校突发公共卫生事件的特点

高校突发公共卫生事件与普通公共卫生事件相比,主要有以下特点:

1. 危机的高聚焦性与高关注度,社会影响大

高校作为公众心中人才的培养基地、象牙塔圣地及专家学者言论的发源地,具有高聚焦性,而目前高校毕业生就业问题、高校教育与管理问题及部分学术丑闻等将高校的被关注度再次提高。因此,一旦突发公共卫生事件,公众的目光直指高校的管理问题。例如,当卫生疾病防控部门查明甲肝疫情产生直接原因后,贵阳学院迅速通过相关网页发布公告,向外界及学院内部清晰地告知了甲肝疫情的相关信息,特别是疫情的控制进展情况,以安定人心,防止恐慌。

2. 风险演化为危机的速度快,预警时间短

高校突发公共卫生事件风险演化为危机的条件充分,导致风险演化为危机的速度加快。一旦突发公共卫生事件,其应对的预警时间较短。

3. 集体行动能力强,危机应对效率高

当高校学生共同面临着公共卫生事件危机的时候,集体行动能力很强。学校会立即调整教学安排,对健康学生采取相对隔离的措施,并通过各种措施把学生留在校园内,劝阻学生家长到校探视学生等。

此外,人口集中、范围不大,信息畅通、联系紧密,组织健全、动员迅速等,也是高校防范公共卫生突发事件的特点。

四、高校突发公共卫生事件的应对措施

1. 提高大学生心理应激水平

突发公共卫生事件所造成的心理危害是相当严重的,对这一问题的研究相当必要。大学生是蓄满知识和才华的社会发展栋梁,面对突发事件,心理应激水平已成为影响大学生活、学习的重要因素之一,大学生的心理应激水平在一定程度上预示着其是否会拥有美好的大学学习和生活。因此,要对大学生的心理应激水平进行系统研究,了解大学生心理应激基本状况,探索影响大学生心理应激水平的人格因素,做到有目的地加以引导,保证大学生身心健康成长,帮助大学生增强心理保健意识,提高高校心理健康教育工作水平,是相当必要的。

安全提示

高校应做到这四点

遇到公共卫生安全事件,高校应立即做以下工作:

一是不惜一切代价治疗患病学生。

二是定期对密切接触人群进行严密监测与筛查,防止疫情扩大。

三是全力做好家长情绪疏导和学生心理引导工作,减少对学生成长的影响,确保社会稳定。

四是全面加强传染病防控教育,增强全民防治意识。

2. 高校必须建立应激管理机制

管理机制,特别是突发公共卫生事件应激管理机制是现代社会发展的需要,一个安定和谐的社会离不开科学管理机制的建立,更何况一个突发公共卫生事件频繁的社会。今天,突

发事件已经给学校的大学生带来了诸多危害：学生们不能按时上课，不能与外界正常联系；学校的正常秩序被扰乱。学校要尽快理顺不正常的秩序，就急需构建相应的应激管理机制。目前，突发公共卫生事件应激管理已经被提上各高校议事日程。过去，各高校的领导者们习惯于常态管理，一旦遇到突发事件，仍然采用常态管理方式来解决问题，往往会错过应激和控制的最佳时机，使危机事件不能得到有效控制，进而给学校造成更多危害，制约了高校教育的稳定和发展。现在，为避免不必要的损失和影响，高校的管理者们就必须适应不断变化的新形势，建立应激管理机制，构建和谐校园，以确保高校稳定健康的发展。

3. 良好的社会支持

良好的社会支持，作为个体社会生活中一种重要的外部环境资源，影响着人们的身心健康行为模式。多数学者认为，良好的社会支持有利于健康，而劣性社会关系的存在则损害身心健康。所以，对贫困大学生和农村学生应当有更多的经济支持。当突发公共卫生事件发生时，贫困大学生不论是心理上的恐惧还是经济上的负担都会比一般学生要大得多，因此要加大对这个特殊群体的帮扶力度，从心理上对其劝慰，在经济上对其进行适当的补助，让他们在特殊的困难时期能安心地渡过危机，不影响其正常的学业。

4. 加大宣传力度，防患于未然

应充分利用报纸、电视广播、网络、宣传栏等多种形式，开展广泛的公共卫生知识宣传活动，强化广大师生防范突发公共卫生事件的忧患意识，普及卫生知识，了解预防食物中毒、环境污染、预防疾病等基本知识，掌握应对突发公共卫生事件的基本技能，提高在突发公共卫生事件中自我保护的能力。

5. 加强不同专业大学生应对突发公共卫生事件的能力培训

例如，对于文学专业的学生就主要对其进行语言上的疏导，培养他们的领导能力和宣讲能力，从而帮助和带动其他专业的学生一起走出危机和恐慌；对于新闻系的学生，则应该着重培养他们对事实的判断能力，学会利用自己所学的专业知识去客观看待问题，当突发性的公共卫生事件来临时，不要盲目地轻信一些社会上的不实谣言，否则会以讹传讹引发更大的心理危机，甚至会引起大规模的群体性事件；而对于理工科的学生，则应该培养其动手能力和野外生存能力，一旦发生突发事件需要在野外暂避或者考察，他们就该是学生们的领路人了。

6. 加强不同民族的情感交流和团结

大学具有很大的包容性和兼容性，汇聚了来自五湖四海、各个民族的学生，难免会有不同的处世观念，当突发公共卫生事件发生的时候，大学生们要抛开一切成见，彼此团结亲如一家，携手并肩共同应对危机事件。此外，学校还应该针对不同人格特质的大学生采取不同的保护机制。

【安全演练】

1. 当遇到沙尘暴时，你有哪些防范措施？
2. 请谈一谈发生地震灾害时，该如何保护自己。
3. 如何看待突发卫生公共事件？

第八章
修网德，善网行
——网络安全

网络是社会进步的产物，它以特有的形式和丰富多彩的内容，给大学生带来了思想观念、教育方式、社会角色、生活方式、交往方式等方面的改变，促进了教育社会化和大学生学习、生活及行为方式的社会化，与大学生结下了"不解之缘"。大学生通过互联网接触外界，了解事件的起因、经过以及社会动态，并在网络的影响下，逐步形成自己的世界观、人生观以及价值观。大学生作为新兴事物的积极体验者，既是使用网络人数最多的群体，也是使用网络最活跃的群体。然而，近年来，大学生网络安全问题频频出现，严重影响了大学生的健康成长。因此，了解网络安全知识，懂得如何趋利避害，显得尤为重要。

第一节 网络安全教育概述

一、网络安全的内涵

（一）网络安全的概念

网络安全是一个关系国家安全和主权、社会的稳定、民族文化的继承和发扬的重要问题。从技术角度看，网络信息安全与保密是一个涉及计算机科学、网络技术、通信技术、密码技术、信息安全技术、应用数学、数论、信息论等多种学科的边缘性综合学科。网络信息安全与保密的重要性有目共睹。特别是随着全球信息基础设施和各国信息基础设施的逐渐形成,国与国之间变得"近在咫尺"。网络化、信息化已成为现代社会的一个重要特征。网络信息本身就是时间,就是财富,就是生命,就是生产力。

实际上,网络安全并不仅仅是指对信息的保护,而应该是对信息系统的安全运行和对运行在信息系统中的信息进行保护(包括信息的保密性、完整性和可用性保护)的总称。信息系统的安全运行是信息系统提供有效服务(可用性)的前提,信息的安全保护主要是确保数据信息的保密性和完整性。网络安全涉及的领域很广,除了网络信息安全外,还包括网络行为安全等。

网络是一种新兴的科技,具有传统信息传递媒介所没有的优势。网络在现实生活中应用很广泛。尤其是对作为容易接受新鲜事物的大学生而言,网络给大学生的现实生活带来很大的便利,如大学生通过网络可以在数字知识库里寻找自己学业上、生活上的所需知识,并在网络上与人聊天交往,了解资讯,关注新闻动态等活动。今天的大学生在享用网络带来便利的同时,也正面临着网络安全问题的威胁。

(二)网络安全的特点

网络安全应该具有以下五个方面的特征。

(1)保密性。信息不泄露给非授权用户、实体或过程,或供其利用的特性。

(2)完整性。数据未经授权不能进行改变的特性,即信息在存储或传输过程中保持不被修改、不被破坏和丢失的特性。

(3)可用性。可被授权实体访问并按需求使用的特性,即当需要时能否存取所需的信息。例如网络环境下拒绝服务、破坏网络和有关系统的正常运行等都属于对可用性的攻击。

(4)可控性。对信息的传播及内容具有控制力。

(5)可审查性。出现安全问题时提供依据与手段。

二、网络安全教育的重要意义

(一)网络安全教育可以加深对网络的认识与了解,从而降低风险

大学生易受网络的侵害,归根结底是对网络安全的不了解,不懂得如何去规避网络的风险,对于那些充满诱惑同时又充满危险的网站,大学生出于好奇心,往往会选择点击进去,且这时期的多数大学生还没有具备成熟的心理,容易犯错。因此,积极开展网络安全教育,让广大的学生进一步认识网络、了解网络,不仅注重网络理论知识的宣传,同时注重学生个人实际操作能力,让大学生真正认识到网络安全的重要性。

安全提示

网络安全意识一定程度上比网络安全技术更重要

网络有风险,上网须谨慎。当前网民对网络存在风险这一事实已有整体觉察和认知,但在具体场景中的安全意识还有待加强。2017年国家网络安全宣传周期间,新华网发布网络调查《增强自我保护,你的网络安全意识如何?》,据调查结果显示,98%的网民认为网络安全非常重要,但在具体网络安全防护知识和技能的表现上却不尽如人意。调查结果显示,超过50%的网民对重要数据文件不进行加密处理,近50%的网民不知道使用陌生WIFI进行网购时存在风险,只有10%的网民定期更换网络账号密码。

(二)网络安全教育可以促进大学生合理上网,做到有秩有节

网络可以帮助大学生找到所需的学习资料以及放松方式,且有助于人与人之间的交流沟通。学习和上网关系处理得当,确实可以达到事半功倍的效果,而网络安全教育就是这两者之间的调节器,促进大学生合理运用网络,做到有秩有节,这也是网络安全教育存在的重要意义之一。

(三)网络安全教育是"素质教育"理念的体现

落实全面发展教育目标需要大学生重视网络安全,需要高校重视网络安全教育。培养大学生树立网络安全意识、网络安全观,培养网络安全责任,提升自身网络素质,是素质教育的重要方面。大学生既要接受专业课程的学习,又要扎实学习网络安全知识,不能偏废其一,这对于大学生从容应对网络上的各种诈骗、侵害有较好帮助。

三、大学生网络安全教育问题

互联网的发展和应用给人们带来了无数的便利和巨大的财富,有力地推动了人类社会的进步和繁荣,其影响已渗透到社会的各个方面。然而黑客对网络的攻击、计算机病毒对互联网的威胁,犯罪分子借助互联网进行的高科技犯罪,有害信息(反动、色情、赌博、暴力、非法、无聊、荒唐、封建迷信和欺诈性等信息)在网上的泛滥,计算机信息的窃取、改变、伪造以及互联网本身存在的问题等都严重影响到了人们的安全,网络安全也已涉及经济、政治、文化、军事等各个领域,大至国家、民族的兴衰,小到单位、个人的损失,其损失程度是无法用金钱来衡量的,网络安全问题日趋突出。

(一)高校自身网络安全的隐患

在高校内部,网络需要支撑大量计算机、服务器,甚至各类查询机等终端设备,这些设备分布在校园的各个角落,不同用户的不同操作习惯,以及用户的网络安全意识不尽相同,导致一旦出现网络安全问题,采取措施不及时,或者措施不得当,就会导致较为严重的安全事故。具体地讲,高校网络安全主要有以下几方面的隐患。

1.技术方面的安全隐患

高校信息化的发展速度远快于网络安全措施的发展,高校在搭建校园网络平台的时候

没有考虑到日益增长的网络应用需要,也没有将安全问题放在首位,一般都采用三层网络结构模型,主要是易于管理和维护,但是没有考虑到同一层的不同节点之间的隔离和扩展问题,对于安全方面的部署更是后续的问题。从结构安全上讲,网络出口的单一化设计,服务器的防护措施,和接入层认证系统的安全管理系统配套匹配等都将影响安全方面的问题。

2. 管理方面的安全隐患

宽泛地讲,高校信息化的推进,能满足高校师生对网络的需求,但很多高校又忽略了网络安全系统的需求。部分高校校园的网络安全缺乏相应的管理制度,使得图书馆和学校机房等公共资源平台上,不同师生的操作,有可能会导致信息丢失或者非法入侵,网络安全隐患问题更加突出。

另外,高校网络的安全隐患中,很大一部分是来于外部的威胁,以及外来人员利用校园网络所带来的一部分安全隐患。虽然网络安全防护软件和检测软件不断地发展,但是网络病毒仍然肆无忌惮地攻击校园网络。这些人为或者操作失误导致的威胁,对校园网系统造成的破坏还是极大的,严重影响了正常的教育教学秩序。

(二)高校网络安全教育不到位

网络安全已成为人们普遍关注的问题。大多数国家往往忽视网络安全教育,都以安全技术和法律作为网络的主要保护屏障,投入了大量的人力、物力进行技术开发和应用,以确保网络安全。但是由于技术和法律具有相对的滞后性,当发生网络安全事故时,危害已经造成。所以仅仅是技术上的防卫和法律的完善已难以适应日趋严峻的网络安全问题,网络安全教育显得十分重要和必要。然而,网络安全教育也是我国高校教育的薄弱环节。高校的网络安全教育普遍存在着认识不足、内容不全、形式单一等问题,有些高校虽然制定了各项管理制度,但宣传教育的力度不够,忽视网络安全教育给人才培养和高校稳定带来了极大损失,高校网络安全教育势在必行。

(三)大学生自身网络安全素质较差

大学生对网络的兴趣浓厚,但是他们在网上不知道怎样保护自己,网络安全素质较差,主要表现在以下方面。

(1)网络安全知识缺乏,不懂得什么是网络安全以及怎样防护。

(2)网络安全意识薄弱。大学生容易受到网上交流、传递的非法活动信息的鼓动和教唆,如网上黑客攻击网络的经验,很容易吸引大学生出于好奇而模仿,导致违法行为。近年来,大学生因有意无意访问色情网点,遭受"黄毒"侵害,甚至走上堕落和犯罪道路的案件时有发生。

(3)自我管理能力弱。对于网络安全大学生往往在思想上不够重视,他们在网上的语言毫无顾忌,想干什么就干什么,不加控制,不计后果,上网的时间毫无节制,明知不对但却经不住诱惑,不能完全控制自己的行为,这是大学生的普遍特点。

(4)网络安全防范能力差。许多大学生不懂得如何使用网络安全防范技术,不知道如何维护网络安全和保护自己不受侵害。加之大学生对计算机网络信息安全保密观念比较淡薄,对计算机网络保密重要性缺乏认识,对计算机网络泄密特点缺乏防范,涉及计算机信息领域泄密、窃密事件屡有发生。大学生因网上有害信息而受到伤害甚至违法犯罪的事件也不断出现,网上有害信息对大学生的危害日趋严重,这些情况必须得到严加对待。

【知识延伸】

网上个人信息的安全与防范

1. 采用匿名方式浏览网页

许多网站利用cookies跟踪网友的互联网活动,从而确定网友爱好。用户在使用浏览器时应关闭电脑接收cookies的选项,避免受到cookies跟踪。

2. 阅读网站的隐私保护政策

进行任何网上交易或发送电邮前,切记阅读网站的隐私保护政策。因为有些网站会将用户的个人资料卖给第三方。

3. 使用保安软件或安装防火墙

安装个人防火墙,防止个人资料和财物数据被窃取。及时升级是非常重要的一环,否则防火墙的作用就没有被完全发挥,被攻击的可能性依然很大。同时,还可以利用保安软件将重要资料保密,减少不慎把这些资料发送到不安全网站的可能性。

4. 采用安全方式网上购物

在网上购物时,确保已采用安全的链接方式,可以采用查看浏览器上方的闭锁图标的方法,确保链接是否安全。

5. 不要随意泄露密码等个人资料

黑客有时会假装成互联网服务供应商的代表,并询问客户的密码和个人资料,谨记上网时不要向任何人透露这些资料。

6. 关闭文件和打印共享功能

在不需要文件和打印共享时,关闭这些功能。文件和打印共享功能虽然非常有用,但也会将用户的电脑暴露给寻找安全漏洞的黑客。

7. 不要打开来自陌生人的电子邮件附件

这些附件可能包含木马程序,该程序让黑客长驱直入电脑文档,甚至控制外设,有些黑客甚至能潜入互联网照相机进行监视。

四、加强大学生网络安全教育的措施

保护大学生不受有害信息的腐蚀,已成为各国政府和民众的共识。我们期待技术的完善和法律、法规的健全,采取措施限制网上的绝对自由,净化网上信息。然而技术具有滞后性,但教育具有重要的预防性,所以我们要积极发挥教育的作用。高等学校是培养社会主义现代化事业建设者和接班人的摇篮,维护学校的稳定和学生的安全是高校管理的一项重要职责。面对安全工作的新形势,高校管理者和广大教育者不仅要加强网络安全建设,更要切实加强对学生的网络安全教育。

（一）坚持提高认识和健全队伍相结合

实施网络安全教育，要高度认识高等学校网络安全教育的重要性。实施安全教育是学校的基本责任，是对国家、对社会、对人民应尽的义务。首先在高校贯彻"谁主管，谁负责"的原则。高校党政领导要以"稳定压倒一切，安全重于泰山"的大局意识，在思想上给予高度重视，行动上给予大力支持。同时还应注意在教师、辅导员、学生干部中发现和培养一支适应时代要求、政治素质好、思想觉悟高，既具有宣传思想工作业务能力，又懂得信息网络技术的思想政治教育工作队伍，这支队伍要以高度的责任感和使命感，提高网络安全教育的针对性和有效性。

（二）坚持完善制度和严格管理相结合

大学生的网络安全教育和管理离不开网络安全制度的作用，完善的网络安全制度不仅是网络安全教育的重要内容，而且从制度上能落实网络安全教育，规范大学生的网络行为，培养学生良好的网络安全习惯。我们要根据国家安全法规精神和计算机网络特点，从学校的具体情况出发制定和不断完善各种网络安全管理制度，并且制订学生网络安全教育计划和措施，将网络安全教育工作制度化、规范化、经常化。对大学生的网络行为的管理可以从以下两个方面来考虑：一方面，学校尽可能杜绝网络垃圾进入学生视野。这可以通过"信息海关"、防火墙等方式阻止有害信息的进入，为大学生提供一个健康的网络环境。这种方法是被动的行为，从源头上尽可能地净化网络。另一方面，就是对大学生进行网络安全素质教育，通过网络法制、网络伦理的教育，使他们具备网络法制意识，遵守网络道德，树立正确的网络意识，自觉抵制网络垃圾的侵蚀，合理地利用网络资源。这种方法是一种主动的行为，从根本上禁止了有害信息的传播。

（三）坚持课程教学与日常宣传相结合

目前，随着电脑网络的日益发展，一些西方国家的高等学校已将网络道德教育纳入教育课程。而我国，在中小学已开设了计算机、网络课程，但是学的只是技术理论，基本不探讨网络道德问题和不进行网络安全教育，部分学生认为计算机网络与道德无关，网络的使用只是知识技术问题而不存在安全问题等。中学缺乏网络安全教育的隐患在大学期间显得更为严重。因此，高等院校应补上网络安全教育这一课，把网络安全知识纳入学校教学计划，从师资、教材、课时等方面给予保证；把网络伦理道德教育问题融入德育系统之中，以学生喜闻乐见的形式加强日常宣传教育，从而让大学生知道在互联网上什么可为，什么不可为，为网络安全构筑一道坚实的屏障，这也是当代社会发展向教育提出的新任务。

（四）增强师生防范能力，营造校园安全环境

高校师生不懂得网络安全技术，缺乏网络安全防范能力并不少见。虽然安全技术不能完全普遍有效地保障网络安全，但是安全技术在网络安全的预防和补救中的地位和作用是不可估量的。大多数老师和学生只是消极地、被动地应用一些抗病毒软件，这就使得许多网络安全技术手段缺乏实施的社会环

境,也使得不法分子对网络安全的攻击屡屡得手,加剧了高校网络安全的隐患。因此,维护校园网络安全,首先要为师生普及网络安全技术防卫知识,增强师生安全意识,树立积极、主动和自觉的安全态度,提高师生网络安全防范能力;其次是加强对各个单位机房、网站尤其是网吧的管理,强化对上网工作人员的管理、监督和教育,努力营造校园网络安全环境,维护高校稳定,促进学生全面成才。

第二节 谨防大学生网络道德失范

网络技术的发展给社会带来巨大便利的同时,也带来一系列网络安全问题,其中伦理道德问题就是其中之一,而大学生的网络伦理道德问题更是突出和重要,应该加以重视,并切实解决。

一、网络伦理道德认知

道德是以善恶评价的方式来调节人们行为规范的手段和人类自我完善的一种社会价值形态,它是一定社会生活的反映,是随着一定社会经济基础和社会生活的变化而变化的,网络道德亦不例外。

所谓网络伦理道德,是指网民利用网络进行活动和交往时所应遵循的原则与规范,以及在此基础上形成的新型伦理道德关系。与现实社会道德相比,网络道德是一种新的道德形态,它与现实道德既有紧密联系又有明显区别。现实社会道德规范是网络道德的基础。

网络道德是社会道德的延伸与拓展,是针对网上行为的特殊性而相应做出的对现实社会道德的细化和充实。网络道德除具有一般道德所具有的特性外,同时具有多元性、开放性、自主性等鲜明的特点。

二、大学生网络道德失范的表现

网络世界具有虚拟性,大学生在网络世界里更容易完全释放自己,将现实生活中的道德礼仪都抛在脑后。因此,各种各样违背网络道德的行为便随之发生,具体表现在以下几个方面。

(一)发表不当言论

由于网络的开放性、虚拟性,上网族可以匿名在网络上表达自己的观点和看法。如果没有较强的社会责任感,大学生就可以在不同的网站随意发表自己的观点,这种观点正确与否发表者本人并不在意。这种不负责任的发表有可能会对国家,或某个组织,或是对某一个体造成伤害,严重的还会触犯国家的法律,造成犯罪。比如一名大学生曾因个人爱好在电子公告上发表武器发展的相关信息,造成了国家泄密事件,触犯了国家法律。

（二）扮演黑客，进行网络攻击和入侵

大学生是一个具有较高智商的群体，这个群体对新生事物有着更多的好奇心理，网络的开放性使他们可以无所顾忌地放任自己。因此，一些大学生就制造计算机病毒，在网络上进行发布，对他人电脑进行攻击，侵犯其他人隐私，甚至盗取国家机密，走上犯罪道路。

（三）传播谣言，诽谤他人

网络世界是一个言论约束少的地域，网络中不乏宣传科学真理、传播先进文化、倡导科学精神、塑造美好心灵、弘扬社会正气的言论，这些言论，体现了时代精神、推动了网络文化发展。然而网络的虚拟性、网络地址的隐蔽性和网民身份的难以确定性，也使许多人包括少数大学生利用网络的这些特点，将现实生活中的不满释放于各种论坛、博客、聊天室等网络场所。这其中不乏造谣生事，对他人进行谩骂、攻击、恶意中伤、侮辱和诽谤的言论。而网络的公开性和内容传播的快捷性，使网络言论信息一旦发布，就可能形成相当广泛的波及面，甚至可能永远流动、永远无法恢复原状，从而产生极其广泛的影响，给受侵害人造成巨大创伤。

案例引导

针刺事件

有一大学生在百度贴吧以"我热，针刺事件居然闹到重庆了"为题发帖，引起许多网友关注并回帖。"针刺"信息很快在该校部分学生中传播，并引起了一定程度的不稳定情绪。后来该大学生在发出的"个人声明"中说，他在与母亲通电话时，听说老家永川出现犯罪分子疑似用毒针扎小孩的事件，而母亲在电话中一再要求注意安全，于是他在未经核实真实性的情况下以"'针刺'闹到重庆"为题在网上发帖。

该大学生主观上是想提醒同学们注意安全保持警惕，但客观上却违反了国家的相关法律规定。根据《中华人民共和国治安管理处罚法》第二十五条第一款规定：散布谣言，谎报险情、疫情、警情或者以其他方法故意扰乱公共秩序的，处五日以上十日以下拘留，可以并处五百元以下罚款；情节较轻的，处五日以下拘留或者五百元以下罚款。鉴于该大学生认识到自己违法行为的实质，警方依法对其做出治安拘留三日的处罚。

重庆市公安局网监总队一位陈姓警官说，公民在网上散布和传播"针刺"言论，原则上定性为刑事犯罪。鉴于尚未有证据证明这位在校大学生是主观故意，警方才做出这样的处罚决定。

（四）沉迷于网络色情难以自拔

网络社会是一个万花筒般的世界，这其中不仅有无穷的有用知识，同样有着各种垃圾一样的信息和看似很美诱惑。这些诱惑中，色情最为突出。国外有许多纯色情网站免费开放，尽管网络技术可以过滤掉一部分，但相当多的色情网站还是可以长驱直入的。同时，一些正规网站甚至是知名的大网站也有意无意地借助色情的东西吸引眼球，以增加访问量。时间长了，沉迷色情就成为自然。而这种色情沉迷会使大学生的心理和精神变得非常压抑、自卑、脆弱，甚至与他人打交道都会变得困难。而更为严重的是一些大学生自控能力有限，极容易因为网络色情内容和信息的诱惑而导致网络色情成瘾。这种成瘾的一大严重后果是为了得到性，可能直接对异性进行性侵犯，这样不仅违背了伦理道德，而且为国法所不容。

> **案例引导**
>
> "好奇"惹的祸
>
> 女大学生成语在洗手间时听到有手机的"咔咔"声，她仔细寻找一番，终于在一个隐蔽的角落发现了一个正在拍照的手机，成语选择立即报警，警方当场把正在拍照的男大学生文祥阳抓获。后经讯问得知，该男同学因为好奇，经常浏览色情网站，观看女性裸体图片等色情内容，对女性的隐私产生强烈的好奇心，以至于产生了想亲眼看看的冲动，因此他事先躲藏在女卫生间里，用手机偷录女生隐私。文祥阳被抓捕后深表后悔，下定决心改掉恶习。

（五）迷失自我

互联网提供的东西很多，娱乐是其中的重要内容。而娱乐中网络游戏，又是最为重要和最受欢迎的娱乐内容之一，在今天的大学生中没有进行过网上娱乐的极少，而没有进行过网络游戏的更是少之又少。网络游戏以其联网性和虚拟性等特点，通过为游戏者提供虚拟世界来充分表达和展示自己，使游戏者最大限度地得到在现实世界中无法得到的满足、自尊和自信。因此，一些大学生乐此不疲。而沉迷"网游"的伦理道德危害在于网络游戏频繁的角色转换，会使大学生的人格统一性受到影响和破坏，容易出现双重人格及多重人格：生活中的有缺陷的"我"，"网游"中寻找完美的另一个"我"。现实生活中不完美的我是"常态"，要改变获得长久完美的"我"，只有沉醉于虚幻的"网游"了，而这样的后果是迷失自我，甚至发生心理疾患。当前大学生中因"网游"而有"网瘾"心理疾患的不在少数，有了这样的心理疾患，大学生的学习天职也就难以履行了。

第八章 修网德，善网行——网络安全

> **案例引导**
>
> **迷游戏却迷失自我**
>
> 大一学生陈潇以优异的成绩进入理想的大学学习。由于大学生活与高中压抑紧张的生活截然不同，行为自律较差，他开始接触到网络游戏。又因为陈潇的性格内向，不喜欢与人交流，慢慢沉迷于网络，无法自拔。经过一段时间后，辅导员在对班级学生情况进行排查时发现，陈潇的学习态度极其不端正、不积极，他经常白天无故旷课、晚上不上晚自习，在宿舍蒙头大睡。后经过同宿舍的同学访查得知，陈潇进入大学不久后便沉迷网络，甚至通宵玩游戏。

（六）道德情感淡漠

网络的互动性特点使网络世界中存在着网络人际关系，而这种网络人际关系具有的虚拟性、平等性及匿名性，彻底地改变了大学生的交往方式与思维方式，也为大学生重新建构新的人际关系提供了可能。但是，当一些大学生不能正确地开展网络交往时，就可能会过于迷恋网络上的人际交往。特别是当大学生在现实世界中遭遇人际挫折或者失败以后，更可能会逃避现实人际交往，沉迷于网络人际关系，淡化现实世界与虚拟世界的区别，而长此以往会使大学生对现实交往淡漠及现实人际交往技能退化，这样一来，性格内向的学生会更加封闭，自卑的学生会越来越丧失信心，而诚信的大学生也可能会因为网络匿名性而学会欺骗。

三、防范大学生网络道德失范

大学生是祖国未来的建设者和栋梁，对他们应该倍加呵护和进行积极引导，使他们德、智都健全，特别是不能让他们迷失于网络。因此，有必要采取切实可行的措施，从技术、法律和伦理道德教育等方面防范网络伦理道德的失范行为发生。

（一）转变传统的思想政治教育模式，使其跟上时代发展

网络的普及与使用，深刻地改变着学校思想政治工作的育人环境，直接影响着传统德育教育的主导地位。先前的思想政治教育虽然也强调启发疏导，但主要还是面对面的"我传授，你接受"的单向直达模式，强调以教育者为中心，把受教育者——学生放在从属地位，这主要是因为以前学生所处环境单纯，接触的事物少，教师的讲授往往成为影响学生最为重要的元素。而现在有了互联网，学生可以通过网络更直接地接触社会，接受来自网络的"立体"型信息。为此，思想政治教育有必要进行变革：从内容到形式都跟上时代发展，从而达到学

生乐于接受教育、信服教育内容,自觉排斥网际的"异端邪说"的效果,从而使高校的思想政治教育取得实效。

(二)加强对大学生情感关怀,让他们的心结疏解于现实社会

大学生忘我地迷恋网络的一个重要原因,在于他们从现实生活得不到需要的温暖关爱,转而寻求网络。如果我们对大学生进行必要的关爱和在其遇到挫折时进行必要的心理抚慰,那他们必然会减少对网络社会的依赖。而由过度依赖网络产生的伦理道德问题也就可以得到一定程度的解决。高校可以利用多种方式进行这方面工作,如可以在校内依托校医院开设常设的定点的心理诊所;还可以利用校园网开设心理网站,开展网上心理服务,制作心理宣传网页进行心理常识教育;开设网上心理关爱咨询热线,进行对话辅导,帮助大学生疏解心理、情感问题。

(三)加强伦理道德教育,提高大学生网络使用时的伦理道德素养

我国有几千年的伦理道德底蕴,只是网络发展速度过快,人们在如此快的发展速度下难以适应,才容易出现道德缺失。因此,加强伦理道德教育,提高大学生网络使用时的伦理道德素养,引导大学生上网行为,就非常可行了。为此,首先,高校应开设有关网络伦理道德课程,通过持久、深入的教育,使伦理道德思想深入人心,增强个人的道德责任心,提高国民的整体网络伦理道德水准;其次,对大学生还应开设相关讲座,如大学生刚入学时候就开设技术价值观的讲座,使他们能在合理价值观的指导下,成为合格网络公民。

第三节 提高警惕,远离"校园贷"

随着互联网的迅速发展,贷款类型越来越丰富。"校园贷"就是其中一种,只要你是在校学生,网上提交资料、通过审核、支付一定手续费,就能轻松申请信用贷款。大学生在使用网络的过程中,特别要重视"校园贷"问题,防止掉入"校园贷"的陷阱。

一、"校园贷"的概念

"校园贷",又称校园网贷,是指一些网络贷款平台面向在校大学生开展的贷款业务。目前,一些P2P(peer to peer lending,即个人对个人,又称点对点网络借款)网络借贷平台不断向高校拓展业务,部分不良借贷平台采取虚假宣传的方法和降低贷款门槛、隐瞒实际资费标准等手段,诱导学生过度消费,甚至陷入"高利贷"陷阱和"连环贷"等危机。

【知识延伸】

助学贷款与"校园贷"的区别

助学贷款特指国家助学贷款和生源地信用助学贷款,这种贷款主要是为了解决贫困大学生在校期间的学费、住宿费以及生活费问题。但是,随着互联网金融的发展,一些贷款平

台瞄准了大学生这个庞大的群体,推出了用于解决消费资金的"校园贷"。虽然助学贷款、"校园贷"都是面向在校大学生发放的,但二者差别较大。

1. 放贷主体不同。助学贷款的放贷主体是商业银行;而"校园贷"的放贷主体是互联网平台。

2. 放贷目的不同。助学贷款的主要目的是扶持贫困大学生顺利完成学业;而"校园贷"的主要目的是鼓励大学生消费。

3. 借贷方式不同。相对其他银行贷款来说,助学贷款门槛相对较低;而与助学贷款相比,"校园贷"的贷款门槛放得更低,而贷款手续也更为简便,也正是因为这一点,出现个人身份信息被盗用的案例频见报端。

二、"校园贷"的类型

校园贷通常分为以下三种。

(1)专门针对大学生的分期购物平台。如趣分期、任分期等,部分还提供较低额度的现金提现。

(2)P2P贷款平台。P2P贷款平台用于大学生助学和创业,如投投贷、名校贷等。

(3)京东、淘宝等传统电商平台提供的信贷服务。

三、"校园贷"的危害

1. "校园贷"具有高利贷性质

不法分子将目标对准高校,利用高校学生社会认知能力较差,防范心理弱的劣势,进行短期、小额的贷款活动,从表面上看这种借贷是"薄利多销",但实际上不法分子获得的利率是银行的20～30倍,他们肆意赚取学生的钱。

2. "校园贷"会滋生借款学生的恶习

大学生的经济来源主要靠父母提供的生活费,若大学生具有攀比心理,且平时就有恶习,那么父母提供的费用肯定不足以满足其需求。因此,这部分学生可能会转向校园高利贷获取资金,并引发赌博、酗酒等不良恶习,严重的可能因无法还款而逃课、辍学。

3. 若不能及时归还贷款,放贷人会采用各种手段向学生讨债

一些放贷人进行放贷时会要求提供一定价值的物品进行抵押,而且要收取学生的学生证、身份证复印件,对学生个人信息十分了解,因此一旦学生不能按时还贷,放贷人可能会采取恐吓、殴打、威胁学生甚至其父母的手段进行暴力讨债,对学生的人身安全和高校的校园秩序造成重大危害。

4. 有不法分子利用"校园贷"进行其他犯罪

放贷人可能利用校园"高利贷"诈骗学生的抵押物、保证金,或利用学生的个人信息进行电话诈骗、骗领信用卡等。

四、使用校园贷注意事项

大学生在使用"校园贷"的过程中,要学会拒绝以下情况的发生。

1. 帮别人借钱

遭遇"熟人"百般恳求,利用自己的身份信息帮他借款、由他还款的情况时,要学会拒绝,绝不心存侥幸。一旦答应他人的请求,不仅被动背负债务,还极易泄露个人信息,甚至导致身陷骗局,蒙受巨大精神和财产损失。

2. 兼职利诱

"校园贷"市场上不乏某些不法平台或个人打着"代理"或"中介"的旗号,号称"给好处费"或者以"刷单"兼职的形式要求大学生提供个人身份信息在平台进行借款操作。这是非法的诈骗行为,大学生一定要自觉抵制利益诱惑,拒绝此类兼职。

3. 超前消费

不管自己的还款能力而盲目借款,用于购买超出自己承受范围的产品,这样的过度超前消费容易滋生攀比心理,造成不必要的经济压力,久而久之,一旦逾期甚至无力还款,会导致个人信用受损,得不偿失。

4. 赌博

赌博迷乱心智,害人害己,轻则财产损失,重则倾家荡产,众叛亲离。大学生涉世未深,容易受到诱惑,赌博陷阱,一旦沾染,前程尽毁。

> **案例引导**
>
> **被债务缠身的张扬**
>
> 张扬是一名大一的学生,他说道:"刚开学不久,有朋友诓骗我说网络上有一种投资,回报相当丰厚,禁不住诱惑的我开始在网上玩赌博,最初的时候有输有赢,到后来却深深地陷进去了,先后输掉了十来万。在无奈之下,我将自己的学费以及从亲朋好友处借来的几万元凑在一块也不够还输掉的钱。也就是在这时候,一个社会上的人向我推荐了'校园贷'。对方知道我急需要钱解决问题,就向我宣称通过一些网络平台贷款,手续简单,利息不高,很快能解决问题。我当时一看利息似乎真的不是很高,又很着急,就接受了那人的建议贷了款,把网上赌博所欠的钱还了。但让我没想到的是,虽然表面上看上

第八章 修网德，善网行——网络安全

> 去利息不高，但加上一些手续费、管理费，亏空越来越大。我只能不断地通过一个平台借款弥补之前的欠款，在这期间，产生手续费、管理费，加上利息，欠债的窟窿不断增大，如今已经产生十多万的巨额债务。现在我很后悔，最后由于压力太大，不得不跟家里人坦白了一切。"

五、怎样防范"校园贷"骗局

（一）大学生要加强对"校园贷"防范意识

（1）大学生要增强自我保护意识，不攀比、不盲目；三思而后行，不要轻易相信借贷广告；看管好自己的学生证件和身份证件，不给非法分子钻空子的机会；树立正确的消费观，并学习基本金融知识，学会正确辨别优质合法的金融服务，谨防陷入高利贷陷阱。

（2）放贷者已经涉嫌非法经营，再使用敲诈勒索等不法手段回收贷款，更是触犯法律，借贷者应该用法律武器保护自己。一旦发现放贷者有运用不法或者不良的方式来催款，可及时向公安机关报案，或者向校方反映，请求他们帮助。

（3）大学生不要怀揣侥幸心理，应谨记古训"贪小便宜吃大亏"；有额外开销、花费要与父母、家人协商，征求父母、家人的意见，避免上当受骗，防止落入"校园贷"的陷阱。

（二）网络借贷平台要加强自身管理

借贷平台在向大学生发放贷款时，应当充分考虑其偿还能力，设置基本的门槛，比如要求提供家长同意书或抵押，加强资质审核，控制贷款额度，确保风险可防可控，减少坏账率。

（三）加大政府管理力度

政府有必要加大对这些网络借贷平台的管理力度，如银监会、工商、公安等部门采取联合行动，对校园网贷中涉嫌违规、违法的现象依法进行查处，引导互联网金融的健康有序发展。

【知识延伸】

"校园贷"诈骗的形式

一种是通过互联网平台向在校大学生推送贷款广告，以免抵押、低利息为诱饵诱导学生贷款，并要求缴纳贷款"手续费""管理费""保证金"等费用，收到学生支付款项后即将其"拉黑"不再联系。

一种是串通"职业培训机构"举办职业指导讲座，夸大培训效果，与学生签订声称能提高综合技能的培训合同，并与贷款公司勾结，诱导学生贷款支付学费，从中诈骗学生。

一种是要求学生提供照片、视频、身份证和家属电话号码等作为贷款抵押和担保，一旦学生无法如期还款，便以此威胁，勒索钱财。

【安全演练】

1. 什么是网络安全？

2. 如何加强大学生网络安全教育？

3. 大学生应如何恪守网络道德？

4. 什么是"校园贷"，如何远离"校园贷"？

5. 结合以下案例说明大学生如何规范网络行为，在网络交友中谨慎行事。

案例内容：一天，大学生王子旺趁假期闲在家里，用手机玩起了"摇一摇"，很快，他就通过微信"摇"到了一位名叫"红莲"的女子。女孩主动与他打招呼，并很热情地和他攀谈起来。看到"红莲"在微信上的照片那么美丽动人，王子旺觉得自己撞上了"桃花运"。

随后，两人的感情迅速升温，不仅相互留了手机号、微信号等通讯方式，还每天通过网络互动聊天。"红莲"的温柔体贴很快打动了王子旺，两人便确立了恋爱关系，开始不再满足于整天不见面的聊天状态，"红莲"主动提出要到王子旺所在地与王子旺见面，还通过微信发了一张火车票照片给王子旺。一想到马上就可以见到心上人的王子旺兴奋不已，可谁知，就在"红莲"将要到达的当天，王子旺突然收到"红莲"突发性阑尾炎需要紧急手术的消息。

此时身陷"爱情"的王子旺早已被冲昏了头脑，眼看自己的"心上人"有难，王子旺毫不犹豫地将13300元手术费转给了"网络红颜"。但是钱转过后，他依旧没能见到"红莲"的真面目。此后，"红莲"突然中断与王子旺聊天，任王子旺发去多少句问候，对方再也没有回音。王子旺这才意识到自己可能被骗，幡然醒悟的他赶紧到公安局刑警大队报警。

第九章
给"心"装上防范门
——心理安全

大学生在学习与生活过程中,因种种原因所致缺少心理安全预防与教育,少数人存在着心理缺陷与心理障碍,也就是我们所说的没有心理安全感。而心理安全是人生活的一种基本需要,是心理健康的一个重要表现形式。

第一节 心理健康概述

大学阶段,从某种意义上来说,对人的发展具有决定性的作用。大学时期的身心健康与否,与大学生的成长息息相关。轻松、愉快、开朗、热情等积极、良好的心态,能有效地提高大学生的学习、交往、工作等各种活动的效率。相反,紧张、焦虑、烦恼、压抑等消极的情绪或其他方面的不健康心态,则会降低大学生的各种活动效率,严重的还会导致大学生各种心理疾病的发生,甚至会影响其一生的发展。因此,良好的心态、健全的人格、

健康的恋爱观等对大学生的健康成长发挥着极其重要的作用。大学生不仅需要掌握知识和技能,更需要开发心理潜能,拥有健康的心理。如何使大学生保持乐观的心态,提高其心理健康水平,既是大学生自身需要关注的,也是全社会高度重视的问题。

一、健康的含义

1. 什么健康

健康是全人类的头等大事。每个人都希望自己健康,只有拥有健康才能拥有一切。曾经有人用"10000000000"来比喻人的一生,其中"1"代表健康,各个"0"代表生命中的事业、金钱、地位、权利、快乐、家庭、爱情、房子等,纷繁冗杂的"0"充斥了人们的生活,"1"常常被忽略,但"1"一旦失去,所有的浮华喧嚣将归于沉寂。蒙田也曾说:"健康的价值,贵重无比。它是人类为了追求它而唯一值得付出时间、血汗、劳力、财富甚至付出生命的东西。"

那么什么是健康?不生病的人、身体强壮的人不一定就是健康的。1948年世界卫生组织明确规定:健康不仅仅是没有疾病,而且是身体上、心理上和社会上的完好状态或完全安宁。这是对健康全面、科学、完整、系统的定义。这种对健康的理解就意味着衡量一个人是否健康,必须从生理、心理、社会、行为等因素分析,不仅看他有没有器质性或功能性异常,还要看他有没有主观不适感,有没有社会公认的不健康行为。

近年来世界卫生组织提出了衡量健康的一些具体标志,例如:

(1)精力充沛,能从容不迫地应付日常生活和工作;
(2)处事乐观,态度积极,乐于承担任务不挑剔;
(3)善于休息,睡眠良好;
(4)应变能力强,能适应各种环境的变化;
(5)对一般感冒和传染病有一定抵抗力;
(6)体重适当,体态匀称,头、臂、臀比例协调;
(7)眼睛明亮,反应敏锐,眼睑不发炎;
(8)牙齿清洁,无缺损,无疼痛,牙龈颜色正常,无出血;
(9)头发光洁,无头屑;
(10)肌肉、皮肤富弹性,走路轻松。

从这十条可以看出,健康包括身体健康和心理健康两个方面,两者相辅相成,缺一不可。

2. 身体健康和心理健康的辩证关系

身体健康是指无身体疾病和缺陷,体格健壮,各器官系统机能良好,有较好的适应外界环境的能力和对疾病的抵抗能力等。

心理健康是指人们对于环境的影响及自身的变化能够适应,并保持协调一致。

身体健康是"硬件",是心理健康的基础和载体;心理健康是"软件",是身体健康的条件和保证,好的心理是一剂良药,能催人奋进,反之它就是枷锁,使人灭亡。

严格地说,没有一种病纯粹是身体方面的,也没有一种病纯粹是心理方面的。因此,我们在考虑自身的健康和疾病时,要注意身心两个方面的反应。如果身体健康,心理不健康,不算真正意义上的健康。目前,许多患有抑郁症的人自杀的直接原因就是心理不健康。心理健康,而身体不健康不仅会影响人的生存质量,而且会导致人生命的终结。总的来说,一个健康的人必须是身体和心理都健康的人。

二、心理健康的含义

1. 什么是心理

从心理学上讲,心理是心理活动、心理现象的简称。通俗点说心理就是心思、思想、感情的总称。我们无论从事任何活动,都会产生相应的体验、想法,这些都是心理。

心理是脑的机能,是对客观现实的能动反映,它反映的不是简单的"镜像",而是人在社会生活实践中积极能动的映像。

2. 心理构成

人的心理是由人在能动反映客观事物时所发生的一系列心理现象构成的。它包括心理过程和个性心理两方面,具体内容为:认识过程、情绪情感过程、意志过程、个性。

(1) 认识过程。认识过程是人通过感官和大脑对客观事物的现象和本质能动反映的心理活动(注意、感觉、知觉、记忆、思维、想象)。

(2) 情绪情感过程。情绪情感过程是人对客观事物是否符合人的需要而产生的内心体验和态度体验。

(3) 意志过程。意志过程是人自觉地确定目的,并根据目的支配、调节行动,从而克服困难、实现预定目的的心理过程。

(4) 个性。个性心理包括气质、性格、能力等。

人的个性和心理过程之间是相互联系、相互渗透、相互制约的。

3. 什么是心理健康

一个人的心理怎样才算健康,以什么作为心理健康的标志,这是一个非常复杂的问题。国内外学者曾就心理健康的定义与内涵从不同角度阐述过。第三届国际心理卫生大会(1946年)对心理健康是这样定义的:"所谓心理健康,是指在身体、智能以及情感上与他人的心理健康不相矛盾的范围内,将个人心境发展成最佳的状态。"

世界心理卫生联合会还明确提出了心理健康的标志:

(1) 身体、智力、情绪十分调和。

(2) 适应环境,人际关系和谐。

(3) 有幸福感。

(4) 在工作和职业中,能充分发挥自己的能力,过高效率的生活。

由此,我们可以从广义和狭义两种角度来理解心理健康。从广义上讲,心理健康是指个体具有一种持续、高效而满意的心理状态。在这种状态下,生命具有活力,潜能得到开发,价值得以实现。从狭义上讲,心理健康是指个体具有稳定的情绪、适度的行为,具有协调关系和适应环境的能力。

案例引导

脆弱的王洋

王洋是一名优秀的大学毕业生,毕业后他报考了一家外资公司。在公布考试结果时,他名落孙山。得知消息后,他深感绝望,顿生轻生之念。然而由于自杀技术欠佳,只在脖子上留下了一道长长的标记。正当王洋昏迷之际,忽然传来他被录用的喜讯,原来他名列榜首,只是统计时出了差错。就在他把喜讯告知朋友、准备庆祝一番之时,又有消息传来,他被公司解聘了。

三、心理健康标准

综合各种观点,根据大学生年龄特征、社会角色和心理发展的特点,一般认为,我国大学生心理健康的基本标准包括如下几方面。

1. 智力正常

衡量大学生的智力是否正常,关键在于其是否正常地、充分地发挥了自我效能:有强烈的求知欲,乐于学习,能够积极参与学习活动。

2. 情绪健康

其标志是情绪稳定、心境良好。心理健康的人,愉快、乐观、开朗、满意等情绪状态总是占优势的,虽然也免不了因挫折和不幸产生悲、忧、愁、怒等消极情绪体验,但不会长期处于消极情绪状态中,善于适度地表达、调节和控制自己的情绪,既能克制又能合理宣泄自己的情绪,情绪的表达既符合社会的要求又符合自身的需要,在不同的时间和场合有恰如其分的情绪表达;情绪反应与环境相适应。简单地说,反应的强度与引起这种情境相符合。

3. 意志健全

意志是人在完成一种有目的的活动时进行的选择、决定与执行的心理过程。意志健全者在行动的自觉性、果断性、顽强性和自制力等方面都表现出较高的水平。意志健全的大学生在各种活动中都有自觉的目的性,能适时地做出决定并运用切实有效的方式解决所遇到的问题,在困难和挫折面前,能采取合理的反应方式,能在行动中控制情绪和言而有信,而不是行动盲目、畏惧困难、顽固执拗。

4. 人格完善

人格是个体比较稳定的心理特征的总和。人格完善就是指个人的所想、所说、所做都是协调一致的。人格完善包括人格结构的各要素完整统一;具有正确的自我意识,以积极进取的人生观作为人格的核心,并以此为中心把自己的需要、目标和行动统一起来。对周围的人与事均有独立自主的见解,不盲从,热爱并专注于自己的工作、学习、事业,有强烈的责任心,并能在负责的工作中体验生活的充实和自己存在的价值。

5. 自我评价正确

正确的自我评价是大学生心理健康的重要条件,大学生在进行自我观察、自我认定、自我判断和自我评价时,能做到了解自我、接纳自我,能体验自我存在的价值。能对自己的优缺点做恰当的评价,不苛求自己,自尊、自强、自制、自爱适度,正视现实,积极进取。生活的目标和理想切合实际,对自己基本感到满意,心理相对平衡。

6. 人际关系和谐

良好而深厚的人际关系,是事业成功与生活幸福的前提。其表现为:能与他人建立和谐的人际关系。乐意与人交往,与人为善,对他人充满理解、同情、尊重、关心和帮助,有良好而稳定的人际关系,并能在其中分享快乐,分担痛苦,社会支持系统强而有力。

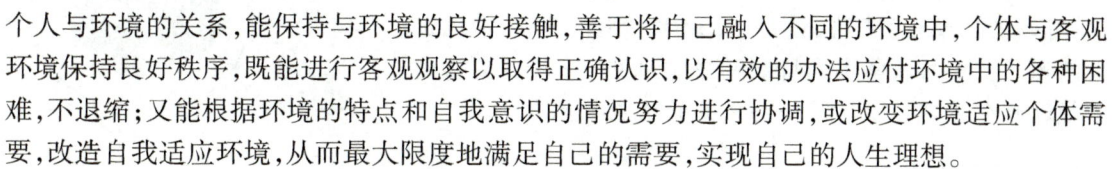

7. 社会适应正常

有良好的环境适应能力。能正确地认识环境和处理个人与环境的关系,能保持与环境的良好接触,善于将自己融入不同的环境中,个体与客观环境保持良好秩序,既能进行客观观察以取得正确认识,以有效的办法应付环境中的各种困难,不退缩;又能根据环境的特点和自我意识的情况努力进行协调,或改变环境适应个体需要,改造自我适应环境,从而最大限度地满足自己的需要,实现自己的人生理想。

8. 心理行为符合大学生的年龄特征

大学生是处于特定年龄阶段的特殊群体,大学生应具有与年龄及角色相适应的心理行为特征。

【知识延伸】

正确理解心理健康的标准

1. 心理不健康不等于有不健康的心理和行为

心理不健康与不健康的心理、行为表现不能画等号。心理不健康是指一种持续的不良状态。偶尔出现一些不健康的心理和行为并不等于心理不健康,更不等于已患心理疾病。因此,不能仅从一时一事而简单地给自己或他人下心理不健康的结论。

2. 心理健康与不健康是一种连续状态

心理健康与不健康不是泾渭分明的对立面,而是一种连续状态。从良好的心理健康状态到严重的心理疾病之间有一个广阔的过渡带。在许多情况下,异常心理与正常心理、变态心理与常态心理之间没有绝对的界限,只是程度的差异。

3. 心理健康的状态是动态变化的过程

心理健康的状态不是固定不变的,而是动态变化的过程。个体的心理健康状况受多种因素的影响,随着人的成长、经验的积累、环境的改变,心理健康状态也会有所改变。

4. 心理健康的标准是一种理想尺度

心理健康标准是一种理想的尺度,他不仅为我们提供衡量是否健康的标准,而且为我们指明了提高心理健康水平的努力方向。每个人在自己现有的基础上做不同程度的努力,都可以追求心理发展的更高层次,不断发挥自身的潜能。

心理和身体是分不开的,对人的健康起着共同的作用。只有同时保持身体和心理的健康,才能使个体处于良好的状态之中,积极地面对生活和学习。

第二节 大学生常见的心理问题及调适方法

每个人在人生发展的特定阶段,都会遇到一些事情,让他产生一些不良情绪或心理上的困惑,我们把这种常见的、人人都会遇到的、随着年龄的增长问题会自动解决或缓解的一系列问题称为"心理不适应"。大学生常常由于环境的改变和情感的挫折产生困惑,有时陷入难过、悲伤、愤怒、无助的情绪。心理不适应类问题的主要症状集中在情绪的不良状态,一般不良情绪不超过两个星期。以下是一些常见的适应性问题。

一、学习不适应

当代大学生为了在激烈的高考竞争中取胜,几乎全身心投入学习,从中学到大学,环境发生了改变,离开了长期依赖的家长和老师,面对新的集体、新的生活方式、新的学习特点,一些学生出现了独立与依赖的矛盾。有的学生来到这个新的环境后,会发现原先的预期与现实的大学生活存在较大的差距:他们有的在学习上存在困难;有的对专业的满意度不高;有的缺乏独立生活的能力;有的因地域差异而觉得与现实环境格格不入;有的面对内容丰富的大学社团活动不知如何选择;有的在完成进大学的目标后暂时丧失了新的学习和生活目标……总之,由于个体适应能力的差异,其中一些大学新生会出现因环境变化而造成的适应困难,进而情绪低落,出现心理问题。

新生的适应问题若未得到及时处理,有可能发展成较严重的心理问题,如神经衰弱、焦虑症、抑郁症、网络成瘾等。应对学习不适应问题的调适方法如下。

1. 树立正确的学习目标

大学的学习不再是为了考试,大学的学习是一个不断学习专业技能和全面提高素质的过程。这就意味着,大学的学习不仅要学好专业课,还要通过课外的、社会上的实践来学习到更多的知识,从而成为一个全面发展的人。

2. 培养对专业的兴趣

心理学家皮亚杰曾说过:"所有智力方面的工作都依赖于兴趣。"兴趣是求知的动力、行为的指向,是成功的前提,只有不断培养对专业的兴趣,才能在自己专业方面学有所成。通过对本专业的不断了解,积极发现专业优点和发展前景,可以有效地提高专业兴趣。

3. 正确地看待考试

考试是检查学习的一种手段,一次考试并不能代表全部知识的掌握情况,也不能代表能力,更不能决定一个人的前途和命运。因此,正确看待考试及分数,调整好自己的心态,以考试的结果积极地促进自身学习,才能更快乐和高效地学习。

4. 在学习中做到劳逸结合

长时间从事脑力工作,大脑会感到疲劳。在学习一段时间之后,应该休息片刻放松一下;在学习之余,参加一些体育活动而不是蒙头大睡,能使身心得到调节和放松。一些同学认为经过长时间的学习之后,睡上一觉是最佳的休息方式,可是大脑在大量工作之后产生的兴奋状态可能会延续,躺着毫无睡意,而去跑跑步、打打球、找同学聊聊天都是有效的放松方式,能缓解疲劳、消除紧张。

5. 克服学习中的畏难情绪

由于学生在学习中对自我的认识不够或是课堂没有吸引力,使得对知识的学习产生畏难心理。可以采用化整为零法,即把要达到的目标化解为一个个小的目标,让自己分阶段去完成,你会发现学习并不是想象中的那么难,还会常常获得成功的体验。

除此以外,班级可组织新生开展适应方面的心理讲座,并多组织集体活动,给新生创造表达内在情绪的机会,同时建议大学新生寻求心理老师的帮助。

案例引导

抑郁的肖林

肖林以当地第一名的成绩考入北京一重点高校,第一学期期末,本来踌躇满志准备获取奖学金的她未能如愿。她的情绪从此一落千丈,变得郁郁寡欢,无心学习,也无法处理好与同学的人际关系,还整夜失眠。最后不得不去医院精神科检查,结果诊断出她患了抑郁症。

二、情感问题

在大学生活中,大学生们既有对友情、爱情的追寻和渴望,也有情感的迷惑、失落,处理不好,就会受到压抑、抑郁等情绪的困扰。

当今的大学生中相当一部分为独生子女,在家里受到家长们无微不至的关心和照顾,享受到家庭的温暖和父母无私的爱,进入大学以后,由于离开了家乡和父母,一些同学感到难以适应大学生活,不能及时进入到大学的学习状态,产生了情绪波动。他们渴望关爱和友情,苦闷、孤寂、烦恼等情绪时时袭扰他们的内心。

(一)情感问题表现

大学生进入大学以后,独立意识增强和独立生活能力弱的反差,也造成了比较大的心理压力。其中情感问题较为常见的表现如下。

1. 总感到自己缺乏被爱的吸引力

常有一些人为自己还没有恋人而自卑,认为自己对异性没有吸引力,认为别人瞧不起自己,不敢坦然与异性交往,更怕在异性面前失误,只好用回避与异性接触的办法保护自尊心,并极力掩盖内心深处的痛苦与失落。

2. 能做恋人的异性朋友难寻

这种恋爱心理困境的原因主要是对友情和恋情的认识还很肤浅,缺乏对社会中人际关系的科学认识更证实了他们的性心理发育的确滞后于性生理的成熟。当然,也不排除由于社会的快速发展与观念更新所形成的复杂人际关系对大学生们的影响及心理冲击。

(二)应对情感问题的调适方法

1. 合理地看待自我

有恋爱就可能会失恋,每一对恋人都希望自己恋爱一次就能成功走向婚姻的殿堂。然而由于年龄、性格、价值观等诸多方面的影响,有可能会造成恋爱失败。不同人对于失恋会有不同的反应。有些人认为天涯何处无芳草;而有些人认为石头也会被感化;另外一些人认为分开是为了找到更好的。爱情并不是人生的全部,爱情没有对错只有选择,树立正确的爱情观,人就会豁然开朗。

2. 行动转移注意力

在恋爱中产生的问题,其实往往可以把它搁置起来,用其他的事情转移对这件事情的关注,实践会慢慢让人更加的成熟。可以用看书、思考其他问题、多参加班级活动等方式转移注意力,这会让你感觉生活更充实。失恋不代表失去全部,而是更富有的开始,如果你此时更专注于学习,会得到意想不到的收获。

除此以外,若遇到情感困扰,建议不妨与辅导员或心理老师谈谈。辅导员遇到这样的学生时要帮助学生揭示爱情的自然性、社会性和复杂性,引导大学生在寻求爱情的过程中既要有主观上的用心,又要顺其自然。同时,还应培养一定的承受能力,受到挫折能够合理疏导情绪,将失恋对自己的伤害降到最低。

> **案例引导**
>
> **行为过激的男友**
>
> 一中医学院科技学院临床专业的学生林丽,在其学校附近与男友发生争执并提出分手,遭男友割断喉管后死亡。据目击者称,事发时,林丽男友拿着一把十余厘米的刀追她,并朝其喉咙处割去,杀死林丽后,林丽男友抱着林丽久久不肯离去,直到110民警来到现场将其带走。

三、人际交往问题

人际关系交往问题是高校心理咨询中的三大主要问题之一(其他两项是情感困惑和学业问题)。大学生有强烈的交往需要,渴望更多的人能理解自己,接近自己,成为自己的好朋友。然而,由于种种原因,如害羞、恐惧、自卑,交际能力不够,言辞表达较差,导致大学生不知道该如何与人交往,甚至害怕交际,不愿与人沟通。例如,外地生源的学生由于不懂上海话,加上有些学生会持有"上海人排外"的想法,造成他们与上海生源的学生无法很好相处,导致人际关系紧张,陷入孤独境地。

应对人际交往的调适方法如下。

1. 发现优点

有些学生在交往中因为缺乏自信,认为别人看不起自己而造成人际交往困难。然而,每个人都有值得别人欣赏的优点,花些时间发掘自己的优点,如个人专长所在,自己做过什么有建设性的事情,过去什么人如何称赞过自己等。从而增强自信,消除交往中的自卑心理。

2. 增加与他人的沟通

在人际交往中产生的问题,往往是由于看事情凭自己主观臆断,从而造成误解和矛盾,究其原因往往是由于自身不足。心平气和地与他人进行沟通可以化解矛盾,增进人际交往能力。

3. 学会微笑和宽容

微笑是人际交往的润滑剂,不经意间的一个浅浅的微笑就可以让一颗落魄、孤独的心找到归宿,让一份灰暗的心情找到阳光。在人际交往中不要过分地苛求自己或他人,对自己或他人的过失持宽容的态度,多站在对方的角度思考问题,将心比心,许多问题就都可以释然了。学会微笑和宽容能使你与他人的交往更加顺畅。

4. 把握交往的尺度

人和人之间是要保持一定的距离的。人人都需要一个自我空间,当这个空间被别人侵犯时,人们就会感到不舒服、不安全甚至恼怒。因此,在交往中根据与他人之间的关系,把握适度的交往距离,尊重他人的隐私和习惯,才能使人际关系更加和谐。

5. 完善自己

一个优秀的人往往更加受人欢迎。要不断地提高自己在知识和品德方面的修养,良好的修养能体现一个人的品位与价值,一个有着高修养的人才是具有个性和人格魅力的人。因此,用自己的人格魅力去吸引大家,相信大家会更喜欢你。

除此以外,班级可组织一些提高人际交往技巧和能力的活动。对于因人际交往问题产生较严重情绪困扰的学生,建议其找心理辅导老师谈谈。

案例引导

嫉妒

张红与赵敏是艺术院校大三的学生,同在一个宿舍生活。入学不久,两个人成了形影不离的好朋友。张红活泼开朗,赵敏性格内向,沉默寡言,赵敏逐渐觉得自己像一只丑小鸭,而张红却像一位美丽的公主,她心里很不是滋味,她认为张红处处都比自己强,把风头占尽,时常以冷眼对张红。大学三年级时,张红参加了学院组织的服装设计大赛,并得了一等奖,赵敏得知这一消息先是痛不欲生,而后妒火中烧,趁张红不在宿舍将张红的参赛作品撕成碎片,扔在张红的床上。张红发现后,不知道怎样对待赵敏,更想不通为什么她要遭受这样的对待。

四、职业发展和择业问题

随着高等教育分配制度改革的不断深入,一方面市场带给大学生更多的择业机遇和更大的自由度;另一方面也增加了择业难度,加重了大学生的行为责任和心理压力,而毕业生自身的素质、性别、专业及社会关系等又制约着择业的自主权。对于少数大学生来说,甚至毕业就意味着失业。这一变化对受"进入大学门,就是国家人,就可以端铁饭碗吃皇粮"的传统观念影响,性格内向,心理承受力较差,心理适应力弱的大学毕业生来说,是难以解决的现实矛盾。

一些学生的专业、兴趣、就业目的、性格特点间的冲突,让他们产生矛盾的心理。恐惧、焦虑、烦躁打破了他们的心理平衡,心绪抑郁,使他们对生活缺乏信心,对前途失去希望,对处境无能为力。应对职业发展和择业问题的调适方法如下。

1. 自我激励法

自我激励法主要指用生活中的哲理、榜样的事迹或明智的思想观念来激励自己,同各种不良情绪进行斗争,坚信未来是美好的,因为失败、挫折已经成为过去,要勇敢地面对下一次,尽可能地把不可以预料的事当成预料之中的,即使遇到意外事件或择业受挫,也要鼓励自己不要惊慌失措、冲动、急躁,而是开动脑筋、冷静思考、寻找对策。大学生在择业过程中,要相信自己的实力,通过自我激励,增强自信心,消除自卑感,保持良好的情绪和心态。

2. 注意转移法

注意转移法即把注意力从消极情绪转移到积极情绪上。当不良情绪出现时,可以采取转移注意力的方法寻找一个新颖的刺激,激活新的兴奋中心以抵消或冲淡原来的兴奋中心,使不良情绪逐渐消失。如听听音乐,参加体育运动,进行自我娱乐,接受大自然的熏陶,参加有兴趣的活动等,使自己没有时间沉浸在因各种原因引起的不良情绪反应中,以求得心理平稳。

3. 适度宣泄法

当遇到各种矛盾冲突,引起不良情绪时,应尽早进行调整或适度宣泄,使压抑的心境得到缓解和改善。宣泄的较好方法是向你的挚友、师长倾诉你的忧愁、苦闷,使不良情绪得到疏导。在倾诉烦恼的过程中,可以获得更多的情感支持和理解,获得认识和解决问题的新思路,增强克服困难的信心。也可通过打球、爬山等运动量较大的活动,消除压抑心理,恢复心理平衡,但应注意场合、身份、气氛,注意适度,宣泄应是无破坏性的。

4. 自我安慰法

自我安慰法又称自我慰藉法,关键是自我忍耐。在择业中大学生常常会遇到挫折,当经过主观努力仍无法改变时,可适当地进行自我安慰,以缓解动机的矛盾冲突,解除焦虑、抑郁、烦恼和失望情绪,这样有助于保持心理稳定。在因受挫折而情绪受到困扰时,可用"亡羊补牢,犹未为晚""塞翁失马,焉知非福"等话语来做自我安慰,从而摆脱烦恼。

5. 合理情绪疗法

合理情绪疗法认为,人们的情绪困扰是由于不正确的认知即非理性信念所造成的,因此,通过认知纠正,以合理的思维方式代替不合理的思维方式,就可以最大限度地减少不合理的信念给人们的情绪带来的不良影响。例如,有的大学生择业不顺利就怨天尤人,认为"人才市场提供的岗位太少""用人单位要求太高",其原因就在于他只从客观上找原因,认为"大学生择业应当是顺利的""社会应该为大学生提供充足的岗位"等。正是由于这些不正确的认知信念,造成了他们的不良情绪,而这种不良情绪恰恰来自于他们自己。所以,如果能改变这些不合理的观念,调整认知结构,不良情绪就能得到克服。大学生运用合理情绪疗法时要把握三点:第一,要认识到不良情绪不是源于外界,而是由于自己的非理性信念所造成的;第二,情绪困扰得不到缓解是因为自己仍保持过去的非理性信念;第三,只有改变自己的非理性信念,才能消除情绪困扰。

自我调适的方法还有很多,如环境调节法、自我静思法、广交朋友法、松弛练习法、幽默疗法等。这些都是应变的一些方法,但最主要的是大学生要树立正确的择业观,对择业要充满信心,要注意磨炼自己的意志,培养乐观豁达的态度,不要惧怕困难、挫折,要始终保持积极向上的精神状态和健康的心理。

总之,在择业求职过程中,大学生应提高自我调适的自觉性,立足于自身的努力使自己保持一种良好的心态。同时,社会、学校和家庭各方面也应提供热忱的关注和积极的引导,帮助学生面对现实,排除心理困扰,缓解不必要的心理压力,促使他们尽快实现角色转换,顺利走上工作岗位。

案例引导

小青蛙的故事

有两只小青蛙,不小心掉进了一个装油的坛子里,想跳出来,油太腻,想爬出来,坛子太滑,多次努力没有结果。其中一只想:反正没有希望还游什么呢?这样想着于是越来越游不动了;而另一只虽然疲劳还是坚持游着,它想:只要有力气,我都要游下去!游着,游着,它突然碰到了一块坚实的固体,是黄油在它不停地搅动下凝结起来,它踩在凝固的黄油上一用劲跳了出来——原来成功就这么简单。

第三节　影响大学生心理健康的因素

大学生的心理问题是其人格与环境交互作用的结果。从环境来看,影响大学生心理健康的因素主要有社会、学校和家庭;从大学生个体来看,其心理问题往往与他们不良的人格倾向有关,主要的影响因素有自我意识不健全、认知偏差、消极应对方式等。

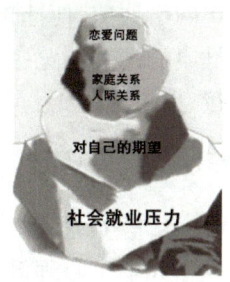

一、社会因素

1. 社会经济转型,价值体系多元化

随着市场经济的快速发展、科学技术的不断进步,新事物大量涌现,从而导致了社会价值体系的多元化。在一个各种价值观相互交织的特殊发展阶段,存在着一系列诸如贫富分化加剧、拜金主义、享乐主义和个人主义等社会问题,大部分学生的价值观和人生观发生变化,导致集体主义观念淡薄,同学交往功利化、实用化,缺乏友爱与关怀。这一切都让大学生感受到生存环境的不确定性和缺乏安全感,出现认同缺失、抉择失据、方向难定等问题,从而造成他们心理上的极度"失态"和失衡,而在形式上表现出了空前的复杂性和多样性。

2. 竞争压力过大,就业形势严峻

随着在人才培养和就业制度改革中引入竞争机制,大学生感受到了巨大的竞争压力。总体来说,大学毕业生具有较高的人力资本水平,是劳动力市场上的优势群体,但随着全球化的发展与知识经济的冲击,社会向大学生们提出了日益苛刻的用人标准,为了在激烈的竞争中占有一席之地,大学生们在学习、考证和参加各类兼职等实践活动之间疲于奔命,压力陡增。

案例引导

就业压力

梁鹏是电影学院导演系的研究生,个子高高的,长得也很帅,但几年下来他有一个很悲观的想法:做导演需要出名,而真正出名的导演又有几个呢。而且自己家是外地的,从本科到研究生一路走来实在太累了,要协调各方面的关系,这种压力压得他喘不过气来。最终,他办理了退学手续。学校的老师、同学无不为他惋惜。

3. 网络技术的影响

我们正处在信息技术快速发展的时代,各类信息传播速度之快、范围之广前所未见。目前,手机上网对大学生来说早已是家常便饭,几乎所有大学生都有手机,所有的大学都建有校园网,而网络具有开放性、共享性,使大学生的人际关系面扩大化,渴望参与社会交往的大学生用完全虚拟的身份与别人交流,导致自我认识逐渐模糊,形成双重人格。而且学生在利用网络快速、便捷地获取信息的同时,也有部分自控能力较差的学生沉迷于网络游戏甚至不健康的网页浏览中,并且由于信息获取的便捷,各种社会舆论和信息对他们的影响也更直接、更迅速。

二、家庭因素

1. 教养方式

大学生心理健康水平与家长的教育观念、家庭教育方式之间存在着密切的关系,不恰当的家庭教养方式容易使子女产生严重的心理问题。根据美国心理学家鲍姆林德（Baumrind）提出的教养方式的两个维度，即要求和反应性，可以把教养方式分为权威型、溺爱型、专制型和放任型。

（1）权威型的父母能理解孩子的需求和观点，也常要孩子参与家庭决策，会给孩子提出合理的要求，设立适当的目标，并对孩子的行为进行适当的限制，这种教养方式的特点虽然严格但是民主。权威型家庭中的孩子通常有很强大的自信和较好的自我控制能力，积极乐观、自我信赖、成就导向及与成人和同伴合作的活力。

（2）溺爱型的父母对子女则表现出过多的爱与期待，易使子女产生唯我独尊、自我控制力差、缺乏恒心和毅力等心理问题，一旦碰到不顺心的事情便容易与他人发生冲突。

（3）专制型的父母高度控制孩子，随便使用权势，要求子女无条件地服从自己，这种教养方式的父母和孩子是不平等的。专制型家庭中的孩子易发脾气、焦虑和退缩，容易被干扰，没有目标。

（4）放任型的父母对子女既不关心，也不表现出爱和期待，也不提出要求与对其行为进行控制，对孩子缺乏管教，听之任之。放任型家庭中孩子的身心发展最差，认知水平较低，行为上不懂规矩，没有教养，情绪不稳定，自控能力差，缺乏社会交往技能，很容易出现适应障碍。

> **案例引导**
>
> **被溺爱的人生**
>
> 大学生王玲玲，家庭温馨，一直以来都被父母万般宠爱。入学报到后，她非常想念父母，每天都要与家里通上几个小时的电话，自从开学后，她就无法安心学习，一心想着回家。

2. 家庭氛围

父母之间、亲子之间的言语及人际氛围直接影响着家庭中每个成员的心理。民主、和谐、相亲相爱的家庭氛围，往往使个体形成随和、谦虚、礼貌、诚恳、乐观、大方等良好的人格特征。反之，家庭气氛紧张、经常吵架、打骂甚至相互敌视，尤其是父母离异，往往会使子女形成冷漠、粗暴、蛮横、孤僻、自卑、多疑等不良的人格特征，这些不良人格特征会使得大学生在人际交往中表现出自私、敌意心理和道德方面的缺点。

三、学校因素

1. 环境变迁的影响

有人认为大学一年级是"动力真空带""理想间歇期"。高考前学生的目标明确——考上大学。跨过了高考这个门槛后，当面对更广阔、复杂的生活时，不但没有从心理和生理上做好迎接更大困难的准备,反而放松了对自己的要求,幻想着能轻松度日,所以一经大学录取,心情突然放松,失去自主的冲力,歇口气的思想油然而生,因此学习动力不足。大学学习的一个基本特点,就是更强调自学和独立思考能力的培养与调动,面对这种从被动"灌输式"学习方法到主动"开放式"学习方法,学生产生了困惑,出现了学习方法上的不适应,对自己的能力产生了怀疑。

2. 人际关系变化的影响

中学时期长期的应试教育体制对学生的身心健康发展产生了一定的影响,使大学生对新的人际关系的适应要远比对学习、生活环境的适应困难。大学生的人际关系不再局限于建立友谊这一层面上,而是要求个体学会与不同的人打交道,使自己的行为模式逐渐走向成熟,符合社会的要求。但有些学生仍按原来的方式进行交往,常以自我为中心的思维方式来处理新环境的人际关系,在认识和评价人的过程中常带有主观、极端、简单化的倾向。而且大学生交往过程中情感性强,因此他们对不同人的认识极易受情绪波动的影响,常常导致看法大起大落。有时学生由于学习成绩和家庭贫富的差异,容易出现理想与现实的差异,从而导致自卑、敏感、自怜、多疑和心理狭隘等心理障碍。

案例引导

人际压力

大学生孙芸,学习成绩在班上为第一名,却非常自卑,看不起自己。她在大众场合不敢发言,跟别人交流时总不能恰当地表达自己,尤其是跟老师或陌生人谈话,总觉得十分局促,举手投足不知如何是好,并且脸红得很厉害。她很羡慕别的同学在公共场合能够从容不迫,侃侃而谈。她强烈希望改变自己,虽然做过很大的努力,但一直得不到明显改观,因此内心非常苦恼。她从高中到大学很少与异性同学交往,别人评价她是个冷漠、孤傲的人。孙芸从小养成了以自我为中心的习惯,因此,在成长和交往的过程中,朋友越来越少,慢慢地脱离了群体,把自己封闭起来。后来她开始反省自己,自责,觉得都是自己的错。时间一长,她发现自己好像已经没有脾气了。不管跟谁发生矛盾,都以为是自己的错,然后深深自责,或者把怨气都闷在心里,总觉得难以与周围的同学建立一种和谐的关系。她非常担心毕业后不能适应社会生活。近来更是觉得自己一无是处,极度自卑,没有勇气参加任何活动。

四、个体因素

1. 自我意识不健全

自我意识是个体对自身及对自己与周围关系的认识与评价,自我意识不仅影响大学生现实的行为方式和对过去经验的解释,而且影响大学生对未来的期望,大学生的心理困扰大部分都与自我意识有关。不能客观地认识和了解自己,对自我评价过高或过低,不能准确地进行自我定位和独立地整合各方面信息,对自我的矛盾体验不能调适等,这种不稳定的心理状态如不能得到正确引导和及时宣泄,与外力发生冲突,很容易导致其心理出现偏差和行为怪癖,以致形成心理健康问题。

2. 认知偏差

有些大学生不能客观地看待和分析问题,他们以非理性的方式思考问题,绝对化、片面化、极端化。例如,有的人总是以自己的意愿为出发点,认为事物"必定"会发生或"必定"不会发生,在他们的生活中有太多的"必须""应该"和"一定",如"我必须成功""他应该对我好"等。一旦事与愿违,便极易陷入负面情绪困扰之中;有的人以一种以偏概全的不合理思维方式处理问题,如果生活中遇到挫折就认为自己"没有用",是"失败者",从而导致自责、自卑、自弃等心理,如果别人稍有过失,就对他全盘否定,从而导致责备他人甚至产生敌意情绪等;还有的人是以"糟糕至极"的思路看待事物。他们认为一件自己不愿其发生的事情发生后,必定会非常可怕,非常糟糕,非常不幸,甚至是灾难性的,因而导致不良的情绪体验。大学生的认识偏差,如果长期得不到正确的指导,就会造成他们对社会产生心理矛盾。

3. 消极的应对方式

应对方式是指大学生在面对挫折和压力时所采用的认知和行为方式。它是心理应激过程中一种重要的中介调节因素,大学生的应对方式影响着应激反应的性质与强度,并进而调节着应激与应激结果之间的关系。从应对效果的角度来看,可以分成积极、消极和中间型的应对方式。实验研究证明,大学生的心理问题往往与其消极的、不成熟的应对关系显著相关。

【知识延伸】

大学生的三类应对方式

(1) 自我防御机制。自我防御机制主要有推诿、压抑、否认、合理化、幻想、退避等方式。

(2) 心理调节机制。心理调节机制主要有调整心态、调整情绪、调整认知和总结经验等方式。

(3) 外部疏导机制。外部疏导机制主要有转移、宣泄、倾诉求助等方式。

第四节 大学生如何保持健康的心态

积极的心态是人成功的一半。大学阶段是人生的第二个"心理断乳期",是一个非常关注自我,注重个性表达,情绪体验丰富,情绪波动起伏的时期。拥有一个积极向上、健康的心态对大学生适应大学校园环境、乐观面对现实、不断完善和提高自我认识有着重要的作用。

当代的大学生,追求个性,张扬自我,在各个平台展示自我,推销自我,急于成为一个成功的人,可往往却在追求成功的途中屡屡跌倒,有的人能爬起来继续前进,有的人却从此一蹶不振……人与人之间只有很小的差别,但这种很小的差别却往往造成巨大的差异,很小的差别就是所具备的心态是积极的还是消极的,巨大的差异就是成功与失败。也就是说,心态是命运的控制塔,心态决定我们人生的成败。我们生存的外部环境,也许不能选择,但另一个环境,即心理的、感情的、精神的内在环境,是可以由自己去改造的。

> **案例引导**
>
> **皮鞋推销**
>
> 据说,在推销员中流传着这样一个故事:两个欧洲人到非洲去推销皮鞋,第一个推销员看到非洲人都打赤脚,立刻失望起来:"这些人都习惯打赤脚,怎么能买我的鞋呢?"于是沮丧而回。另一个推销员看到非洲人打赤脚,惊喜万分:"这些人都没有鞋穿,看来皮鞋市场大得很呀。"于是想方设法,向非洲人推销皮鞋,最后获得了成功。这就是心态导致的天壤之别。

一、接受、喜欢自己

悦纳自我,首先要接纳自己、喜欢自己、欣赏自己,体会自我的独特性,在此基础上体验价值感、幸福感、愉快感与满足感;其次,是要理智与客观地对待自己的长处与不足,冷静地看待得与失。大学生应该关注自己的成功,并将优势积累,每个人身上都有着无数的闪光点,重点在于寻找自己的闪光点并将其构成亮丽的人生风景线。

二、增强自信心

很多事情我们无法预测它的发展方向,更不能决定它的结果,我们所能做的,就是调整自己的心态,即使它有千万种可能,我们都能让自己在变化中灵活应对。心态是我们自己的,它是我们唯一能完全掌握的东西,切断和过去失败经验的所有关系,消除脑海中和积极心态背道而驰的不良因素,找出一生中最希望得到的东西,追寻自己的目标。

自信代表着一种优秀的心理品质和积极的人生态度。它是一种无形的力量,时刻在充实和完善着自我和人生。自信的人相信自己,相信自己的能力,也相信自己的价值,因而凡事尽力争取,有一种"当仁不让"的主动精神。自信的大学生表现出活泼、开朗、幽默、果断等特点。

1. 培养健康的自我形象

自我形象是一个人对自己的看法。一个人自信的感觉,在很大程度上受自我形象的影响。认为自我形象不好的人,往往具有严重的自卑感,深深地影响到自信心的建立。因此,要保持自信心,应充分认识到,归根结底是你自己决定对自己的看法和态度。同时,你也拥有着改变自己的能力。

自信程度低的人往往会受别人评价的影响,陷于种种消极的思维模式中。比如,当他们获得成功时,会把它归功于自己的运气;而失败时,则深深责怪自己的无能。要培养自信心,应该采取一种相反的态度,把成功更多地归功于自己的努力;面对失败则要冷静地分析客观因素,而不要过多地责备自己。

2. 不要让别人来设定你自己的生活目标

在日常生活中,本来是自己的事情,其标准却往往是由别人设定的。比如,"别人"(包括商业广告)不断地告诉我们,应该做什么和不该做什么,甚至应该怎样做,不应该怎样做。许多大学生易受周围同学的影响,如穿着、饮食,甚至连兴趣爱好都想和别人一致,否则就觉得不自在、离群。像"你应该去减肥""你应该学会跳舞""你应该穿牛仔裤"等建议,即使别人大都出于好心,甚至所提的建议也并不坏,但是别人的好标准不一定能成为你的标准。自信程度低的人,更容易受别人的影响。要建立自信,就应该经过全面和独立的思考后,为自己设立生活标准,选择符合自己理想和个性特点的标准。

3. 认识和调整不现实的生活目标

每个人都有自己的理想和目标,并且会执着地去实现它们。但是,这些目标现实吗?符合你自己的条件吗?有些人习惯于向自己提出一种"高标准",这样常常会显得很勉强,并且当愿望不能实现时,就会不断地打击其自信心。因此,凡事注意考虑自己的环境和条件,脚踏实地地求发展,每实现一个小目标,就能增加一分自信。

4. 优化意志

意志品质可以影响健康情绪的培养。意志薄弱的人是不良情绪的俘虏,意志坚强的人是情绪的主人。有人说:"我知道发火不对,可就是控制不住。"其实,如果尝试把发火的时间推迟 15 秒,下一次再推迟 30 秒,以后不断向后推迟,这样坚持下去,学会自我控制,就能成为情绪的主人。

案例引导

积极的心态

拿破仑·希尔讲过一个令人醒悟的故事:有个叫塞尔玛的女士陪丈夫驻扎在一个沙漠中的陆军基地里,丈夫经常外出演习,她一个人留在陆军的小铁皮房子里,奇热无比,又没人和她聊天,周围都是不懂英语的墨西哥人和印第安人,她很难过,写信对父母说,她一心想回家去。她的父亲给她回了一封信,信中只有两行字,但这两行字却永远留在她心中,并改变了她的生活:"两个人从牢中的铁窗望去,一个人看到泥土,另一个人却看到了星星。"

从此,塞尔玛决定在沙漠中找到星星。她观看沙漠的日落,寻找到几万年前留下来的海螺壳;她和当地人交朋友,互送礼品;她研究沙漠植物、物态等,又学习有关土拨鼠的知识……她把原先认为最恶劣的情况变成了一生中最有意义的冒险,并为此出版了一本书《快乐城堡》。她从自己的"牢房"中望去,终于望到了星星。

是什么让她发生了如此大的转变呢?

> 沙漠没有变,小铁皮房子没有变,气温也没有变,印第安人也没有变。改变的是她自己的心态。这就是说,当人在遇到困难时,坏心态让你退缩,并陷入失败的深渊;好心态让你乐观,并获得惊喜的成功。可见,心态在很大程度上,决定了一个人的成败。

三、积极的心理暗示

"心理暗示"这一术语来自西方的心理学词语"Intimation",指用含蓄、间接的方式,对人的心理和行为产生影响。心理暗示往往会使人不自觉地按照一定的方式行动,或者不加批判地接受一定的意见或信念。积极的心理暗示通俗地说就是心中有一种积极的心态或者接受积极向上、健康的暗示。积极的心理暗示可以在充分尊重学生的基础上潜移默化地感染学生,从而达到"随风潜入夜,润物细无声"的效果,有效地转变大学生的心理状态。心理暗示还可以激发出大学生内心的潜能,使他们告别烦恼、战胜困难、走向成功。

大学生进行积极心理暗示应做到"三不、三要",即不想负面的信息、不说悲观的话、不贴消极的标签,要有正面的思想、要表达乐观的言语、要积极地行动。不想负面的消息,就是要树立自信心、积极期待、积极感受、满意体验、自我接纳、自我欣赏、自我肯定等;不说悲观的话,就是要自我安慰、自我激励,保持乐观的心态,不管遇到什么事情都要笑着去面对。心理学研究发现,当一个人被一种词语或名称贴上标签时,他就会做出自我印象管理,使自己的行为与所贴的标签内容相一致。这种现象是由贴上标签后引起的,也就是所谓的"标签效应"。有时候消极的标签会比积极的标签产生更大的效应。所以,不要轻易下好或坏的结论,不贴消极的标签,大学生在日常生活中应学会运用三句话来对自己做出积极的暗示。

(1)"太好了",遇到问题从积极的角度去考虑,受到挫折时能以良好的心态去承受。

(2)"我能行",帮助自己努力发挥潜力,自信、自强、自立等。

(3)"请让我来帮助你",学会生存,学会关心他人、帮助他人。

四、全面看待自己的优缺点

"金无足赤,人无完人",每个人都有自己的优点和缺点。因此,在生活、学习、工作中我们要正确地看待它们,不要因为自己的优势而沾沾自喜,也不要因为自己的缺点而自卑自弃。对待那些无法弥补的短处,我们要学会自我解嘲;跳出个人心理活动的小圈子,站在旁观者的角度审视自己,再反省自己和自己的短处;学会改变评价自己的标准,我们不能以自己的优势或成功的方面去讥笑别人,也不能由于自己不足或失败而感到自卑。

五、寻求社会支持与心理援助

社会支持有助于个体摆脱困境,调节防御机制,具有缓解情绪冲击的作用。研究表明,在较高的社会支持作用下,个体能较好地调节心理状态,恢复自信心。大学生的社会支持系统主要来自家庭、亲朋好友、老师及学校,大学生应主动建立健全的社会支持系统和寻求父母、朋友、学校的心理援助。

第五节 大学生心理危机行为干预

一、什么是心理危机?

心理危机是指个体面临突然或重大生活事件如亲人亡故、突发威胁生命的疾病、灾难等,个体既不能回避又无法用常用的方法来解决问题时所出现的心理失衡状态。某一事件是否会成为危机,有如下三个影响因素。

（1）个体对事件发生的意义及事件对自己将来的影响的评价。

（2）个体是否拥有一个能够为自己提供帮助的社会支持系统。

（3）个体是否获得有效的应对机制,也就是个体能否从过去经验中获得解决问题的有效方法,如哭泣、愤怒、向他人倾诉等。

由于个体在这三个方面可能存在着较大的差异,因此,相同的事件不一定对每个人都构成危机。

【知识延伸】

大学生心理危机的种类

1. 发展性危机

发展性危机是个人在正常成长和发展过程中,对急剧的变化或转变所产生的异常反应,如升学危机、性心理危机等。这些危机是大学生生命中必要和重大的转折点,每一次发展性危机的成功解决都是大学生走向成熟和完善的阶梯。

2. 境遇性危机

境遇性危机是指突如其来、无法预料和难以控制的心理危机,如交通事故、人质事件、突然的绝症或死亡、被人强暴、自然灾害等。

3. 存在性危机

存在性危机是指一些人生命中的重要事件出现问题,而导致的个人内心的冲突和焦虑,是伴随重要的人生目的、人生责任和未来发展等内部压力的冲突和焦虑的危机。

二、大学生心理危机干预的重点对象

（1）在心理健康测评中筛查出来的有心理障碍或心理疾病或自杀倾向的学生。

（2）由于学习压力过大而出现心理异常的学生,如第一次出现不及格科目的优秀学生、

需要重修多门功课的学生、将试读的学生、将被退学的学生、完成毕业论文有严重困难的学生等。

（3）生活学习中遭遇突然打击而出现心理或行为异常的学生,如家庭发生重大变故(亲人死亡、父母离异、父母下岗、家庭暴力等)、遭遇性危机(性伤害、性暴力、性侵犯、意外怀孕等)、受到意外刺激(自然灾害、校园暴力、车祸等其他突发事件)的学生等。

（4）个人感情受挫后出现心理或行为异常的学生,如失恋者、单相思而情绪失控的学生等。

（5）人际关系失调后出现心理或行为异常的学生,如当众受辱、受惊吓、与同学发生严重人际冲突而被排斥受歧视的学生、与老师发生严重人际冲突的学生。

（6）性格内向孤僻、经济情况严重贫困且出现心理或行为异常的学生,如性格内向、不善交往、交不起学费的学生、需要经常向亲友借贷的学生。

（7）身体出现严重疾病,如患上传染性肝炎、肺结核、肿瘤等,医疗费用很高但又难以治愈的疾病,个人很痛苦,治疗周期长,经济负担重的学生。

（8）患有严重心理疾病,并已经专家确诊的学生,如患有抑郁症、恐怖症、强迫症、癔症、焦虑症、精神分裂症、情感性精神病等疾病的学生。

（9）出现严重适应不良导致心理或行为异常的学生,如新生适应不良者、就业困难的毕业生。

（10）由于身边的同学出现个体危机状况而受到影响,产生恐慌、担心、焦虑、困扰的学生。如自杀或他杀者同宿舍、同班的学生等。

三、心理危机干预的基本步骤与技术

心理危机干预就是对处于心理危机状态者采取明确有效的措施,使症状得到缓解,使心理功能恢复到危机前的水平,并获得新的应对技能,以预防将来心理危机的发生。危机干预的主要目标是降低急性、剧烈的心理危机和创伤的风险,稳定和减少危机或创伤情境的直接严重后果,促进个体从危机和创伤事件中恢复或康复,帮助的及时性、迅速性是其突出特点,有效的行动是危机干预成败的关键。

在大学校园内,当我们发现学生面临心理危机时,可使用心理学家总结的"六步干预法"进行危机干预。

1. 确定问题

危机干预的第一步是从求助者的立场出发,确定和理解求助者的问题。干预人员使用积极的倾听技术:同感、理解、真诚、接纳及尊重,包括使用开放式问题。既注意求助者的语言信息,也注意其非语言信息。

2. 保证求助者安全

在危机干预过程中,干预人员应该将保证当事人安全作为首要目标。这里的安全是指对自我和对他人的生理和心理的危险性降低到最小的可能性。在干预人员的检查评估、倾听和制订行动策略的过程中,安全问题都必须给予同等的、足够的关注。

3. 给予支持和帮助

危机干预强调与当事人沟通和交流,通过语言、语调和躯体语言让求助者认识到危机干预人员是能够给予其关心帮助的人,让求助者相信"这里有确实很关心你的人"。

4. 提出应对的方式

帮助当事人探索可以利用的替代解决方法,促使当事人积极地搜索可以获得的环境支持、可资利用的应付方式,启发其思维方式。当事人知道有哪些人现在或过去能关心自己,有许多可变通的应对方式可供选择。

5. 制订行动计划

帮助当事人做出现实的短期计划,包括另外的资源的提供应付方式,确定当事人理解的自愿的行动步骤。计划应该根据当事人的应付能力,着重于切实可行和系统地帮助当事人解决问题。计划的制订应该与当事人合作,让其感到这是他自己的计划。制订计划的关键在于让求助者感到没有剥夺他们的权力、独立和自尊。

6. 得到当事人的承诺

帮助当事人向他们自己承诺采取确定的、积极的行动步骤,这些行动步骤必须是当事人自己的,从现实的角度是可以完成的。如果制订计划完成得较好的话,则得到承诺是比较容易的。在结束危机干预前,危机干预工作者应该从求助者那里得到诚实、直接和适当的承诺。

除以上六步之外,还应该启动社会支持系统。社会支持系统主要包括:来自于父母及其他亲人、来自于老师和同学、来自其他方面如朋友和社区志愿者的支持等。这种支持不仅包括心理和情感的支持,也包括一些实质的救助行动。有调查表明,大学生从他人那里获得的社会支持具有可靠同盟、价值增进、工具性帮助、陪伴支持、情感支持、亲密感和满意度等调节功能,这些功能对处于危机期的大学生具有重要作用。

四、大学生自杀的防范对策

> **案例引导**
>
> **不负责任的"死"**
>
> 周丽丽是一名刚入学的大学生,到校后她担心学习跟不上,严重的焦虑心理导致她吃不下饭,睡不好觉,虽然学校多方做工作,父亲也在校陪伴她 10 天,她还是在一天凌晨跳楼身亡。"死并非是死者的不幸,而是生者的悲哀。"周丽丽只是害怕自己的学习跟不上,就采取自杀行为,实在是让人痛惜。其实她完全可以选择结交朋友,向朋友讲述自己的想法,寻求帮助,也可以向心理医生寻求咨询。只要能够宣泄自己的烦恼,减轻内心的压力,她就不会走上自杀的道路,她的死是一种脆弱的表现,是不负责任的自私行为。

由于大学生自杀的因素交织着社会、心理及生物等诸多因素,因而对其进行预防相当重要,建立一套有效的预警机制相当必要。

(一)帮助大学生树立正确的世界观和人生观

当今,我国社会处于转型期,经济飞速发展,信息传播加快,特别是网络的普及,给大学生接触各种思想、价值观提供了广泛的空间,因而使得精华与糟粕同在,先进与落后并存。所以要引导大学生正确区分、鉴别和吸收,整合到自己的价值观体系当中。如果不加强精神文明建设,不树立正确的思想,那么不少大学生的心理就容易失去平衡,价值观就可能出现混乱,心理障碍也会增多,自杀率上升的趋势就难以避免。因此,我们要加强校园精神文明建设,大力弘扬中华民族几千年来的传统文化和传统美德,丰富大学生课余的文化娱乐生活;大力开展各类文体活动,培养大学生奋发向上、积极进取的敬业精神;开展各种学术活动,形成浓厚的校园学术风气;组织大学生积极参加社会实践活动,在实践中引导他们正确地看待社会、看待人生。

(二)建立健全防范机制

高等学校要尽一切力量对有自杀倾向的大学生进行预防和干预,为他们的生命担负起责任。

1. 建立高校心理咨询机构,关注大学生中的特殊人群和自杀高危人群心理

心理咨询可以持续、稳定地帮助大学生摆脱各种心理困扰,消除各种心理障碍,防止大学生用偏激极端的行为(如自杀)对待自己或他人。有条件的院校,可建立有专职心理医生坐诊的心理咨询室,开通心理咨询热线,昼夜派专人值班,并利用校园网建立心灵绿色通道。同时学校还要组织思政教师队伍、学生处、保卫处、辅导员、寝室长等学生干部担负起心灵卫士的责任,时刻关注自己身边的同学或学生。

要从入学的大一新生开始,开展心理调查,建立他们个人的心理及健康资料,要及时存档,严格保密,时刻关注大学生中的特殊人群和高危自杀人群的心理健康状况,要进行有针对性的心理辅导和教育,并保持经常性的关心和帮助。

2. 启动大学生心理健康教育,强化大学生的心理卫生意识

(1)在大学生中宣传普及各种心理健康知识,强化大学生的心理卫生意识,是防止大学生自杀的一个有效的办法。开设大学生心理健康课程,开展实例分析和讨论;开展有关大学生心理健康方面的讲座;利用校园网开辟大学生心理健康网页;带动学生利用课余时间或节假日时间组织宣传心理卫生知识的文艺会演或知识竞赛、演讲比赛等;帮助他们了解和掌握一些青年期心理适应的技巧,如合理的宣泄、代偿移情、升华等,提高他们心理承受能力和应对挫折的能力。

(2)普及有关大学生自杀前的各种表现特征,及时发现和处理。根据有关调查发现,大多数自杀者自杀前患有明显的抑郁症。抑郁症是最常见的精神疾病,它犹如生理上得了感冒一样,是一种精神感冒,人们大可不必因此而歧视患者。抑郁症患者与其他精神病患者不同,他们的思维和行为处于清醒状态,基本上没有攻击行为,不会对他人造成伤害。

安全提示

重视身边的抑郁症患者

抑郁症与神经衰弱有许多类似的地方,但区分的症状却十分明显:抑郁症通常上午严重,下午到晚上症状有所缓解;而神经衰弱则是上午症状很轻,而下午和晚上症状加重。中度和重度抑郁症患者并不是通过开导和心理咨询就可以化解,必须通过药物进行控制,通常需要服药半年以上,才能恢复常态,其后才可逐渐减量,以防复发。抑郁症患者的恢复要在专科医生的指导之下进行服药,需要忌酒,同时注意培养兴趣和爱好,多参加运动和交际,以分散注意力。由于抑郁症患者处于非常痛苦之中,他们需要向人倾诉,同学和教师应该多关心他们,并注意观察其恢复状况,防患于未然。

(三) 加强择业就业教育

目前,我国大学生就业形势严峻,由于扩招的影响,使得市场人才供大于求。由于传统观念认为考上大学就可以获得一份稳定的工作,可以得到高薪的回报。但现实与理想的差距会使得大学生们处于急剧的冲突和焦虑之中,造成心理失衡。因而进行就业择业的指导与服务就显得尤为重要,降低大学生的职业期望,使大学生正确面对生活,正确对待社会,挑战自我,努力创业,帮助他们确定人生的发展方向,树立对未来生活的信心。

总之,加强对大学生自杀的防范与干预,关注生命,采取各种必要措施减少悲剧的发生,是各个高校不可推卸的责任。

【知识延伸】

大学生要正确看待自杀行为

自杀是个人有意识地结束自己生命的行为,是在个人陷入极度的绝望中而无法解脱时所选择的唯一解脱自己的一种自残行为。当我们遇到困难时,应该学会这样做。

1. 自我安慰

大学生应该相信自己是很不错的,应该欣赏自己。当事情没有如你所希望的那样发展时,要试着去接受它,要善于满足现状,很高兴地感到:事情原本还更糟呢。

2. 培养多方面的兴趣

培养多方面的兴趣,如打球、绘画、听音乐、下棋等,对大学生来说是很重要的。当遇到挫折和失败时,大学生可以将注意力转移到兴趣中去,从中体验到快乐,忘却烦恼。

3. 结交知心朋友

当大学生烦恼、迷惘、焦虑、不满时,如果有知心朋友陪伴左右,听你倾诉心里话,宣泄你的情感,并对你表示理解,可能忧郁会减少一半。

4. 寻求社会力量的帮助

大学生可以到专门的心理门诊寻求心理工作者的帮助,也可以打热线电话宣泄烦恼,在与他们的交谈中,他们对你的情绪进行疏导,会使你放弃自杀这一很不明智的想法。

【安全演练】

1. 大学生常见的心理问题包括哪些方面？
2. 大学生心理健康的标准可以概括为几个方面？
3. 大一学生李明发现女朋友理想中的自己和现实中的自己相差太大，他很苦恼，面对这种矛盾状况，李明应该采取什么途径来解决？
4. 作为一个大学生，我们应该如何积极科学地完善自我？
5. 阅读文字，回答问题。

  一土木水利学院新生入学第一年便因心理问题休学4人，4人休学的原因分别为：追求女生遭到拒绝而情绪不稳定；长时间怀疑同学背后议论自己、鄙视自己，因而不敢面对别人；对生活目标丧失信心；低迷消沉，抑郁，狂躁不安，行为异常。最终都不能继续学业。常见的大学生心理问题还表现为环境应激问题、自我认识失调、人际关系障碍、情绪情感不稳、感情适应不良等。

  问题：请你结合身边同学的情况说明目前大学生的心理健康状态，并对提升大学生心理健康提出自己的建议和看法。

第十章
守住爱国的底线
——国家安全

国家利益高于一切,维护国家安全是每一位公民应尽的责任和义务。在国家安全形势依然严峻的情况下,作为新时代的大学生,了解国际安全知识,提高政治免疫力,树立国家安全意识,保守国家秘密是其必备的素质。

第一节 国家安全教育概述

一、国家安全的定义

《中华人民共和国国家安全法》第二条规定:"国家安全是指国家政权、主权、统一和领土完整、人民福祉、经济社会可持续发展和国家其他重大利益相对处于没有危险和不受内外威胁的状态,以及保障持续安全状态的能力。"维护国家安全的核心是维护国家核心利益和其他重大利益的安全,包括国家政权、主权、统一和领土完整、人民福祉、经济社会可持续发展和国家其他重大利益的安全。

任何境外机构、组织、个人实施或者指使他人实施的,或者境内组织、个人与境外机构组织、个人相勾结实施的危害中华人民共和国国家安全的行为均被视为危害国家安全的行为。国家安全的主要内容包括国民安全、领土安全、经济安全、主权安全、政治安全、军事安全、文化安全、科技安全、生态安全、信息安全10个方面。

二、国家安全的重要意义

国家安全是国家的根本所在,国家利益高于一切,维护国家的利益和安全,是每个公民的神圣义务,任何情况下不得做有损国家安全的事情,并自觉与一切损害国家安全的行为做斗争。我国宪法第五十四条、《国家安全法》第三条中都明确规定,中华人民共和国有维护国家安全、荣誉和利益的义务,不得有危害祖国安全、荣誉和利益的行为。

三、危害国家安全的行为

(1) 阴谋颠覆政府、分裂国家、推翻社会主义制度的行为。

(2) 参加境外各种间谍组织,或者接受间谍组织或代理人的任务的行为。无论行为人是否接受了间谍组织的任务,是否进行了窃取、刺探、收买、非法提供情报或其他破坏活动,只要参加了间谍组织,即构成了间谍犯罪。未参加间谍组织,却接受了间谍组织或其代理人的任务,也不管其任务实现与否,不影响间谍犯罪的成立。

> **案例引导**
>
> **法律的制裁**
>
> 吉林省一医学院学生被来校讲学的澳大利亚籍教师卡洛尔策反,加入了他们的情报组织,为其收集我国经济、军事、科技情报,后被我国国家安全机关抓获,受到了法律的制裁。
>
> 参加间谍组织,并为其收集情报,对国家安全构成威胁,触犯了《中华人民共和国国家安全法》,任何出卖国家利益的行为,都是法律所不容许的,意志薄弱,接受外籍人员的策反,并为其工作,损害了国家和人民的利益,最终都会得到可悲的下场。

(3) 窃取、刺探、收买、非法提供国家秘密的行为。一般指在未参加间谍组织,也没接受其代理人任务的情况下,主动为间谍机构窃取、刺探、收买、提供情报。不管情报是否到了间谍手中,都不影响间谍犯罪的成立,这属于危害国家安全的行为。

(4) 策动、勾引、收买国家工作人员叛变或者将防地设施、武器装备交付他国或敌方的行为。

(5) 进行危害国家安全的其他破坏活动的行为。

①组织、策划或者实施危害国家安全的恐怖活动的。

②捏造、歪曲事实,发表、散布文字或者言论,或者制作、传播音像制品,危害国家安全的。

③利用设立社会团体或者企业、事业组织,进行危害国家安全活动的。

④利用宗教进行危害国家安全活动的。

⑤制造民族纠纷,煽动民族分裂,危害国家安全的。

⑥境外个人违反有关规定,不听劝阻,擅自会见境内有危害国家安全行为或有危害国家安全行为重大嫌疑的人员的。

【知识延伸】

对外交往中的参考行为准则

(1)未经外事部门允许,不准私自进入外国使领馆、公寓及外国人住宅;不准拦截外国人及其车辆;不许背着组织同外国机构和外国人私自交流。

(2)忠于祖国、站稳立场、坚持原则,不准向外国人散布不满言论或攻击我党和社会主义制度的言论。

(3)要提高警惕,不要随意同外国人谈论我党内部情况,泄露党和国家秘密。

(4)不准与外国人中的不法分子交往;不准与外国人勾结进行走私倒卖活动;不要向外国人索要财物、兑换货币、借阅黄色书籍;不要托外国人套购市场短缺商品,捎带违反有关规定的物品等。

第二节 树立国家安全意识

国家安全关系到国家存亡,民族兴衰,没有国家安全就没有和平稳定的建设环境。

大学生是社会主义现代化事业的建设者和接班人,是国家的未来和希望,也是西方敌对势力推行"和平演变"战略的重点对象,其国家安全意识如何,直接关系到国家的长治久安。所以增强大学生国家安全意识非常重要。

一、大学生增强国家安全忧患意识的重要性

忧患意识是一种清醒的危机意识、深切的责任意识、昂扬的奋进意识,贯穿了中华民族精神的发展过程,激励着中华儿女不断奋发图强。同时,忧患意识也是具体的、历史的,不同的时代背景和不同的任务目标对忧患意识有不同的要求。

高校学生作为我国现代化建设的生力军和国家安全的捍卫者,自身国防素质的水平、国防意识的状况,直接影响着我国国防事业的发展,事关国家的振兴。而大学生正处于世界观、人生观和价值观逐渐成熟的时期,具有较强的可塑性,有计划、有组织地对他们进行国防意识教育,将有利于他们尽快提高国防观念、国防意识。高校拥有开展国防意识教育的优良条件,而大学的国防意识教育搞好了,能够为全民国防意识教育的发展起到领头示范的作用。抓好高校的国防意识教育,也可以给全民国防意识教育培养大批师资,输送大量骨干,从而对全民族国防素质的提高有着积极的推动作用。

国防意识教育的核心说到底就是爱国主义精神教育,而爱国主义精神教育作为大学教育最基本的任务,符合国家培养高素质人才的政治需求。国防意识教育的内容从属于军事学科体系,它的触角可延伸至自然科学、社会科学等广泛领域,学生们通过接受国防意识教育能丰富其知识面,这本身就是知识能力提高的一个途径。其中,授课内容中的有关国家、民族的荣辱兴衰、生死存亡的事件,最能让大学生产生强烈的心理共鸣,有助于大学生建立正确的国家观念,形成爱党、爱军、爱国的情愫,强化抵抗外侮、捍卫国家的独立与主权、维护国家尊严与统一的爱国主义精神。

二、大学生国家安全意识的培养方法

1. 抓好国防教育和国家安全教育,强化责任意识

要教育全体人民同一切出卖祖国利益、损害祖国尊严、危害国家安全、分裂祖国的言行进行坚决的斗争。要从保证国家长治久安的战略高度认识国家安全教育的必要性和紧迫性,切实将大学生国家安全教育列入教学计划,渗透到日常教学和思想政治工作之中。

2. 提高高校教师对开展国家安全教育的思想认识

没有国家安全教育的爱国主义教育,没有国家安全教育的学校教育,是不完全、不完整的教育。高校教师要在完成本学科教学任务的同时,完成好国家安全教育工作。

3. 树立国家利益高于一切的观念

国家安全涉及国民生活的方方面面,是国家、民族生存与发展的首要保障。科学技术是没有国界的,但大学生不能没有自己的祖国。大学生要把国家安全放在高于一切的地位,不做任何有损国家利益、民族荣誉的事。

4. 熟悉有关国家安全的法律、法规

对遇到的法律界限不清的问题,要肯学、勤问、慎行,弄清什么是合法,什么是违法,什么可以做,什么不能做。

三、大学生怎样维护国家安全

有国家就有国家安全工作,无论处于什么社会形态,或者实行怎样的社会制度,都会视国家利益为最高、最根本的利益,将维护国家安全列为首要任务。所以,每位大学生都应当成为国家安全和利益的自觉维护者。

要始终树立国家利益高于一切的观念。国家安全涉及国家社会生活的方方面面,是国家、民族生存与发展的首要保障。所以,把国家安全放在高于一切的地位,是国家利益的需要,是个人安全的需要,也是世界各国的一致要求。

(1) 要努力熟悉有关活动、法规。有人统计,涉及有关国家安全和保密工作的法律、法规、规章制度有一百多种,我们都应该有所了解。其中,特别应当熟悉以下一些法律、法规:宪法、国家安全法、保密法、刑法、刑事诉讼法、科学技术保密规定、出国留学人员守则等。

(2) 要善于识别各种伪装。从理论上讲,有关国家安全的尝试、规定都比较完善了,依规行事不会出什么大问题,但是,实际生活比我们想象的要复杂得多。比如,有的间谍情报人员采用五花八门的手段,套取国家秘密、科技政治情报和内部情况。如果丧失警惕心,就可能上当受骗,甚至违法犯罪。因此,在对外交往中,既要热情友好,又要内外有别、不卑不亢;既要珍惜个人友谊,又要牢记国家利益;既可争取各种帮助、自主,又不失国格、人格。识别伪装既难又易,关键就在淡泊名利,对发现的别有用心者,要依法及时举报,进行斗争,绝不准其肆意妄行。

(3) 要克服妄自菲薄等不正确思想。任何国家都有自己的安全与利益,也有别人没有的政治、经济、文化、军事、科技、资源和秘密,还有独具特色的传统工艺等。也就是说,再富有的国家也不可能应有尽有,再贫穷的国家也不可能一点没有别国羡慕的东西。中国是发展中国家,但又是不可小视的国家。所以,作为中国人要挺直腰板,绝不妄自菲薄、悲观失望。要看到我们也有许多世界第一的"中国特色",有一系列国家秘密和单位秘密。对这一切,如果没有正确的认识,就可能在许多问题上产生错误的看法,乃至做出亲者痛仇者快的事情来。个别误入歧途的青年学生的教训,已成为前车之鉴,大家千万不可重蹈覆辙。

(4) 要积极配合国家安全机关的工作。国家安全机关是国家安全工作的主管机关,是与公安机关同等性质的司法机关,分工负责间谍案件的侦查、拘留、预审和执行逮捕。当国家安全机关需要大家配合工作的时候,在工作人员表明身份和来意后,每个同学都应当按照《国家安全法》赋予的七条义务的要求,认真履行职责。尽力提供便利条件或其他协助,如实提供情况和证据,做到不推、不拒,更不以暴力、威胁方法阻碍执行公务,还要切实保守好已经知晓的国家安全工作的秘密。

第三节 严守国家秘密

随着我国改革开放的日益深化,涉外活动的日益频繁,大学生不但要掌握好知识文化水平,更要培养国家利益高于一切的意识,掌握一些国家安全知识,做一个维护国家主权、国家安全和利益的卫士。

一、国家秘密的含义和要素

《中华人民共和国保守国家秘密法》(以下简称《保密法》)第二条规定:国家秘密是关系国家的安全和利益,依照法定程序确定,在一定时间内只限一定范围的人员知悉的事项。从这一定义看,国家秘密由三个基本要素组成。

(1) 关系国家安全和利益。这是构成国家秘密的实质要素,是准确判定某一信息是否属于国家秘密的关键问题。

(2) 依照法定程序确定。这是国家秘密的程序要素。关系国家安全和利益的信息,必须在履行确定相应密级的程序后,才能成为法律认可的国家秘密。所谓法定程序,是指《保密法》和《保密》(简称《保密法实施办法》)就确定、变更国家秘密的密级和保密期限以及解密所做出的一系列相应的规定。国家秘密的这一要素,是强调确定国家秘密的统一性与合法性,防止主观随意性。

(3) 在一定时间内只限一定范围人员知悉。这是国家秘密的时空要素。国家秘密不可能是永远的秘密。随着一定的时间和客观情况的变化而发生变化,或变更密级,或解密。在特殊情况下,也会发生密级由低变高的现象。国家秘密的接触、知悉的范围必须限定在需要知悉的范围内,不能控制知悉范围的信息就不能称为国家秘密。

二、国家保密的范围

新修订的《保密》第二章第九条规定:下列涉及国家安全和利益的事项,泄露后可能损害国家在政治、经济、国防、外交等领域的安全和利益,应当确定为国家秘密:

(1) 国家事务重大决策中的秘密事项;

(2) 国防建设和武装力量活动中的秘密事项;

(3) 外交和外事活动中的秘密事项以及对外承担保密义务的秘密事项;

(4) 国民经济和社会发展中的秘密事项;

(5) 科学技术中的秘密事项;

(6) 维护国家安全活动和追查刑事犯罪中的秘密事项;

(7) 经国家保密行政管理部门确定的其他秘密事项。

政党的秘密事项中符合前款规定的,属于国家秘密。

三、造成失密和泄密的因素

(1) 新闻出版工作失误造成泄密。国内新闻泄密案件占整个新闻出版泄密案的一半以上,特别是在科技、经济方面,给国家造成了巨大的损失,同时也在政治上产生严重影响。境外的一些中国问题专家在谈到搜集中国情报的方法时,认为主要手段就是分析研究中国的报刊和出版物。境外谍报组织广泛收集我国公开发布的报纸、杂志、刊物、官方报告、人名通信录、企业电话号码簿以及车船、飞机时刻表等,经过选择让专家分析研究。美国中央情报局把凡是能弄到手的每一份出版物都买下来,每月有20多万份,他们认为,所需要情报的80%可以从这些公开的材料中得到满足,称之为"白色"情报。例如,20世纪60年代,当我国大庆油田开发刚刚甩掉贫油国的帽子的时候,日本情报机关从《中国画报》上刊登的大庆油田照片上就获得了大庆炼油能力、规模等情报。

> **案例引导**
>
> **发表论文也能泄密**
>
> 杂交水稻技术是我国 1979—1985 年间的 1089 项发明奖中唯一的特等奖，处于世界领先地位。但是由于此后不同作者在各种公开的报纸杂志上发表了 50 余篇有关这项成果的论文，造成该项技术成果泄密，同时，也使我国失去了申请专利的条件。

（2）违反保密制度，在不适宜的场所随意公开内部秘密。主要表现在接待外来人员的参观、访问、贸易洽谈之时，违反保密制度，轻易地将宝贵的内部秘密泄露出去。

（3）不正确使用手机、电话、传真或互联网技术造成泄密。一些谍报组织借助科学技术成果，利用先进的间谍工具进行窃听、窃照、截取电子信号、截获电子信件等获取机密。

（4）保密观念不强，随身携带秘密载体造成泄密。有些保密观念不强的人，随意将一些秘密资料、文件、记录本、样品等携带出门，遇上丢失、被盗、被抢、被骗的情况，很快就会造成泄密事件。

（5）保密意识淡薄，或无保密意识，有意无意地把秘密泄露出去。有些保密意识淡薄，缺乏保密常识的人，不分场合，随意在言谈中或通信中涉及国家秘密或秘密事项，或炫耀自己的见识广博，不料"说者无心，听者有意"，不经意造成泄密。

> **案例引导**
>
> **外教杰克事件**
>
> 一外国语大学女学生，学习非常努力，经常与外教杰克交流学习情况，杰克也对她特别关照。在杰克的引导下，她将父亲的科研资料拿来翻译，并交给他评判，父亲知道后非常生气，严厉批评了她，并在父亲的指导下，她向国家安全机关进行了反映。经过详细的调查，证实了杰克试图以外教身份收集我国科技情报的违法事实。

（6）极少数人经不住金钱和物质的诱惑，被谍报组织拉拢腐蚀出卖国家秘密。

四、防止失密和泄密的方法

保密是公民的义务，也是我们大学生的社会责任。每个大学生都应该自觉贯彻遵守保密法规，自觉履行保密义务，坚决地同失密、泄密行为和窃密行径做斗争。

1. 学习保密常识,接受保密知识教育

大学生正确认识保密与窃密的斗争,增强保密意识,严格遵守保密制度。既要对外开放,扩大对外交流,又要确保国家机密不被泄露,正确处理两者的关系,克服那种有密难保、无密可保的糊涂认识。

2. 与境外人员接触须谨慎,提高防范意识

大学生在对外交往中要坚持内外有别。在与境外人员接触交往过程中,凡涉及国家机密的内容,要么回避,要么按上级的对外口径回答,不要随便公开涉及内部的人事组织、社会治安状况、科技成果、技术诀窍和经济建设中各种未公开的数据资料。在与境外人接触时不带秘密文件、资料和记有秘密事项的记录本,对方向我直接索取科技成果、资料、样品或公开询问我内部秘密,要区别情况,灵活予以拒绝。不经主管部门批准,不带境外人员参观或进入非开放区。不准境外人员利用学术交流、讲课的机会进行系统的社会调查。不经有关部门批准,不得填写境外人员的各种调查表,或替他们写社会调查方面的文章。

3. 在新闻出版系统工作中,注意保密原则

在新闻出版系统工作中,不得随意刊载有关国防、科研等事关国家机密的事项,参加国际学术会议或在国外刊物上发表文章,要按规定办理审查手续。不得为境外人员提供或代购内部读物和资料。

4. 自觉遵守保密的有关规定

大学生要自觉遵守保密的有关规定,做到不该说的机密绝对不说,不该问的机密绝对不问,不该看的机密绝对不看,不该记录的机密绝对不记录。不在普通电话、明码电报、普通邮局传达机密事项;不携带机密材料游览、参观、探亲、访友和出入公共场所;不在通信中谈及国家机密;不在普通邮件中夹带任何保密资料。

 **安全提示**

这些措施应谨记

发现国家秘密已经或可能泄露时,应当采取以下措施:

(1)拾获属于国家秘密的文件、资料和其他物品,应当及时送交有关机关、单位或保密工作部门。

(2)发现有人买卖属于国家秘密的文件、资料和其他物品,应当及时报告保密工作部门或者公安、国家安全机关处理。

(3)发现有人盗窃、抢夺属于国家秘密的文件、资料和其他物品,公民有权制止,并应当立即报告保密工作部门或者公安、国家安全机关。

(4)发现泄露或可能泄露国家秘密的线索,应当及时向有关机关、单位或保密工作部门举报。

第十章 守住爱国的底线——国家安全

【安全演练】

阅读文字材料,回答问题。

成都一大学生毕业后到承担国防重点攻关任务的某研究所工作。一天,他为了向网友展示自己掌握的歼十战斗机专业水准,抱着别人的信息都不准确,自己从事过这项研究,应当有责任发表一篇最权威的文章的想法,在网上编发了帖子,告知网友自己所了解的信息,泄露了国家秘密。这个大学生网上泄密,表现出极差的忧患意识、国家安全意识和法律意识。倘若他稍有对国家安全的忧患意识、保密意识,也就不会将国家秘密泄露出去而造成终生悔恨。再如,三个大学生因在参加考研时,用摄像头、隐形耳机等作弊,涉嫌盗窃国家机密,而在西安沙坪区法院受审。这些事件说明,当前有些大学生不把国家安全放在心上,不能自觉维护国家安全,放松了警惕,安全意识淡薄,缺乏国防意识。

问题:请结合上述案例,说明大学生应如何树立国家安全意识,维护国家安全。

第十一章
天下没有免费的午餐
——就业安全

近年来,大学生在求职就业过程中发生的纠纷、案件频见报端,就业安全越来越受到关注。一些大学生求职被骗、财产受损、证件被迫抵押;一些大学生对用人单位提出的苛刻条件无原则接受、委曲求全;一些大学生在实习期间没有遵守劳动纪律,违反有关规定,不仅给自己带来了人身伤害,有的还触犯了法律……大学生要成长为对社会有用的人才,就要掌握必要的就业安全问题。

第一节 大学生就业安全概述

一、什么是就业安全

大学生就业安全问题指的是大学生在求职过程中提高警惕,增强安全自我防范意识,确保人财物的安全,实现平安就业。大学生就业安全问题是关系高等院校培养人才顺利安全就业的根本问题,也是关系社会政治经济稳定的重要因素之一。随着大学毕业生数量的增加和就业压力的不断增大,大学生的就业焦虑越来越高,求职心情越来越迫切。许多大学毕业生为了找到一份满意的工作,积极行动,降低要求,放松警

惕,这就给一些动机不纯的用人单位制造了可乘之机,他们利用大学生求职心切的心理和社会阅历较浅的特点,巧设名目,设置种种陷阱,诱导大学生遭遇种种骗局。大学生只有重视就业安全问题,才能少走弯路,尽快找到理想的工作,实现心中所想。

二、就业安全的内容

1. 人身安全

人身安全,广义上包括人的生命、健康、行动自由、住宅、人格、名誉等安全。狭义上指的是刑法上人身安全的本义,是作为自然人的身体本身的安全。就业安全中的人身安全主要体现在一些非法组织会通过校园或网络招聘的形式,诱骗大学生踏入传销组织。还有部分女生由于专业就业困难重重,在谋求就业岗位的时候更容易被骗财骗色,甚至付出生命的代价。人身安全是大学生赖以生存和完成学业的首要条件,是大学生最根本的安全,因此必须予以高度重视。

2. 财产安全

财产安全指拥有的金钱、物资、房屋、土地等物质财富受到法律保护的权利的总称。就业安全中的财产安全主要体现在利用试用/实习期骗取廉价劳动力、上岗前先缴费培训和中介机构非法收费三个方面。用人单位抓住大学毕业生求职迫切的心理,有的不签就业协议或劳动合同先试用,等试用期满后再以种种理由辞退;有的在大学生经过多轮面试而确定应聘成功之后,又以安排毕业生岗前培训为借口,收取各种培训费用,但培训结束后却告知求职者条件不符,岗位已满而不予录用;还有的与中介机构相互勾结,以收取各种费用而达到敛财的目的。不管哪种情况都是不符合相关法律法规的。

3. 合同安全

就业安全中的合同安全主要体现在不签劳动合同和签署显失公平的劳动合同两个方面,不签劳动合同无法全面保障毕业生就业后的劳动权利,而签署了显失公平的劳动合同会给毕业生造成各种损失,以后寻求仲裁机构维权也相当被动。

4. 信息安全

信息安全主要包括以下五方面的内容,即需保证信息的保密性、真实性、完整性、未授权拷贝和所寄生系统的安全性。就业安全中的信息安全主要体现在提供个人真实信息给用人单位和谨防个人信息被恶意使用两个方面。另外,毕业生求职所提供的身份证复印件等有效证件可能被他人盗用办理一些需承担法律责任的民事合同。

三、大学生就业安全的意义

1. 重视大学生就业安全,加强自身就业安全意识,是实现安全就业的保障

社会情况复杂多变,对于刚刚跨出大学校门寻找工作的大学生而言,必定是存在很多隐患的,稍不留神,就可能危及生命。在一个人的人生中,没有什么是比自己的安全健康更重要的。在大学这一个黄金时期,准备步入社会的大学生具有很大的潜力,不能够让自己在大

学时期遇到一些比较危险的事情,从而影响到自己的学习生活。加强自身的就业安全意识,在求职过程中谨慎观察、小心应对,才能避免遇到就业陷阱,找到合适自己的岗位。

2. 重视大学生就业安全是创建稳定、和谐校园的必要手段

随着改革开放的深入,高校由过去的封闭型办学变为开放型办学,由一般教学、科研机构,变为教学、科研、生产、商贸等多元化的社会机构。当前高校管理方式社会化,办学形式多样化,学生结构复杂化,校园与社会相互交叉、相互渗透,校园治安形势日趋复杂严峻。高校的主体是学生,学生的就业安全有所保障之后,可以有效减少各种就业安全问题,才不会直接影响到学校正常的教学、生活秩序。

3. 重视大学生就业安全是社会稳定的重要因素

从表面上看,大学生就业是学生个人的事,其实这种看法很片面。社会是共同生活的个体通过各种各样关系联合起来的集会。在社会学中,社会指的是由有一定联系、相互依存的人们组成的超乎个人的、有机的整体。它是人们的社会生活体系。大学生安全就业是高校、社会、政府的共同大事,大学生的就业状况最终会影响到整个社会的稳定与发展,这是必须认清和坚持的一个观念。

第二节 大学生实习与兼职打工期间的安全

目前,高校普遍设置了毕业前的顶岗实习环节,目的在于帮助学生适应真实的工作情境,为就业奠定基础。在校大学生也热衷于兼职打工,既可以熟悉社会,又可以获得一定的报酬。这些走出校门、走向社会的行为应当得到鼓励,但是由于大学生经验少、防范意识差,在实习与兼职打工期间也遇到了许多安全问题。

一、防范实习期间的安全危机

顶岗实习已成为高校各个专业必不可少的教学环节。在这个过程中,很多大学生放松了对自己的要求,认为学习生活即将结束,多姿多彩的社会生活已经到来。其实在高校学生管理实践中,每一届毕业生的实习期都是辅导员老师最紧张的时刻。这个时期要考验学生在校是否学到了真本事,还有很多与专业知识无关的考验在等待着同学们。

1. 预防职业危害

顶岗实习期间,大学生应提高安全意识,严格遵守实习单位的各种安全操作规程,积极

向专家、管理人员或老同志请教,不仅要提高专业技能,还要杜绝劳动安全事故的发生。

2. 努力提高专业素养

需要注意的是,实习期间大学生可能从事不同行业的工作,还有的学生从事的工作与所学专业不对口。不论怎样,都要尽快熟悉所从事的职业岗位的特点,努力把自己塑造成合格的从业人员。具备扎实的专业基础,在实习期间才能减少职业事故的发生。

> **案例引导**
>
> **犯错误的李彦军**
>
> 一所医学院的学生李彦军,在省中医院实习期间参与了一名消化道大出血病人的抢救工作。他急匆匆地为年老体弱的病人输液。药物为需慢滴的氨茶碱,他却采用了每分钟50多滴的滴速。幸亏巡查医生及时发现并予以纠正,否则将导致医疗事故,会威胁到病人的生命安全。

3. 注意实习期间的生活安全

大学生在顶岗实习期间,往往会在实习单位、学校、家之间多次往返,一定要注意财物和出行人身安全。另外,在实习单位工作期间,由于对人员不熟悉,更要注意保管好自己的钱物。尤其是女生,如遇到下班时间较晚,更要密切留意周边环境,保证自己的人身安全。

4. 慎重签署劳动用工合同

在顶岗实习之前,大学生与实习单位应本着平等自愿、协商一致的原则签署劳动用工合同,明确、细致、全面地约定双方的责、权、利,预防发生劳动争议。如果对于劳动合同有疑问,应及时求助辅导员,切忌贸然签署。

二、防范兼职打工期间的安全危机

根据有关部门的统计,58%的大学生有过打工经历,时间主要集中在寒暑假。而其中近40%的同学反映,在兼职过程中自身权益受到过损害,主要表现为少付工资、中介不兑现承诺及人身伤害等。绝大部分学生没有自我保护意识,只有6%的学生表示,兼职打工时认真考虑了安全问题。为保障自身的利益,我们需要注意以下事项。

1. 防止非法中介的诈骗

通过中介机构找兼职工作,应当避免找小中介。对不熟悉的中介公司,可以注意查看其是否有劳动部门颁发的《职业介绍许可证》,也可以上网查询,了解其经营范围是否与执照(正本)相符。另外,大学生可以通过辅导员或者学生会获取正规的兼职信息,减少与不良中介的接触机会。

> **案例引导**
>
> **交了中介费却找不到兼职**
>
> 马非在期中考试后就开始联系寒假兼职了,可是直到期末考试时她还没有找到合适的工作。几经考虑之后,刚参加完期中考试的她就和同学一起找到了一家中介公司,每人交了120元的"信息费"。当时工作人员表示,她们一年内都可以享受公司提供的招聘信息,可两个星期过去了,中介公司并没有主动给她们提供信息,她打电话询问时,中介找了几个公司让她们去面试,而面试后,她们才发现这些公司都在报纸上登了招聘广告,并没有委托中介来招聘。而她们的兼职面试更是一点回复信息都没有。

2. 不轻易交纳任何押金或抵押证件

当用工单位以管理为名收缴押金或保证金时,一定要谨慎。如果确实要交,应将费用的性质、返还时间等内容明确写入劳务协议,以免日后被单位以各种名义扣留。当被要求抵押证件时,一定要拒绝,谨防证件流失到不法分子手中,成为非法活动的工具。证件复印件的使用也要谨慎,在递交时应在复印件空白处注明使用目的,约定使用完归还的期限。

3. 防止陷入传销陷阱

在应聘销售、市场推广等岗位时一定要警惕陷入传销公司的圈套。有的学生在高额回扣的诱惑下,不惜欺骗亲属、老师和同学,不知不觉走上犯罪道路,身心受到巨大伤害。在应聘前,我们可以多听取一下老师同学们的意见,这样既可以获得一些应聘小技巧,同时也可以避免掉入陷阱。

4. 不到娱乐场所和高危岗位工作

为保障人身安全,大学生找兼职工作一定要避开酒吧、KTV等娱乐场所,以防接触复杂环境造成安全隐患。另外,有些工作危险系数高、劳动强度大,如建筑工地、机械零件加工等,学生容易疲劳,也容易发生意外。如果因为兼职打工而影响完成学业,得不偿失。

5. 必须签订劳务协议

在兼职打工开始前,大学生就应当在学校的勤工助学中心登记,更要与用工单位签订劳动协议。协议书中应明确权责,对工资额度、发放时间、劳动安全等关系到学生切身利益的内容一定要详细说明。如果发生纠纷,大学生可以凭此维权。对于大学生兼职打工的安全,大学生们要懂得提高自己的安全意识,切实维护好自己的权益。

6. 防止网络欺诈

有些小公司在网上发布消息,要求应聘者通过电子邮件的方式工作,如翻译、文学创作等。然而当学生将作品发过去之后,却被告知不予采用。这类案件很难取证,因此要慎防。大学生平时要多看一些新闻,对兼职过程中的欺诈行为要有所认识和警惕,不要随意在网络上公开自己的作品,应该做到谨慎行事。

第三节　大学生就业陷阱防范

一、大学生就业陷阱问题

大学生求职过程中的陷阱,是指招聘单位打着招聘的幌子骗取应聘人钱财,或者招聘单位不遵守法律、不履行承诺给当事人造成损失的行为。随着就业压力的不断增大,大学生的就业焦虑也越来越高,求职心情非常迫切。针对大学毕业生是否遭遇过就业陷阱这一现象,相关人员做过调查,调查人数 12463 人中,55%的人表示遭遇过就业陷阱,可见大学生遭遇求职陷阱的概率是很大的。

就业陷阱在一定程度上会对刚刚步入社会的大学生带来伤害:一是给刚毕业的大学生造成经济损失、时间损失、机会损失。经济损失经过努力尚可挽回,但时间损失、机会损失无法挽回。二是给刚毕业的大学生造成精神伤害。遭受就业风险的毕业生往往精神上受到很大的打击。有的学生会患上"求职综合征",害怕求职。有的学生对社会、对自己失去信心,破罐子破摔,从此一蹶不振。此外,就业陷阱还会败坏社会风气,滋生不诚信行为。遭受欺骗的毕业生,在今后的人生道路上可能会怀疑诚信,戴着有色眼镜看这个社会,甚至会以其人之道还治其人之身。特别是某些误入传销的学生被骗后会马上反过来再去骗别人。因此,就业陷阱的危害不可小视,需要我们高度关注。

二、求职过程中常见的侵权、违法行为

1. 口头合同、单方合同陷阱

许多用人单位在招聘时,常常会对自己的工作环境、劳动待遇进行夸大性宣传。但是,正式上班后,求职者会发现宣传情况与实际情况并不相符。有个别招聘单位,利用大学毕业生不敢对合同提出意见的心理,单方面设定毕业生的种种义务,同时却免除了许多自己应该承担的责任。比如,对于求职者违约的责任、需要赔偿的费用规定得非常细致,但是对于招聘单位的义务却只字不提。

> **案例引导**
>
> **"哑巴吃黄连"**
>
> 王启仁是北京一所名牌大学的毕业生,通过参加招聘会被一家IT公司相中,公司人力资源部当时许诺了不少福利,可是在正式签订合同后,小王却发现公司并无相应的规定和福利,但是因为所承诺的内容没有写入合同,小王也只能"哑巴吃黄连"了。

2. 高薪、高酬、高职诱惑陷阱

初次就业的大学生常常对于未来的薪酬和职位有过高的期望。许多不法分子就利用大学生的这种心理,以高薪、高酬、高职作为诱惑,通过网络、报纸等媒介引诱其上钩,然后强迫其从事非法活动。

3. 借招聘之名进行宣传

有些单位根本无意招聘新员工,却在各大高校连续召开校园招聘会,引得毕业生蜂拥而至,让人觉得该单位求贤若渴,从而吸引了不少眼球,最后却鲜有人被录取。实际上,这些单位就是为了造成轰动效应,把招聘当作宣传单位的手段。这种类型的陷阱,通常设计得比较隐秘,但是只要加以注意还是能够发现的。如果招聘单位花了很大力气宣传自身情况,在介绍招聘岗位时却一带而过,那么此招聘极有可能是陷阱。

4. 网络招聘中的陷阱

现在,网络在求职就业中发挥着越来越重要的作用,大部分求职者都曾利用网络寻找招聘信息,并进行应聘。网络给求职提供了极大便利,同时也为一些虚假信息提供了发布渠道,求职者应加以分辨。常见的陷阱主要有:利用毕业生求职心切的心理,骗取他们的财物;发布假求职信息,骗取应聘者的个人信息;利用毕业生畏惧和急切心理,通过测试或试用等形式,把大学生当作免费劳动力。

5. 廉价试用却不录用

一些用人单位在招聘会上列出不错的待遇和条件,一旦有大学生应聘后,就会安排其进行实习。在试用期间,对大学生基本上是免费使用,一旦目的达到,就会开出苛刻条件逼走试用学生或以不合格为名将试用大学生赶走。还有个别招聘单位,长期不与毕业生签订正式的劳动合同,尽量延长试用期,以减少工资开支。

案例引导

夏亦抓到了机会？

罗非伊是一名大四学生,四处投递简历,寻找工作的时候接到了一家小型公司的电话,该公司表示,如果罗非伊可以在公司实习三个月并且表现得令人满意的话,双方就可以正式签约。罗非伊想,在求职的高峰时期去实习的话,将错过不少其他求职机会。而且,如何定义"表现得令人满意"也存在很大的问题,于是就没有答应。罗非伊的同学夏亦听说之后,觉得机会难得,于是就联系了这家公司。在三个月的实习中,夏亦一直在公司中忙项目、整理资料,十分认真。不过,三个月之后,这家公司并没有与夏亦签约。后来,夏亦听说,公司只是这段时间的工作比较多,需要她的帮忙,并没有打算正式签她。

6. 传销陷阱

传销是指组织者发展人员,通过对被发展人员以其直接或者间接发展的人员数量或者业绩为依据计算和给付报酬,或者要求被发展人员以交纳一定费用为条件取得加入资格等方式获得财富的违法行为。传销罪属于经济犯罪中的扰乱市场经济秩序犯罪,是牟利性犯罪,也是故意犯罪的一种行为犯罪。近些年来,传销犯罪中非法传销较为明显。非法传销是与传销几乎同时产生的一种

违法行为,最初表现为组织者假借"特许加盟经营""自愿连锁经营""网络资本运作""市场营销""连锁销售""纯资本运作""民间互助理财""人际网络""原始股基金""网络营销"等名义从事传销的行为,逐步演变为借用传销组织体系形式和计酬方式,不销售商品或以销售商品、提供服务为幌子,从事集资诈骗等违法犯罪的商业欺诈行为,本质是一种有组织诈骗活动,以非法占有他人财产为目的。

尽管各种变相传销的名字表述不同,但其行为却如出一辙:

(1)参加者通过缴纳"人头费"或"资格费"或者以认购商品(含服务)等形式变相缴纳"人头费"或"资格费"取得加入、介绍他人加入的资格;

(2)通过介绍他人参加发展下线人员,并由此建立具有上下层级内部财富再分配关系的组织体系;

(3)组织者利用参加者交付的部分费用支付先参加者的报酬维持运作;参加者的收益由其加入的先后顺序及其发展人员数量决定。

传销收取高额入会费,是一种赤裸裸的诈骗,大学生必须有所警示。

> **案例引导**
>
> **网络传销**
>
> 大四下半学期,聂磊接到一个面试通知,对方自称在招聘网站上看了他的简历,而他们正好要招聘销售人员。"那时候求职正是旺季,大家差不多每天都会接到几个电话",聂磊没有怀疑。而且后来他根据对方提供的公司信息上网查看,发现也是很正规的外企,虽然地点在南方,要进行语音面试,他觉得还是合情合理。在第一轮语音面试考察了个人基本信息后,第二轮面试一位号称"主管"的人又询问了聂磊的为人处事、性格特点,以及自身的优缺点和专业方面的一些知识,还征求了他对公司加班、出差的看法,最后考了两道性格测试题。这些在求职过程中频繁经历的面试方式也让聂磊更加放心,而对方表现出来的和善及对他的认可更是让他对这份工作产生越来越多的期待。等他得到这家公司录取的正式通知,要求他携带一个月的生活费去报到的时候,他还觉得很欣慰,觉得可以到南方开创一番新的事业。没想到的是,列车到站后噩梦就开始了。面试过聂磊的主管很快告诉他,他的工作是"网络销售",这里也不是他在网上查找到的公司,他们只是借用了另一个公司的名义。没办法完全死心的聂磊尽管觉得事实的真相很难接受,还是硬着头皮留了下来,结果在此后的几天里他发现差不多每个人都是被骗来的,上当的人中大学生居多。

三、大学生求职受骗的原因

毕业遭遇就业陷阱,这是每年毕业季必说的话题,究其原因:一是大学生缺乏基本的社会经验,自身防范防骗意识相对薄弱,容易轻信他人,导致上当受骗;二是当今社会就业岗位极度贫乏,就业压力过大,在择业时放松了必要的安全警惕,轻信了以用人单位的虚假身份出现的传销组织;三是对同窗、伴侣介绍的一些工作过于信赖,想不到熟人还会诱骗自己;四是个别学生存在坐享其成的思想,总想天上会掉下馅饼,以至于被非法传销组织宣传的高额回报引诱,心甘情愿从事其违法传销活动,害人害己。在招聘过程中,骗子们往往打着招聘人才、工资待遇良好等幌子来骗取毕业生信任,以收取"报名费""担保金""培训费"等诸多借口进行诈骗,大学生明知要求无理,但迫于就业压力,也不拒绝。在职场上把"员工的试用期"当成"员工的剥削期"已经成了一些别有用心的单位规避法定义务的惯用伎俩。然而对于处于弱势群体的大学毕业生来讲,尽管知道这些强行附加的众多不平等条款是偏心不公平的,但为了找到一份维持生计的工作也不敢明确表示出异议。

四、大学生就业陷阱的防范措施

(一)树立正确的择业观

择业观是指对职业选择的基本看法和观点,它对人们的求职择业和怎样从事职业有直接影响。走向市场和实现就业是大学生的必然选择,要适应市场经济环境、满足用人单位的岗位需求,必须树立正确的就业观。在择业观形成过程中,择业主体的世界观、人生观、价值观及其兴趣爱好、认知结构、专业知识等都有重要的影响。

1. 正视职业,调整心态

职业是人们在社会中所从事的有稳定、合法收入的工作,既是人们实现人生价值、为社会做贡献的舞台,也是人们谋生,在社会中生存、发展的手段。个人的初始职业对他后来的职业生涯固然重要,但其他因素,如教育的获得、技术的变化、职业结构或社会结构的变化等,都会对人们的职业生涯产生更为重要的影响。

大学生应该正视自己,以调整好自己的择业心态,职业不分贵贱,只要能够体现自身价值的就值得我们去努力。不要轻视平凡、普通和简单的工作,大学生再优秀,也不可能一参加工作就到"中心领域",当科长、当部门主管、当技术总负责。而必须经过必要的"试用期""见习期"的"周边参与",先做具体、简单的,看似平凡、普通的事情。随着大学生职业经验的增加和贡献的增多,才有可能逐步接近"中心领域",每个人都需要不断地学习、不断地工作,才能在平凡的岗位上干出不平凡的事业来。

所以在求职就业的过程中,要破除一次就业定终身、稳定工作到退休的传统就业观念。对职业岗位的挑选要适度,就业期望值不可过高。迟就业不如早就业,不求一步到位,先将就业问题解决,工作一段时间后,随着知识、能力、经验的提高和增加,再根据自己的实际情况重新选择更理想的职业岗位。

2. 认清挑战,主动面对

从就业市场的需求来看,"学历高消费"是毕业生面临的显著挑战。所谓"学历高消费",就是用人单位人为提高职业所需的学历标准,使大学生中的很多人在就业市场上处于不利地位。压力固然是有的,但这是社会发展的必然结果,对此,我们应该正视挑战,在市场竞争激烈的人才市场中,在宝贵的就业黄金期,积极主动地抓住每一个机遇,果断地进入就业行列。

认真分析现实与理想的差距是大学生调整就业观必修的功课之一。但是,面对挑战不应盲目悲观失望,而应该看清机遇,充分发挥自身优势。

3. 冷静分析,抓住机遇

在强化以经济发展促就业的背景下,中国制造2025、"互联网+"行动的实施,传统动能的改造提升,促进了新产业、新业态、新商业模式加快成长,创造出了更多高质量就业岗位。还有国有企业、私营企业,这些都为毕业生提供了广阔的就业渠道。其次,大学生要明白自己经过学习,已经具备了扎实的专业知识和人文素养。认清自己的优势,有利于大学生提高自信心,在就业市场上增加竞争力。

4. 积极主动,竞争就业

作为刚刚从象牙塔中走出的学子,我们往往容易将现实想象得过于美好,其实社会的现实生活往往与我们的主观愿望之间存在着一定的差距。在面临就业选择的时候,我们应该审时度势地调整自己的就业观,使其在发展变化中不断完善、不断补充,从而帮助自己主动积极地适应社会,而不是守株待兔,消极地等待。

我国正处于发展的关键时期,经济成分和经济利益多样化,社会生活方式多样化,就业岗位和就业方式也呈现出多样化,因此大学毕业生要顺应时代的转变,从我国社会主义现代化建设的实际需要出发,树立新的择业观、就业观,结合自己的实际,在职业选择、职业生活中,不断进取奋斗,逐步完善和升华。

(二)修补自身安全漏洞

大学生在就业和求职过程中会遇到的骗局可谓五花八门,这些陷阱都是不法用人单位利用大学生求职心切、思想单纯、缺乏社会经验等弱点所布置的,这说明了不法分子的诡诈程度之高,也说明了求职的大学生自身存在安全漏洞,让黑心的用人单位有机可乘。

1. 大学生自身存在的安全漏洞

大学生自身存在的安全漏洞主要有以下几点。

(1)大学生缺乏社会经验,社会阅历少,对社会存在的阴暗面了解不多。

(2)大学生思想单纯,容易轻信他人。

(3)部分大学生个性懦弱,受到欺骗时敢怒不敢言,尤其是女大学生在受到侵害时,往往忍气吞声,使不法分子的气焰更加嚣张。

(4)部分大学生心智还未完全成熟,对事物好坏的分辨能力较弱。

(5)部分大学生就业、求职心切,对招聘单位、求职行业缺乏了解,对其他深层次的问题也缺乏进一步的思考。

(6)部分大学生过分注重金钱名利,无法抵挡高薪诱惑。

(7)部分大学生爱慕虚荣、追求明星梦,尤其是不够稳重的女大学生,容易遭遇色情陷阱。

(8)部分大学生法律意识淡薄,无法很好地利用法律在求职、就业或权益受到侵害时保护自己。

2. 大学生修补自身安全漏洞的措施

大学生修补自身安全漏洞的措施有下面几点。

(1)主动、积极地了解社会,借助社会实践活动多层次多方面地参与社会活动,从而加深对社会的了解,促使自己尽快适应社会。

(2)谨慎处事,在打工的过程中应当牢记"害人之心不可有,防人之心不可无",遇事多观察,凡事多思量,防止陷入就业陷阱。

(3)注重个人品格修养,不要过分

 **安全提示**

识别与防范黑中介技巧

(1)查看相关证件。正规的职业介绍所应当具有《职业介绍注册证》《营业执照》《税务登记证》和《行政事业性收费许可证》,职业介绍所中的从业人员应当具有《职业介绍从业人员资格证》,如无法提供这些证件,则表明该中介为黑中介。

(2)当中介机构提出缴费要求时,应要求对方提供盖有单位印章的收据或证明。

注重对金钱和虚名的追求,要学会脚踏实地地努力做事;应当对自己有客观的评价,对自己的优点和缺点都要有深入的了解,以便快速定位,得知自己适合什么工作。

(4)加强法律知识学习,强化自身法律意识,了解目前我国关于大学生就业、兼职的有关方针、政策和法律法规,熟悉大学生在就业、求职过程中的权利和义务;如果在求职过程中发现用人单位的规定与国家政策、法规相抵触,侵犯了自己的权益,应该依据法规办事,维护自己的合法权益。

(三)粉碎就业陷阱

就业之途充满挫折,大学生在就业途中既要勇往直前,也要预防就业陷阱。大学生只有加强自身安全意识,同时在择业、应聘、试用等各个环节提高警惕,小心防范,才能免遭就业陷阱的毒害。

1. 小心择业,预防掉入招聘陷阱

预防掉入招聘陷阱的措施主要从以下四个方面着手。

(1)通过正规组织、平台、渠道求职。尽可能多地利用各大学的专场招聘会或地方大型的供需见面会寻找工作机会,在这些招聘会上,求职者可以在安全的地方与招聘人员进行面对面交流,实现安全的双向选择。一些学校还会成立就业指导中心,及时发布各用人单位的招聘信息,这些信息都经过学校的审核过滤,相对安全。通过中介公司选择就业单位时,应当选择信誉度好的大型中介公司。此外,还可以通过专业的就业网站,如大学人才网等,千万不要进入非门户网站、非专业的就业网站和没有工商行政机关备案登记的网站选择就业单位。

案例引导

路边找来的工作

大学在校生刘刚和他两位同学根据枣林街旁一招工启事上所标明的地址去应聘,然而却找不到招聘者,无奈,又拨打了招工启事上的电话,在联系人的指引下,才找到了联系人的办公室。办公室所在地很隐蔽,一桌两椅,桌上什么都没有,简陋得不能再简陋了。在说明来意后,联系人让他们每个人交80元中介费。急于找工作的他们没多想就给了钱,可等了数日,他们得到的却是一份连50元手续费都赚不回来的"工作"。

(2)多了解、多打听、多思考。大学生在选择就业单位时,可以充分运用网络资源、媒体资源及其他一切可利用的途径多方面深层次地了解招聘单位的运营状况、规模、从事工作的性质、信誉度等内容,防止用人单位利用招聘信息制造骗局。

(3)保持平衡的心态,提高警惕。在求职过程中应当保持平衡的心态,不急躁、不轻浮、不虚荣,面对高薪招聘、待遇优厚但招聘要求低(如对学历、社会实践经验、专业技能要求低)的用人单位要特别注意防范,充分了解其背景和运营情况,在了解不清的情况下千万不要盲目地应聘。

(4)谨慎行事,注意自身信息安全。在就业、求职中,一些居心叵测的用人单位利用应聘者提供的信息进行一些违法活动。因此,大学生在求职过程中,应当特别留心自身的信息安全。一般情况下,应聘者不要填写过分详细的信息资料,如家庭详细地址、家人联系电话等;上交证件时也要尽量避免交出原件,在上交证件复印件时也应当提高警惕,如用人单位信誉度一般或者有待进一步证实,还应当在复印件上注明供求职应聘专用等字样,以防用人单位利用相关证件复印件侵害应聘者权益。

2.谨慎应聘,保证自身安全

当需要前往招聘单位应聘时,应当在应聘前再次求证该单位的真实性;当招聘单位安排的招聘地点隐蔽、偏僻或安排夜间招聘,都应当加倍小心,绝对不可以贸然前往;应聘前后都应当与亲人、同学保持联系;应聘中,如发现用人单位一开始就收取押金、培训费、工本费等资金的时候,应当提高警惕,拖延时间暂缓缴费。应聘中,还可以向用人单位的正式员工了解该用人单位的管理制度和用人制度是否规范,以确保就业的安全。

3.试用期间的安全防范

如果用人单位与应聘者彼此满意,就应当尽快与用人单位签订劳动合同,劳动合同一式两份。劳动合同中的条款应当表述清晰,能确保就业者自身的工作权利、休息权利、福利待遇和人身安全,具体而言,劳动合同中应当特别注意以下内容:

(1)劳动者的工作权利、休息权利和福利待遇,如有试用期,应明确标注试用期限。

(2)用人单位为劳动者缴纳社会养老保险、失业保险、医疗保险、工伤保险和住房公积金。

(3)从事危险工作时,用人单位应当在合同中注明为劳动者提供劳动安全保护工具、定期为劳动者安排身体检查等。

【安全演练】

1.假如你遇到了网络招聘陷阱,你会如何处理?

2.请说一说常见的就业陷阱类型。

3.怎样识别传销?

第十二章
法网恢恢，疏而不漏
——预防大学生违法犯罪

古人云：没有规矩，不成方圆。任何一个生活在法治社会的公民，都有其应尽的社会责任和道德义务。大学生既可以成为违法犯罪行为的受害者，也可以成为违法犯罪行为的实施者。因此，大学生既要做好自我保护，防止受到不法侵害，也要增强法律意识，抵制不良诱惑，拒绝违法犯罪。

第一节 大学生违法犯罪概述

近年来，大学生违法犯罪的报道越来越多。据中国法学网报道：当今社会，大学生犯罪在青少年犯罪中占17%。大学生违法犯罪现象日益严重，给社会造成了重大影响。如何减少大学生犯罪率，是急需解决的问题。

一、违纪、违法和犯罪

（一）违纪与违法的基本内涵

纪律，是指一个单位或一个部门在国家法律法规的框架下，在一定范围、一定时间内制定的，要求所有成员必须遵守或维护的规章或规定。例如，学生上课有课堂纪律，机关事业单位有上班考勤制度，公共活动有相关的管理制度，等等。法律，是指由公共权力机关制定或认可的，以国家强制力保证实施的，具有普遍性的调整人的行为的社会规范。法律是具有阶级性的社会规范。

违纪,即违反纪律,是指一切违反国家的宪法、法律、法令、行政法规和行政规章的行为。违法,是指国家机关、企业事业组织、社会团体或公民,因违反法律的规定,致使法律所保护的社会关系和社会秩序受到破坏,依法应承担法律责任的行为。从定义上来讲,违纪行为不一定是违法行为,违法行为也不一定是违纪行为;犯罪行为一定是违法行为,而违法行为不一定是犯罪行为。

(二)违纪、违法与犯罪的区别

1. 基本概念不同

违纪主要是指违反某一个群体内部制定的规定的行为,如学生上课睡觉、期末考试夹带小抄作弊。

违法是指违反国家法律的行为,如酒后驾车违反了《道路安全法》;借钱到期不还违反了《合同法》等。

犯罪是具有严重社会危害性的违法行为,专指违反我国刑法之规定,应追究其刑事责任的行为。如无驾照者酒后在闹市区驾车致人死伤;利用高科技手段组织参与高考等全国大型考试的作弊或泄漏国家秘密,这些都是需要承担刑事责任的犯罪行为。

2. 社会危害性不同

违纪是违反了群体内部的纪律规定,这种行为触动了本群体内集体或者部分人的利益,在某些方面仅涉及某个人的职业素质比较低,如学生影响他人学习、工作、休息。

一般意义的违法是违反除刑法以外的法律法规,如婚姻法、合同法、经济法等,这些违法行为,侵犯了权利主体另一方的经济政治利益,具有一定或者较大的社会危害性。

犯罪是严重地违反刑法的行为,具有严重的社会危害性,如杀人、放火、投毒等会给国家、社会和公民造成严重的危害。犯罪行为要承担法律责任,一般都是由公检法等国家司法机关代表人民在职权内公诉和宣判。

(三)违纪、违法与犯罪的联系

1. 三者均具有社会危害性

违纪、违法和犯罪都违反了相关的规范性文件,对相对人或者集体的利益造成了损害。

2. 违法、犯罪行为很多都由违纪发展而来

如果违纪不能得到有效处理,会使行为人在违纪中感受到心理刺激甚至得到某些物质利益,最终走上违法、犯罪的道路。大学生要坚决摒弃"小错不断,大错不犯"的错误思想,不断加强思想道德建设,注意防微杜渐,防患于未然,做一个对社会和人民有用的人。

3. 均要受到相关规范性文件的惩处

一旦发生违纪、违法或者犯罪行为,都要根据相关规范性文件进行处理,或说服教育,或进行经济处罚,或限制人身自由,以达到避免危害再次发生的目的。

4. 犯罪是一种严重的违法行为

刑法对此有专门的规定,当违法危害在一定标准之下,属于一般的违法行为;反之则是犯罪,要受到刑法的处罚。行为的情节和对社会危害的程度是区分违法和犯罪的标准。

二、大学生违法犯罪的现状

据有关统计资料表明,我国高等学校学生违法犯罪的人数占高校总人数的 1.26%,而且犯罪类型向多样化、智能化方向发展,对社会秩序产生了较大的破坏作用。

(一)侵财犯罪案件占有极大比重

近几年,大学生侵犯财产违法犯罪案件不断增多,如偷窃、抢劫、诈骗等。侵犯财产案件在大学生违法犯罪案件中占了一半。大学生参与抢劫、诈骗等侵犯财产的违法犯罪活动,其侵害的对象主要是社会人员;大学生参与偷盗的违法犯罪活动侵害的对象主要是学生。

> **案例引导**
>
> **"手机真多"**
>
>
>
> 范益田是一名大学二年级的学生,来自沂蒙山区,家中兄弟姐妹较多,生活清贫。看到周围其他同学穿戴名牌,吃喝讲究,范益田心理上产生了强烈的不平衡。于是,她采取了极端的手段来寻求内心的平衡。每天,范益田都到学校图书馆自习室看书。中午,大多数同学都去食堂吃饭时,她便在走廊里来回走动,看到有自己喜欢的物品便悄悄带回家送给亲朋好友。久而久之,范益田对于偷窃行为不以为然,并开始不满足于收音机、钢笔等物品。经过尝试后,她将目光对准了现金。开始,她将宿舍同学的包翻开,抽取部分现金。后来,胆子越来越大的范益田跑到别的宿舍,趁无人之际将别人的钱包、手机等偷走。
>
> 一年后,宿舍同学在无意间发现她的柜子里有很多钱包和手机,便报了警。经调查,范益田在一年的时间里先后偷盗钢笔 23 支,收音机 5 个,手机 7 个,现金 1500 元,还有其他的学习和生活用品。

(二)暴力违法犯罪现象突出

暴力违法犯罪,仅次于侵犯财产违法犯罪,在大学生违法犯罪案例数量中居第二位。此类犯罪主要表现为故意伤害、寻衅滋事、聚众斗殴、抢劫、强奸、杀人等,后果和影响都很严重,性质极为恶劣,社会反响强烈。

(三)性违法犯罪事件屡见不鲜

性违法犯罪主要是指大学生实施卖淫嫖娼等违法犯罪行为。近几年,这种犯罪行为虽然有所减少,但仍然是大学生违法犯罪的主要形式之一。大学生实施性违法犯罪,不仅给自己的身心带来损害,还无视法律和社会道德,追求金钱和享乐,对社会造成了严重的不良影响。

(四)网络违法犯罪逐渐增多

极少数学生为了金钱和其他私欲,用自己所学的知识和技能进行违法犯罪,参与网络色情、网络诈骗、网络盗窃等犯罪行为,给国家和社会造成了重大危害。

> **案例引导**
>
> **失恋的网络黑客**
>
> 警方接到举报,一名公司负责人称他们15家政府网站的服务对象被侵入,政府信息发布受到很大的影响。警方调查发现,武汉一所大学的大三学生刘强有重大作案嫌疑。经审讯,刘强交代了作案动机和过程。原来,刘强因失恋,便想报复社会泄愤。但生性胆小的他不敢采取暴力方式,就想到了做网络"黑客"。于是,他用自己掌握的计算机知识,专门找到挂靠政府网站较多的服务器,通过 ADSL 拨号上网的方式,非法侵入服务器,破坏政府网站。

三、大学生违法犯罪的原因

（一）主观因素

1. 缺乏正确的人生观和价值观

在人生观上,不少大学生逐渐形成以自我为中心的极端利己主义。当前及今后一段相当长的时期内,独生子女都将是大学生的主力,他们在家是"小皇帝",家长万分溺爱,对其不合理的要求也会尽量满足,这就极易形成极端的自我中心意识,导致他们颐指气使,容不得半分相左意见,进而发展为极端的利己主义。这非常不利于大学生健全人格的培养,不利于建立和谐的人际关系。

不少大学生将物质享受作为人生的最高追求。作为独生子女一代的大学生,生活在较为优越的生活条件下,极易形成攀比的不良风气,缺乏正确的消费观,盲目高消费,甚至不少大学生颓废地认为"人生在世,吃喝二字"。这些不但会使大学生养成骄奢虚化的不良习惯,而且当其物质消费得不到满足时,很容易引发经济上的违法犯罪行为。

2. 法制观念淡薄

大学生具有较高的文化素质,但是很多大学生并没有较强的法律意识。首先表现在观念上,不少大学生对法律并没有表现出充分的重视。据不完全调查统计,不少大学生认为法律无用,他们被当前社会执法不严、违法不究等现象所左右,认为法律不过是一纸空文,甚至认为只有胆小之人才会守法,这种观念上的错误使部分大学生走上违法犯罪道路；其次表现在行为上,有些大学生不了解法律知识或对法律条文一知半解,甚至对某些违法行为误以为是合法的,不主动了解相关法律常识,渴望权利但又逃避义务,导致某些违法犯罪事件的发生。

3. 义气交友,容易冲动

大学生性格内向,相同家庭环境、相同爱好者容易玩到一起,成为无话不说的好朋友,甚至拜把子,称兄道弟,当其中一人受到委屈,其他人就有可能一时意气用事,产生违法犯罪行为。

4. 心理扭曲

如何适应新的学习环境和学习任务,如何正确处理师生关系、同学关系,理想与现实的矛盾,恋爱关系等,成为大学生面临的重要考验。而对于各高校来说,师资力量有限,不能针对所有学生一一把脉,如果大学生缺乏必要的心理调控能力,就会出现抑郁、迷茫、不安等心理障碍,不利于其成长和发展,甚至会使其走上歧途。比如学生黄非,因心情烦躁,感觉前途无望,遂在同宿舍其他同学去上课的情况下,偷了同宿舍女孩每人一件东西。

(二)客观因素

1. 经济因素

在市场经济条件影响下,物质利益已经不再被人们视为是"拜金主义"和"思想腐化"的反映,反而成为现代社会生活中的"重头戏"。只要有商品经济,必然会有各种形式的竞争。马克思说:"违法行为通常是由不以主观意识为转移的经济因素造成的。"有些人甚至把物质利益作为衡量个人成败得失的尺度。在高校入学与就业竞争日益复杂和尖锐的今天,越来越多的大学生不能安心学习,他们伪造学习经历甚至学历学位证书,这既败坏了社会风气,也有可能成为某些大学生走上违法犯罪道路的开始。

> **案例引导**
>
> **贪心惹的祸**
>
> 来自江苏农村的朱婷婷上大学后,看到同寝室同学穿着时髦、生活用品奢侈,而自己仅有家里每月寄来的零花钱,开始只是羡慕,后来发展为失落,便趁寝室无人或学校放假的时候,盗窃同学的银行存折、信用卡等,提取现金后购买手机、手表等,后被法院判处拘役5个月。

2. 政治因素

在政治上,当前我国社会主义制度还不够完善,不管是政治、经济制度还是教育、人事制度等都显现出不少问题,社会不和谐、经济发展不平衡甚至官僚主义、腐败现象比较严重。上行下效,使得不少青年学生缺少对法律最基本的敬畏,并在很大程度上影响了大学生的思想和行为。

3. 文化因素

近年来,一些领域道德失范,拜金主义、享乐主义、个人主义滋长,封建迷信活动和黄赌毒等丑恶现象泛滥,文化事业受到消极因素的严重冲击,危害大学生身心的东西屡禁不止,使大学生的认知产生偏差。另外,我国中学教育应试色彩很浓,所以高校就承担起青年学生思想政治教育的主要责任,但是近年来,在扩招的冲击下,不少高校师资力量比较缺乏,使思想政治教育流于形式,针对性不强,说服力不够,不能将社会主义道德规范真正"内化"为大学生的思想,很容易引起"逆反"心理。

4. 家庭教育因素

家庭教育因素对于孩子的成长具有非常重要的作用,家庭教育方式的正确与否直接影响大学生性格的养成。大学生违法犯罪,多是由于家庭教育方法的不恰当和教养方式的不适合。在高考指挥棒的指挥下,有些家长往往只重视智力教育,多采取简单、粗暴的家长制手段,进而忽略了对子女健康人格的培养,容易使子女形成敏感多疑、自卑易怒、偏执敌对等不健康的品质。

还有些家长则从小对孩子宠爱有加,把孩子当"小祖宗",对他们的要求无条件一一满足,尤其在他们进入大学后,更是对其放纵。这些大学生往往以自我为中心,优越感强,受不得丝毫委屈,一旦心理失衡,就用暴力解决问题,很容易走上犯罪道路。

四、大学生违法犯罪的预防对策

(一)加强法制教育,增强法律意识

加强法制教育,增强法律意识,克服法条解读现象。法制教育是要让学生懂法,利用"案例说法",触类旁通式地触动大学生的情感神经,培养学生知法、守法、用法和护法的法律意识。杨叔子院士说:"育人要育有人性的人。"大学生正处在人生成长的关键时期,也是世界观、人生观和价值观形成的重要时期。对他们进行有效的道德法制教育,能够提高他们内在的素质,使他们用内在素质约束外在行为,从而在整体上提高大学生知法、守法的水平。

(二)加强心理引导,培养良好心理素质

有什么样的思想就会有什么样的行动,针对大学生心理发展不够成熟的特点,学校要有意识地开展心理健康知识讲座、开设心理咨询机构,时常关注学生的动态,保持信息通畅,减少一些不必发生的悲剧。要积极帮助大学生形成健康向上的心理,让他们放弃偏激和自卑心理,笑面人生,热爱生活,尤其是对于性格内向、经济困难、行为怪异、自卑、偏激的学生。

(三)营造良好家庭氛围,发挥家长引导作用

学校对大学生的引导是整体上的、普遍性的引导,而对大学生有针对性、个别性的引导则要靠家长了。因此,家长要注重对孩子的了解,加强与孩子的沟通,在配合学校教育的前提下,有针对性地加以引导,努力为孩子营造一个积极健康、温馨和谐的成长环境。

第二节 增强大学生安全法律意识

一、大学生增强安全法律意识的重要性

法律意识,是人们的法律观点和法律情感的总和,其内容包括对法的本质、作用的看法,对现行法律的要求和态度,对法律的评价和解释,对自己权利和义务的认识,对某种行为是否合法的评价,关于法律现象的知识及法制观念等。安全法律意识是法律意识的重要组成部分,它关系到公司财产、人身安全及社会稳定问题。大学生法律意识是大学生群体对法、法律或其现象的反应形式,即心理、知识、观点和思想,包括对法律的情感、认知、评价和信仰等的内心体验。大学生作为一个特殊的社会群体,也是未来社会的支撑主体,其法律意识如何,直接影响公民的法律素质和整个社会法治文明的程度。大学生增强安全法律意识的重要意义在于:一是做到自觉遵守安全法律法规,掌握各种安全防范技能,杜绝和减少安全事件的发生;二是一旦发生安全事故,人身或财产受到侵害,懂得依据什么法律法规、通过什么样的合法途径解决矛盾纠纷,从而最大限度地维护自身的合法权利;三是维护校园和社会的和谐稳定。

二、大学生安全法律的内容

（一）国家法律法规

1.《中华人民共和国宪法》

宪法是国家的根本大法,具有最高的法律效力,全国各族人民,一切国家机关和武装力量、各政党和各社会团体、各企事业组织,都必须以宪法为根本的活动准则,并且负有维护宪法尊严、保证宪法实施的职责。作为一名大学生,首先应该懂得的是宪法,要明白国家的根本制度和根本任务、公民的基本权利和义务。

2.《中华人民共和国刑法》

《中华人民共和国刑法》的任务,是用刑罚同一切犯罪行为做斗争,以保卫国家安全,保卫人民民主专政的政权和社会主义制度,保护国有财产和劳动群众集体所有的财产,保护公民私人所有的财产,保护公民的人身权利、民主权利和其他权利,维护社会秩序、经济秩序,保障社会主义建设事业顺利进行。作为大学生,懂得《中华人民共和国刑法》是十分必要的,一旦触犯了刑法,必然遭到严惩。

3.《中华人民共和国消防法》

火灾是无情的,它吞噬人们的宝贵生命,使大量的物质财富化为灰烬,给社会生产和人

们的生活带来极大的危害。消防工作责任重大,我们每一位大学生都要充分认识到消防工作的重要意义,自觉遵守消防法,积极学习消防知识。

> **案例引导**
>
> **消防法律应记牢**
>
> 王以非宿舍4人因放暑假回家忘记关电风扇,电风扇长时间运转导致起火,宿舍内的大部分物品被烧毁,房子被熏黑,直接经济损失达1万多元。此次火灾幸无人员伤亡,但教训是深刻的。

4.《中华人民共和国治安管理处罚法》

《中华人民共和国治安管理处罚法》是为了加强治安管理,维护社会秩序和公共安全,保护公民的合法权益、保障社会主义建设的顺利进行所制定的,而违反治安管理处罚法将会受到处罚。

5.《中华人民共和国国家安全法》

大学生应该懂得哪些行为是危害国家安全的行为,应该懂得中华人民共和国公民有维护国家的安全、荣誉和利益的义务,不得有危害国家的安全、荣誉和利益的行为。

6.《中华人民共和国集会游行示威法》

大学生思想活跃,激情洋溢,集会、游行这些形式的活动可能会比较多,所以懂得《中华人民共和国集会游行示威法》,明白怎样的集会、游行活动是合法的,依法进行活动是十分必要的。

7.《中华人民共和国计算机信息网络国际联网管理暂行规定》

目前,计算机、互联网已经进入千家万户,大学生对计算机和互联网的接触是非常普遍的。所以,懂得《中华人民共和国计算机信息网络国际联网管理暂行规定》,知道哪些网络行为是违法的也是必需的。

8.《学生伤害事故处理办法》

目前,学生伤害事故时有发生,已经成为社会关注的热点问题,做好学生伤害事故的预防和处理工作,是事关维持学校正常的教育教学秩序、确保广大受教育者生命安全及家庭幸福的大事。

> **"依法办事"**
>
> 一次体育课上,大三学生罗亢恒翻越足球场栏杆去训练时,被另一名学生黄勇投出的标枪意外击中,造成右手肱骨中段开放性粉碎性骨折。学校经过调查,根据《学生伤害事故处理办法》做出了处理意见。罗亢恒意外受伤事故第一

第十二章 | 法网恢恢，疏而不漏——预防大学生违法犯罪

> 次住院医疗费、家人陪床费、家人往返车费、住宿费共10298.4元，罗亢恒、学校、黄勇应负责任比率按4.5∶5∶0.5来承担，罗亢恒应付4634元，学校应付5149元，黄勇同学应付514元。

9.《中华人民共和国道路交通安全法》

中华人民共和国境内的车辆驾驶人、行人、乘车人及与道路交通活动有关的单位和个人，都应当遵守《中华人民共和国道路交通安全法》，大学生当然也不能例外。在交通高度发达的今天，我们一出门就涉及交通安全的问题，如果不懂得交通法规，违反交通法规，自身的生命、财产安全就得不到保证，所以《中华人民共和国道路交通安全法》是大学生必须懂得的基本法律之一。

【知识延伸】

行人和乘车人通行相关规定

(1)行人应当在人行道内行走，没有人行道的靠路边行走。

(2)行人通过路口或者横过道路，应当走人行横道或者过街设施；通过有交通信号灯的人行横道，应当按照交通信号灯指示通行；通过没有交通信号灯、人行横道的路口，或者在没有过街设施的路段横过道路，应当在确认安全后通过。

(3)行人不得跨越、倚坐道路隔离设施，不得扒车、强行拦车或者实施妨碍道路交通安全的其他行为。

(4)行人通过铁路道口时，应当按照交通信号或者管理人员的指挥通行；没有交通信号和管理人员的，应当在确认无火车驶临后，迅速通过。

(5)乘车人不得携带易燃易爆等危险物品，不得向车外抛洒物品，不得有影响驾驶人安全驾驶的行为。

(二)学校有关规章制度

学校有关规章制度主要有《大学生管理规定》《大学生违纪处分办法》《大学生网络行为管理规定》《大学生安全教育和管理办法》《大学治安管理办法》《大学生住宿管理规定》等。

作为大学生，必须关心、了解、参与我们学校的安全工作，自觉遵守有关安全的校纪校规，维护校园稳定和自身的合法权利，所以学习和领会上述校纪校规的相关内容是十分必要的。

三、提高安全法律意识的途径和方法

(一)学习安全法律知识，领会其精神实质

大学生要提高安全法律意识，首先就是要学习各种有关安全的法律法规及校纪校规。只有知法才能谈得上守法和用法。大学生要克服偏科思想，以对社会负责和对自己负责的态度，投入到"大学生思想道德修养和法律基础知识"课程和学校各种安全法律教育教学中，而不要认为这是负担。学校统一组织的安全法律教育的内容毕竟是有限的，大学生可以利用课余时间学习相关法律法规，进一步充实自身的安全法律知识。在学习中不要满足于背

得几个法律概念和法律条文,考试能及格就行。而要进一步领会其精神实质,否则学过、考过还是会还给老师。有的大学生触犯了法律,受到法律的惩罚,但他们的法律课考试成绩却不错,这说明学习没有达到其真正的目的。

(二)关注各种安全典型案例

大学生可以通过多种途径关注各种安全典型案例,并展开讨论。广泛关注《今日说法》之类的法制节目,通过活生生的案例,不仅可以起到安全警示作用,也能促使学生积极主动地学习安全法律知识。

(三)多参加与法律有关的活动

只是通过开设法基课程进行普法教育,不足以使学生真正提高安全法律意识。普法教育毕竟过于抽象,要真正唤醒学生的安全法律意识,应采取一些更具体、更行之有效的办法,针对大学生年龄及性格特点,把安全法律意识的培养同组织活动相结合,以达到事半功倍的效果。

(1)参与"模拟法庭"活动。学生通过自己扮演法官、律师、检察官、被告等角色,能更透彻地掌握我国一些诉讼法程序,也可以通过模拟对犯罪分子的审判,对旁听的学生起到震慑作用,提高他们守法的警惕性,从而自觉守法。

(2)参与一些有关安全法律方面的知识智力竞赛,让学生参与以"某法"为主题展开的知识智力竞赛,让学生主动去学习有关法的内容,提高其学法兴趣,何乐而不为。

(3)去法院旁听、参观监狱。大学生在大学期间,很多是"课堂—宿舍—食堂"三点一线,大学生涯极为枯燥,通过去校外听法庭审理,能开阔视野,也能深入社会,了解社会的某些方面,从而能更深切地体会到用法律保护自己的重要性。

(4)积极参加有关办案人员或著名法学专家来校进行的有关安全问题的讲座。既能让学生了解时事,也能更深切体会法律的权威,树立"法大于权"的观念,从另一层面提高大学生的法律意识。

(5)彻底培养大学生的安全法律意识,转变某些错误观念,也要重视提高自身的文化思想道德水平,特别要同培养正确的价值观结合起来,一个人树立了正确的价值观、道德观,就为其法律意识的形成和发展提供了主观要件。《中共中央关于进一步加强和改进学校德育工作的若干意见》中明确指出要培养大学生法律素质,并把法律素质作为现代人素质的主要方面。大学生是未来社会主义现代化建设的骨干力量,不学法,不懂法,不具备相

应的安全法律知识,就不适应时代需要。因此,我们应努力成为具有全面安全法律意识的大学生。

(四)加强证据意识的培养

证据意识是人们在社会生活和交往中对证据的作用和价值的一种觉醒和知晓的心理状态,是人们在面对纠纷或处理争议时重视证据的心理觉悟。这种心理觉悟的高低将直接影响当事人的诉讼效果,所以,应重视收取和保留证据。

在我国,由于历史传统和法律文化的影响,大学生的证据意识非常淡薄,主要表现在以下几个方面。

1. 缺少收集证据的意识

人们在相互交往之中比较重视人情和关系,不太重视证据,对可能发生的纠纷缺乏证据准备。如同学之间相互借钱,碍于情面不收借条,一旦发生纠纷,便束手无策、后悔莫及。

2. 缺少保存证据的意识

人们在生活中对一些书面资料重视不够,不注意保管,一旦丢失,出现纠纷,便难以说明原委。如消费后索要的收据、经济来往中的信函一旦丢失或损坏便没有了证据。打官司其实就是打证据,没有证据就要承担败诉的风险。所以,大学生必须树立和培养证据意识。

加强证据意识的培养是大学生安全法律意识培养的重要内容。大学生应当了解诉讼的证据主要有书证、物证、视听资料、证人证言、当事人陈诉、鉴定结论、勘验笔录等。同时,还要懂得证据的搜集方式要合法,不能损害他人的、集体的、国家的利益。加强大学生的证据意识还要通过一个个鲜活的案例使大学生对证据的认识、了解和使用的观念和能力进一步增强。

大学生是国家未来的高级建设者,其安全法律意识的强弱、安全法律认识水平的高低,直接影响着社会和校园的安全、稳定、和谐。大学生增强安全法律意识,预防和抑制关于安全问题的违法犯罪,同时提高运用法律进行自我保护的能力,是促进大学生自身素质完善的需要。

【安全演练】

1. 违纪、违法和犯罪的区别是什么?
2. 大学生走上违法犯罪道路的主要原因是什么?
3. 请说一说提高安全法律意识的途径和方法。

参考文献

[1] 百海燕. 大学生安全教育[M]. 西安:陕西师范大学出版社,2010.
[2] 薛成斌,甘勇. 大学生安全教育读本[M]. 上海:同济大学出版社,2011.
[3] 杨军. 大学生安全知识读本[M]. 北京:北京师范大学出版社,2011.
[4] 陈最华. 大学生安全教育[M]. 长沙:湖南人民出版社,2008.
[5] 张密丹. 大学生安全教育[M]. 北京:中国轻工业出版社,2011.
[6] 姚攀峰. 科学地震逃生[M]. 北京:中国建筑工业出版社,2012.
[7] 杨新生. 大学生安全教育[M]. 北京:机械工业出版社,2010.
[8] 张国强. 大学生实用安全教程[M]. 湘潭:湘潭大学出版社,2011.
[9] 鲍善冰. 大学生安全教育[M]. 北京:北京师范大学出版社,2011.
[10] 高开华. 当代大学生安全知识读本[M]. 合肥:中国科学技术大学出版社,2009.
[11] 周礼好. 安全知识教育[M]. 北京:科学出版社,2009.
[12] 苏文渤,蒋海波. 大学生安全教育知识[M]. 北京:中央广播电视大学出版社,2011.
[13] 周阿亚. 大学生安全教程[M]. 镇江:江苏大学出版社,2008.
[14] 任大海. 大连消防安全重点问题研究[D]. 大连:大连海事大学,2011.
[15] 段建国,孟根龙,肖韵竹,等. 构建大学和谐校园理论与实践[M]. 北京:社会科学文献出版社,2006.
[16] 李峥嵘. 大学生安全教育[M]. 西安:西安交通大学出版社,2011.
[17] 李红霞. 大学生安全与应急教育[M]. 北京:中国铁道出版社,2013.